U0405513

营 地 十 年

谨以此书献给中国营地教育的发起者、实践者

作者：李文翰

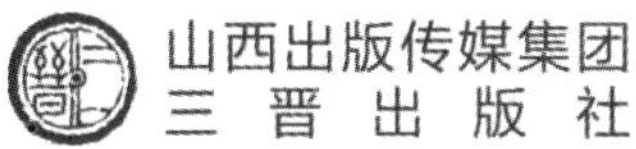

图书在版编目(CIP)数据

营地十年 / 李文翰著. --太原 : 三晋出版社, 2024.5

ISBN 978-7-5457-2976-4

Ⅰ.①营… Ⅱ.①李… Ⅲ. ①野营(军事体育)—旅游教育—商业模式—研究—中国—2012-2023 Ⅳ. ①F592

中国国家版本馆CIP数据核字(2024)第111598号

营地十年

著　　者：李文翰
责任编辑：张　路

出 版 者：山西出版传媒集团·三晋出版社
地　　址：太原市建设南路21号
电　　话：0351-4956036(总编室)
　　　　　0351-4922203(印制部)
网　　址：http://www.sjcbs.cn

经 销 者：新华书店
承 印 者：武汉鑫金星印务股份有限公司

开　　本：720mm×1020mm　1/16
印　　张：18.75
字　　数：300千字
版　　次：2024年7月　第1版
印　　次：2024年7月　第1次印刷
书　　号：ISBN 978-7-5457-2976-4
定　　价：79.90元

《营地十年》支持者名录

联合发起人

黄伟茹 张建飞 王勇 李璟晖

新书推荐官

徐兴德 萧去疾 马梓涵 张正明 许晖 陈旭明 朱涛 唐洁

新书共创官

胡海涛 曾观平 冯春阳 姚克俭 詹 璨 周昌才 王 悦 张丽萍

李兴旺 王千月 兰 洁 韩庆靖 李美盛 李勤国 孙俊鹏 陈 灿

李贺伟 范一兵 黄琦宇 舒西蕊 罗溪溪 罗志远 张远航 赵新舜

刘文斌 冯诗童 裴跃武 杨显峰 赵秀俊 张 雄 段双喜 余海东

王 牛 安年华 周铸焜 杨 山 练竹虹 明 净 陈 静 王秦英

谢小春 方 刚 方风丽 韩夏莹 房 晨 潘星棋 孙 晔 吴婉清

丁世亮 徐杰忠 韩仲晓 杨振琛 张 震 许 玲 石长华 李俄艳

魏老师 韩 音 赖 宁 董晓明 冯 林 尹 敏 乔瑞光 郭清方

覃剑禄 魏永钦 孙金霞 常奇勋 朱 晨 栾剑英 李 展 宋志文

Danny 管心晨 刘玉美 李 蕊 廖淑婷 杨思琪 郑先斌 董晓婕

雷梦婷 严大钧 熊 颖 杨皓宇 江克兰 李昊阳 夏靖珉

赞 誉

人的一生在不停地书写故事与篇章，而营地是一个不缺少故事的地方，每一个营地人创业的故事对于营地人来说都是一段宝贵的经验，《营地十年》是一本记录了14位营地人的创业经验和从业经历的书籍，作为营地第一书，会给需要的人带来顿悟时刻。

如果你刚好想要进入这个行业，可以看看这本书，或许有不同的想法；如果你已经在这个行业中，处于迷茫阶段，可以看看这本书，或许它是一剂良药。《营地十年》集多位营地人的智慧与力量，是一把打开营地之门的钥匙，也是伴你在营地行业中前行的力量。

—— 黄伟茹 冠军营地创始人

《营地十年》是我见过的第一本记录中国营地行业发展的书籍，这本书的作者真正地面对面与做营地超过十年，并且营收千万以上的机构进行了深入沟通，深刻地理解了营地行业这十余年的发展。这本书不管是对当下从事营地行业的工作者，还是对未来想加入营地行业的人都有极大的帮助。

青少年营地一直是青少年成长不可或缺的重要组成部分，这本书也能帮助家长们更加深刻地了解到青少年营地在青少年成长中的作用。也希望越来越多的家庭通过这本书的介绍，加入优秀的青少年营地活动之中，给孩子的成长带来更好的帮助。也期待这本书让更多的读者去发现，去看见。

—— 张建飞 健飞体育创始人

《营地十年》是中国营地行业一本具有非凡意义的书籍，李文翰用访谈的形式，记录了中国营地行业十年来从业者的创业故事、企业的发展历程以及市场的变迁过程，业态覆盖广泛，包含游学、营地、夏令营、户外教育等，对现在乃至未来的营地创业者有着很强的借鉴作用。

—— 王勇 希望保创始人

“营地十年”其实是中国营地国际化、规模化、本土化、多元化发展的十年。十年前，从首批中国营地代表参加土耳其国际营地大会开始，中国的营地事业随之融入了全球的营地发展历史，以游美营地为代表的中国营地机构也是在那个时候登上了世界营地的舞台，开始向国际营地学习、引进国际营地的发展模式。

经过十年的历程，中国营地吸收了国际营地百年的发展经验，并依据中国悠久的历史文化、丰富的山川地貌，以广阔天地为营地，将“文旅体教”进行有机结合，扩大了营地教育的边界和内涵。走出了一条具有中国特色的营地发展道路。《营地十年》将带领大家一起回顾这十年中国营地发展的精彩历史。

—— 李璟晖 游美营地创始人/董事长/CEO

涉及营地教育的书很多，而记录其中从业者的寥若晨星，感谢文翰老师写了如此一本《营地十年》。十年， 国内的营地教育也许只是走了一小步，甚至这一小步，你都会担心，它会退回去。而本书会激起营地教育行业整合、创新、变革与发展的涟漪，对于从业者来说，涟漪中的波峰与波谷都会给予你力量，精进不休。

所以，各位从业者可将此书作案头之书。

—— 徐兴德 贵州省营地指导员

李文翰，一位有闯劲，有思想的年轻人。缜密、细致、一追到底是他的标签。在营地教育里，一名年轻的老兵，怀揣着梦想，走向我们。《营地十年》这本书，是他也是我们每一位营地人期待的文字。书里的每一个跳动的字符，书写着营地教育的悲欢离合，是无数营地人跌倒再爬起的见证，是雨中的泪花，是阳光下的铃声。我们的失败，我们的错误都在激励着后辈们勇敢地向前走，因为路边的沟前辈已填平。无数次印证的模式，无数个成功的案例，是前辈拉着后辈的手，一步一步地走过。《营地十年》，就是那填满沟的坦途，就是那握紧的温暖大手。不想走弯路，就看《营地十年》，想在营地教育中崭露头角，就看《营地十年》。

—— 萧去疾 畅悦文旅总裁

十年筚路蓝缕，十年山河滚烫，十年初心不改，十年难凉热血。十年，看见中国营地。

作者用这样一次规模性访谈揭开营地产业面纱后，看见的不是“财富密码”，而是十年来整个行业对营地教育的探索与默默付出，是一个又一个不仅“爆红”还要“长红”的企业家的精神，更是营地人独特的品性之美与创业艺术。

好书如良友。本书以访谈录的形式摒弃以往一家之言的写作方法，提供了多元化的视角，让从业者与多位成熟营地主理人拥有了一场跨越时空的对话，并窥其经验与智慧，尤其对于想要入局营地的创业者来说，是一本必读好书。

—— 马梓涵　和动户外创始人

认识文翰是源于2019年校园VC的创业者孵化项目，他在“第一个斜杠教育”中展现对营地教育的热情，并且在接下来的四年中不断探索创新并调整自己的创业路线，我从他的眼里与行动中看到了创新与企业家精神。

这本书的价值在于系统性地梳理了营地教育机构的12种商业模式与14位营地教育创始人的创业初心、机遇挑战与业务发展，为中国营地教育的从业者提供宝贵的一手经验，从而促进实践经验的交流与传播。我推荐这本书给大家。

—— 张正明 资深创新教练、简约商业思维联合创始人、南开大学MBA课程教授

《营地十年》是一本营地教育领域的全景式教科书，字里行间充溢着作者专业的能力、学习的态度、探究的视角、科学的方法和执着的精神。

这本不可多得的“商业内参”，不仅是对过去十年的回顾，更是对未来的启示。本书提供了宝贵的经验和智慧，帮助营地教育从业者更好地理解市场、突破困境；对于创业者而言，书中提供的成功案例和经验教训，将成为切实的指南，帮助创业者少走弯路、加速成功。无论是已在行业内深耕多年的老手，还是即将踏入这一赛道的新人，都值得一读。

—— 许晖 《新华航空》原总编辑

历经十年发展,深耕营地行业,开拓者闯出了名堂，每一个后续者都应该感谢他们为行业披荆斩棘，规范了市场，引领了行业发展。

—— 陈旭明 尤尼森林学校创始人

我的印象里，中国还没有一本书是系统记录营地教育这个赛道的。《营地十年》很有意义，记录行业，观察行业。

营地教育是一个“舶来品”，这些年的发展带有浓重的中国特色。比如，将欧美传统营地场景拓展到城市公园、郊区山野，乃至旅游景区，并与旅游、教育、文化、体育等领域进行了融合。营地教育机构的商业模式也不尽相同，不同量级的城市也带有各地的区域色彩。

—— 唐洁 深圳儿童周末创始人

营地是一种教育和学习手段，也是一种生活方式。十几年前的从业者投入到这个行业，不少都是带着责任感和教育情怀的，能成为其中的一员，我感到很荣幸。行业经历了很多的挑战、挫折和摸索，大家不断地厘清概念，尝试新方法，探索新模式。《营地十年》这本书是一个重要的里程碑，是对这十几年的总结和提炼。

在人工智能和全世界大变局的背景下，青少年要更多地接触真实世界，培养家国情怀和全球视野，应对未来的不确定性，成为领导世界的力量。书中各位创业者的宝贵经验，是行业发展的重要精神财富，也将引领中国营地行业新的未来。感谢文翰，让我们期待中国营地新的十年。

—— 张兆博 坚果部落创始人

序　一

学习能力是决定创业者生死的核心竞争力

冯新——碳 9 资本创始人、科斯圆桌发起人

作为天使投资人，出于职业需要和个人兴趣，我对研究创始人成长始终抱有强烈的兴趣。2015 年我离开真格基金创办碳 9 学社，定位创业者学习型社群，长期开设创业课程，组织创业者学习，同时大量阅读人物传记，对创业者的学习和成长有很深的感触。

截至 2022 年年底，中国有大约 4700 万家民营企业，平均每家民营企业吸纳的就业人数是 15 人，年营收规模 150 万元人民币，人均产值只有 10 万元人民币，规模小得可怜。国内外上市的民营企业加起来大约 4700 家，相当于一万家民营企业有一家能上市，其余 99.99%的民营企业达不到上市的要求。

民营企业长不大，除了外部市场环境外，最大的内因就是民营企业家本身，我在培训课堂上经常讲的一句话就是：“每一个长不大的小萝卜公司背后都趴着一个穷忙的武大郎。”武大郎代表自己本事不大同时还不能吸引和容纳比自己本事大的人才的小老板们，这些人不爱学习，缺乏成长型思维。

民营企业都是企业家精神驱动的创业型企业，我研究创业企业成长，最根本的结论就是创业企业成长本质上就是创始人成长，创业企业能达到的高度取决于创始人的成长速度和高度，取决于创始人对创业企业成长规律的深刻洞察以及创始人对自我认知、自我突破能达到的高度。创始人成长的核心是对认知的管理，约哈里窗户理论揭示人的认知结构，其中一个象限是不知道自己不知道，当一个

人不知道自己不知道的时候，自然就不知道自己该知道什么，这是一个创业者成长过程中最难克服的认知盲区。正如美国著名经济学家托马斯•索维尔所说：“认识到自己的无知程度，需要有相当程度的知识。”显然我们大多数人在大多数时候连自己有多无知这件事都判断不了。

突破这种认知茧房的困境，唯一的武器就是学习，跟创业者谈学习，如果他是个没读过大学或只读了普通大学的草根创业者，他可能会对这个话题有敬畏心，如果这个创业者是名校毕业生，他会觉得我能考得上名校说明我很会学习，你不用跟我谈如何学习。其实能考上名校，在中国这个教育环境里，最多说明你很会对付考试，属于小镇做题家，善于在老师给定的约束条件下求解，这只是狭义的学习能力；广义的学习能力，是在不确定的环境里发现问题、定义问题和解决问题的能力；更高维的广义学习能力，是悟性，是看一个人自我觉察、洞察人性、洞察社会隐性规则、洞察事物底层逻辑和发展趋势的能力。绝大多数能考上名校的学霸，只具备狭义的学习能力，不具备广义的学习能力。所以我们看到创业者在创业路上不断交昂贵的认知税，创业失败才是常态。

1987 年 9 月雷军考进武汉大学计算机系学习，入学第一天就听了一个讲座，主题是：学会学习。这个讲座刷新了雷军对学习的认知，毕业多年功成名就之后每次雷军回武汉大学跟师弟师妹交流，总会分享这段经历，可见这场讲座对雷军影响至深。

什么叫学会学习？我做创业者学习型社群将近十年，对这个问题做过长时间的思考与实践。真正要学会学习必须要回答关于学习的哲学三问：人类为什么要学习？该学什么？怎么学？哲学的特点是高度抽象，看起来字面都特别简单，一听就懂，实际上一实践起来才会发现自己连学习哲学三问的皮毛都没搞懂。

人类为什么要学习？小孩子的学习动机来自天生好奇，天生有探索欲；成人的学习动机则主要来自求学求职的生存压力，在持续十多年的求学过程中，所有学习行为早被应试教育、填鸭教育彻底异化：上一门课是为了通过考试获得学分，学分积够了好拿到毕业证书，毕业证书拿到了好找到一个好工作，工作找到了，从此没有考试了，就不用再累死累活地学习了，这是绝大多数人的学习心路历程。我们观察成年人，除了少数名校学霸具备终身学习习惯，90%的人离开学校就再也不会拿起书本了。

我们对比那些世界级的企业家和投资人，看看他们的读书习惯，很容易就能看出巨大的差距：马斯克，小学六年级的时候就把社区图书馆的几千册书都看了一遍，成年的马斯克每年阅读量超过 600 本；孙正义，在伯克利读书的时候读过 3000 本书；芒格则是巴菲特眼里长着脚的图书馆，2018 年中国财经记者去美国采访芒格，问芒格一年读多少本书？芒格回答：20 books every week。研究这些牛人的阅读记录，只能说，平庸限制了我们的想象力。这种强大的阅读习惯背后，是强烈的学习动机，是强大的自主探究学习能力。我们观察一个创业者，只要看看他有没有持续的、大量的高质量图书阅读习惯，就可以倒推这个创业者有没有强烈的学习动机，是否真的解决了学习哲学三问的第一个问题：人类为什么要学习？

学习哲学三问第二问：该学什么？中小学阶段该学什么都是国家规定的，中学生最多选文理科，其他的该学什么并不需要思考；到了大学无非选完专业之后选导师和选择选修课，该学什么几乎不用太复杂地思考。清华大学讲授政治学的刘瑜老师博士毕业于哥伦比亚大学，她分享其在哈佛大学做访问学者的经历，她到了哈佛大学想听一些本科课程，于是找到学业顾问咨询，学业顾问给她拿来一本课程选修手册，里面有 2800 门课程，很多课程非常冷门，选修这门课的人可能只有两三个人，学校照常开课，你在任何一门课上遇到的都是来自不同院系不同年级的同学，根本不存在固定的班级。这时候才会最大限度地逼着一个人思考该学什么的问题，2800门课，有限的时间，你必须决定学什么不学什么。这种选择能力与创业者在创业这种高度不确定环境下发现问题、定义问题的能力高度匹配，因为你离开学校踏上创业道路，连2800门的课程手册都不会有人给你。在该学什么的问题上，我给创业者的建议，是智慧远比知识重要一万倍，获取智慧也比获取知识难一万倍，往往需要付出昂贵的认知税才会获得一点智慧的增长，而重大人生觉醒往往以十年为单位。作为创业者，如果你想快速提升自己的认知，人生路上及早觉醒，少交认知税，在该学什么这件事上，我认为决定创业者进化速度的6个关键认知是：

①元认知：关于认知规律、学习规律的认知，要害是掌握认知科学，学会学习；

②对人性的洞察，不知人，焉知事？

③对控制社会的隐性规则的洞察；

④对行业发展趋势、规律和底层逻辑的洞察；

⑤对创始人进化规律的洞察；

⑥对创业企业成长规律的洞察。

学习哲学三问第三问：怎么学？传统的学校教育方式都是以老师为中心，以课程讲授为主要方式，以考试为手段，学生坐在课堂上听讲，记笔记，回去做作业，然后找老师答疑，参加考试，考试结束把知识还给老师。这是一个通过讲授加考试，检验一个人短期记住人类已知的知识的能力，至于如何探索人类未知？或者主动探索教科书不教的知识，学校教育并没有培养学生这个能力。我们在求职领域看到的景象就是一边用人单位无人可用，一边大量刚毕业的大学生找不到工作。说明中国的教育出了严重的问题，有人激烈地批判中国的学校是批量为社会培养废品的生产线。尤其是人工智能时代，这种落后的应试教育培养出来的人已经完全无法适应时代的要求，更不用说创业这个对人要求极高的领域。培养一个人掌握自主探究学习能力是其生存立世最基本的要求。过去十年，我在运营创业者学习型社群时做了大量探索，摸索出挖读辩输、追命六问、创始人对标、遍访高手等一整套有效的学习方法论，根本目的就是培养创业者的自主探究学习能力。

如何检验学习成果？传统的方式就是考试，用学习成绩表明你是否是个好学生；而对创业者，这种检验方式完全无效，真正有效的检验方式就是你的创业结果，没有任何手段比创业成败更能检验你是真的会学习，还是假装在学习。在知与行的问题上，人类需要跨越知行三大鸿沟：从不知到知，从知到行，从行到高手。从不知到知，人人都活在认知茧房里，都活在约哈里窗户理论的不知道自己不知道的象限里，没有高人开悟、没有高人棒喝，自我觉醒的概率微乎其微。互联网有一篇很流行的文章，说你懂得那么多道理，却过不好一生，反映的就是人类在知与行之间的割裂，知是知，行是行，从知到行中间隐藏着一条巨大的鸿沟，知道却做不到，说明你脑子里的知都是假知识，不是真知识，只有行动、只有实践才能获得真知。知是行之始，行是知之成。跨越从知到行之后还有下一个鸿沟等着你，掌握了围棋规则你就可以下围棋，但从一个业余围棋选手到职业九段还有漫漫征途等着你，即使复盘可以提升技艺，但两个业余围棋选手无论如何复盘，都不可能复盘出职业九段的水平，学习的过程、复盘的过程没有职业九段指导，没有足够的悟性，成长为职业九段的概率同样微乎其微，这就是为什么4700万民营企业小老板，能做成上市公司的概率是万里挑一。

我研究那些快速成长的创业者，一个特别重要的规律，是高人开悟、名人指路、贵人相助，这个规则对没有背景的草根创业者极其重要，单纯靠个人奋斗要单帮，大概率掉进慢速进化的大坑，但是高人开悟谈何容易？首先你遇得到高人吗？一个人社会地位越低，遇到高人的可能性越低；其次你能识别高人吗？一个人社会地位高，有权有钱有名，通常会比社会地位低的认知高，但未必是高人；再次，即便遇到高人了，高人凭什么给你开悟？大概率即使遇到高人，高人既没有兴趣也没有义务给你开悟；最后，即使高人给你开悟了，一个悟性低的人大概率也接不住。另外一个普遍的规律，是群体进化、群体涌现，背后是同侪压力带来的同侪效应。你成为一个怎么样的人，走出怎样的道路，取得怎样的成就，特别重要的就是看你加入什么圈子，与谁为师，与谁为友，与谁同行。一个创业者，构建个人高速进化生态圈的能力，拜师的能力，遍访高手向高手学习的能力是实现高速进化最重要的核心竞争力，这种广义的学习能力也是决定创业者生死的核心竞争力。

最后用两句话送给创业者：发现智慧的人，拜他为师；发现优秀的人，与之同行。

冯新

2024 年 3 月 10 日

序　二

薛保红——安徽工程大学体验产业学院院长、教授、博士

受文翰邀约为其大作《营地十年》写序，心中甚是忐忑，不敢以序自居，仅以营地教育亲历者的学习心得分享于大家。作为营地教育领域的一名倡导者、学习者、践行者和研究者，经过十二年的一线实践，深知营地教育对于青少年成长的重要性。可以说，我自己、我的孩子们都是在营地中成长起来的。2017年因营地教育与文翰接触，对他们一批年轻小伙伴热情投入营地教育感到非常欣慰，他们作为中国营地教育行业的新生代，一定会带来许多新的创新成果。文翰没有让我失望，短短几年时间，我看到他的专注、执着和成长。

在认真学习文翰的《营地十年》过程中，我惊喜地发现，他从营地的概念界定、世界营地教育发展概貌、中国营地实践的多元形态和经验的角度，尝试性地带给读者全新的认识和理解。该著作能够有效地帮助有意愿投身营地教育的年轻人充分认识和了解营地教育的本源，并站在全球的视野认识营地教育，立足中国营地教育的实践范式，从本土化的层面观测到我国营地教育的发展趋势和机遇。不得不说，我们多年的理论思考，在《营地十年》中找到了通向实践的路径。这体现了像文翰一样的一大批年轻的营地教育从业者对推动中国营地教育走向繁荣的信心和勇气，更给予我们营地教育先行者更多的鞭策和激励。

营地教育是中国教育高质量发展的一种样态，是实践育人的一种创新路径，对于青少年身心健康、人格发展、社会适应都具有非常重要的、不可替代的价值

和意义。期待《营地十年》尽快出版问世，以帮助千百万营地教育工作者从业余走向专业，从迷茫走向自信。

谨以此向奋斗在一线的营地教育者们致敬！

是为序。

薛保红

于香樟营地

2024年3月5日

自 序

2017年，在我读大一的时候，接触到了营地教育，到现在已经第七年了，因为创办营地教育行业人才培养机构“酷营”的缘故，我有幸接触了大量营地教育机构的负责人，在和各个机构负责人交流的过程中，我感受到大家对“营地教育”的理解和认识是不同的，在这个崭新的行业，中国营地教育的发起者、实践者们都在用自己的方式，亲手将自己理解的营地教育创造出来。

在这七年里，始终有人问我：**“什么是营地教育？”**我也试图用更通俗的方式来定义营地教育，但每次我的解释最后都会变为：“我给你推荐几家机构吧，他们做的就是营地教育。”

因为我意识到，**营地教育不是被定义出来的，而是被创造者亲手创造出来的。**

写这本书我还有个私心，作为一名创业者，大多数时候都在朦胧中摸索方向，但往往撞得头破血流，拿不到自己预期的结果。我对在营地教育行业中拿到大结果的创始人，有太多的好奇和疑惑，我想了解他们在创业过程中到底做对了什么，想知道他们面对棘手问题是如何思考、如何解决的，想知道他们对商业模式的理解是怎样的……

带着这一系列问题，我先后访谈了包括新东方文旅、健飞体育、游美营地教育、太阳守望者、宝贝走天下、坚果部落、夏山营地、行动者集团、OEC中拓研究院、畅悦文旅、冠军营地、西游少年、雪松营、沙漠营地在内的14家营地教育机构的负责人，记录了这些机构的创办历程以及创始人在创业过程中的商业思考。

我将这些访谈精华和我对营地教育的理解整理成了这本书，希望带给广大营地教育从业者一些启发。

《营地十年》是一本写给中国营地教育从业者的经济读物，更确切地说，这是一本写给营地教育机构创业者的商业内参。公开数据显示，目前全国范围内已经有超过3万家营地教育机构，如果加上户外教育、自然教育、研学旅行等泛营地教育机构，累计有超过10万家为青少年提供以夏冬令营为核心产品的教育机构。

狭义的营地教育，是个千亿赛道；广义的营地教育，是个万亿赛道。

中国营地教育行业始于2012年，刚好发展了第一个十年，但整个行业仍然属于早期发展阶段。我国营地教育的产品渗透率约为15%，也就是说，每100个青少年，在成长过程中，去过夏令营或冬令营的孩子大概有15个。当然，这个比例在不同城市会略有浮动，和经济发展水平有关。相较于发达国家80%～90%的渗透率，中国营地教育行业还有极大的发展空间。

在这十年的发展过程中，营地教育的概念逐渐被越来越多人接受，也有一大批学者、商人、教育家、企业家涌入营地教育行业，绘制属于自己的教育理想或商业版图。然而，有趣的是，在社会主义市场经济体制下，“看不见的手”会发挥作用，有人一路高歌猛进，历经十年发展，在行业中已然占领了一席之地；有人屡屡碰壁，黯然离场；也有人在行业外开辟出了全新的赛道。

我的工作是记录、梳理和传递那些藏在实干者身上的故事和观点，写进这本营地教育从业者的商业内参，给现在以及未来的从业者一些启发，少踩一些坑，创业成功概率就大一点，这就是我写《营地十年》的缘由。

对创业者而言，向身边拿到结果的人学习，是最高效的路径。这本书选取的创业者，有3个标准，分别是：

1. 企业成立十年以上；

2. 企业年营收1000万元以上；

3. 企业创始人或一把手，是对结果负责的人。

为什么要把标准定为十年？

在我看来，十年是一个重要的门槛。中国上市公司上市时平均成立年限是七年，而中国的中小企业平均寿命是两年半。上市公司的高管任职时间大都在十年以上，而95后的平均任职时长是七个月。 我相信，历经时间考验的企业和创始人，必有其过人之处，必有其独特的生存之道，也必然是懂商业、讲情怀的实干家，更是至真至纯的中国企业家。

只有读他们的故事，才能对市场、周期和人性，有更深层的理解。

只有理解他们的思维方式，学习他们的行为模式，才能形成自己的创业指南。

为什么要求年营收1000万元以上？

1000万元是绝大部分中小企业的门槛。每个长不大的公司背后，都有一个穷忙的武大郎。如果你只想做个小而美的营地教育工作室，只需要关注产品和服务，也能活得非常滋润，幸福指数会很高。但是你想开创一家在某一城市乃至全国范围内有一定影响力的企业，除了产品和服务，还要关注市场、组织、文化、财务等一系列环节，这个阶段，对于创始人而言，会逐步摆脱自己直接拿结果，更多需要依靠组织拿结果，企业年营收也一定突破了1000万元。

为什么必须是企业创始人或一把手？

屁股决定脑袋。企业创始人或一把手是为结果负责的人，甚至是唯一能为结果负责的人。当然，也是企业的最终受益人和风险承担者。可以说，在创业阶段，创始人是决定企业成败的最关键因素。挖掘他们的故事和观点，从他们的视角看企业发展的不同阶段面临的问题，对创业者更有指导意义。

为什么要记录 2012～2023 年的发展历史？

《公司的力量》里说：你能看到多远的过去，就能看到多远的未来。

祝阅读愉快！

目　录

前言

我和营地教育的结缘要追溯到2017年11月，在北京举办的一次全国性的教育科技大会上，我第一次看见发生在营地里的教育形态，被这个微小的业态深深打动了。

这和我的教育背景有关系。

我是1998年生人，从小在江西省广昌县长大，和大部分普通家庭的孩子一样，生活在大约10万人口的小城镇，算是标准意义上的“小镇青年”。

我们这代人成长的前20年，刚好赶上中国经济飞速发展的20年，绝大多数家庭都从温饱走向了小康，幸运的家庭也实现了富足，因此，我们有机会去看看外面的世界。

在教育上，我们也刚好赶上中国教培行业飞速发展的20年，我们这一代的教育相对来讲比较单调，小学升初中、初中升高中、高中升大学，有一条非常清晰的路径，严格按照分数和排名来论优等生。另外，课外的学科培训几乎占据了全部的假期时间，越长大，留给我们探索个人兴趣与职业发展方向的时间也越少。

幸运的是，我有对开明的父母，给了我一次“叛逆”的机会。

2015年，我刚好上高二，那时的我对未来没有清晰的认识，通俗地讲，除了知道自己要考大学以外，不知道大学之后，自己到底要干什么，甚至不知道自己喜欢做什么、不喜欢做什么。也许是受家人是个体工商户的影响，只是隐隐约约觉得自己以后想从商。恰好，在那个时候，我看到了首届全国中学生财经素养大赛的报名通知，我决定试试。

对于高二的学生，整天自学《经济学原理》那些书，就是不务正业的表现。备赛的3个月时间，我自学完成了大学的宏观经济学和微观经济学，也非常顺利地进入了全国总决赛。

那年我17岁，第一次独自出门参加的夏令营是由西南财经大学举办的全国中学生财经特长生特训营，参加这个夏令营的孩子，都是拿到全国中学生财经素养大赛总决赛入场券的孩子，绝大多数都是来自成都、重庆、上海、北京、广州、深圳这些一二线城市的孩子，不乏一些就读国际学校的孩子。

他们视野的广度和思维的深度，在短短几天的夏令营中，给我带来非常大的震撼。对当时的我而言，学科知识是全部，对其他孩子而言，学习学科知识只占据自己的一部分时间，他们会利用周末的时间参加学校的物理社团活动，或者选择每周阅读一本《第一财经周刊》，亦或参加社会志愿活动……他们的生活阅历和对事物发展认知的成熟度要远强于我。

那次夏令营，让我明白只要自己努力发掘，愿意尝试，人生可以有无限的可能性。

虽然最终我在总决赛中取得了全国第四名的成绩，但我并不开心，也不难过。我知道比成绩更重要的是，我在夏令营中收获的宝贵财富。

2017年6月，我高考后便踏上了背包之旅，2个月的时间，一个人、一个包，去参加了夏令营、参加了比赛、也独自走了十几个城市，去看、去听、去感受，对于那时的我来说，迫切地想要看世界。

这段毫无目的的旅途接近尾声时，我反复思考，我和城市中见到的优秀的同龄人，差距到底在哪里？是教育资源分配不均吗？我认为：“不全是”，随着九年义务教育资源的普及，很多县城学校的硬件标准比城市学校还要好；同时，网络名师课堂已经成了现实，即使是乡村儿童，也能通过屏幕进入一线城市的名师课堂。

在我看来，比起“应试教育资源分配不均，更可怕的是素质教育的缺失”，在大多数小镇青年成长的过程中缺乏视野和见识，只有看过世界，看见什么是好的，才能明白奋斗的意义；只有找到成长的原动力，才能独立、自主地去学习知识和探索世界。

基于这样的认识，我开始思考，如果我高中时参加夏令营所获得的体验，能够带给我家乡的学弟学妹们，那一定是一件非常有价值的事情。

因此，我一进入大学，就开始筹备面向家乡高中生的公益冬令营活动，但那时我并不明白应该如何设计并实施一场冬令营，于是我开始去参加大大小小的教育论坛，去参加有关营地教育的专业培训，一边学习一边实践。我与营地教育结缘后，我知道这件事情，是值得做一辈子的事业，它不仅关乎教育公益，也有商业发展的空间，更是曾经改变我人生轨迹的活动。

从 2018 年到 2023 年，这六年时间中，我一直扮演着营地教育行业观察者的角色，我做过数十场营地导师培训，累计影响了近千位在校大学生，看见并走进营地教育行业，从担任营地导师到营长，甚至在毕业后成为全职从业者；我访谈过上百位营地教育行业的从业者、创业者，观察不同商业阶段面临的不同问题，记录下他们的思考和解决方案；我也走访过全国范围内的上百家青少年教育营地，举办了两届国际营地教育与户外露营产业大会……

在这个过程中，我有幸看到一批又一批的创业者，不断探寻这个行业的经营模式，一点一滴地推动营地教育的发展和普及，也见证他们如何一步一步拿到理想的商业结果。

我将这个过程中自己的思考、与创始人访谈的精华收录此书，书中详细呈现了 14 位营地教育的探索者，他们的从业时间都在十年以上，经历过完整的行业发展周期，看完他们的故事，感受他们在不同阶段对营地教育和商业的理解，相信你对营地教育行业会有更深的体会。

谨以此书献给中国营地教育的发起者、实践者。希望更多现在以及未来的从业者，能够借以此书，抹平信息差，不断推动中国营地教育行业从稚嫩走向成熟。

第一章
什么是营地教育?

本书探讨的营地，主要围绕“青少年营地教育”中的“营地”展开，在这个语境下，我希望先与你达成共识：**什么是营地教育?**

在谈这个问题之前，我们需要先理解什么是“营地”。

在国际上，无论是青少年夏令营还是露营活动，都统称为Camp（营地、露营），在欧美等发达国家，青少年在暑期参加夏令营活动，或者以家庭为单位的露营活动很是普遍。

对欧美人而言，露营是一种户外生活方式，借用剑桥词典的解释更容易理解露营的概念：“在室外区域停留和睡眠一个或多个日夜的行为，通常是在帐篷内。”

19世纪中叶，以露营为代表的户外活动开始在美国青少年群体中发展。美国有史可循的第一个有组织的营会出现在1861年，当时华盛顿的噶纳瑞男子中学校长Frederick William Gunn带领一组男生徒步40英里（约64千米）到达长岛海峡上的米尔福德湾。两天的路程后，学生们进行了十天的模拟军事营地训练，然后徒步返回学校。组织这次营会活动，主要是因为当时的年轻学生对内战和士兵们习以为常的军营、营火兴趣浓厚。

由于早期的营地其实就是军营，早期的营会活动也大多是以模拟军事训练为主，所以早期的营地泛指军营。随着营地活动的不断演化，广义的“营地”指野营的场地，也指可供露营和开展活动的物理空间。

而“营会”是一种活动组织形式，通常指在营地里开展的形式多样、主题各异的集体活动。

简单来说，营地是物理空间，营会是活动组织形式，而露营是一种活动方式。

《营地十年》中所提及的“营地教育”，有两层含义，第一层是发生在营地中的青少年教育活动，第二层是以营会活动为载体的教育行为。这怎么理解呢？其实，主流的营地教育机构一般会提供两种类型的产品，一种是在固定的营地中开展冬夏令营项目，是围绕营地场域和营地生活来展开的教育活动；另一种是带孩子走出去，通过游历、研学的方式实现教育目标，只是借助了营会这个组织形式。

营地是个物理空间，承载人们户外活动、休闲娱乐需求的空间都可以看作营地。最好的营地也许就是迪士尼的样子，有非常多好玩的项目和有意思的人，你一进去，就能感受到快乐。当然，帐篷露营地、房车露营地、青少年教育型营地、景区，甚至度假酒店，都可以看作满足不同人群不同需求的功能性营地。

营地教育是指在营地空间中，发生的教育活动。当然，不是所有的营地活动都叫营地教育，也不是所有的冬夏令营都叫营地教育，核心是看营会目标是不是以教育目的为导向。比如，我们要组织一场公司露营活动，目的是加深员工之间的情感连接，同时让大家放松一下，这不是以教育为目标，不属于营地教育讨论的范畴。

再比如，我们要在青少年教育营地里给孩子们办一场以领导力提升为核心的夏令营活动，这就是营地教育；或是我们为了培养孩子坚毅的品质，要带孩子去沙漠徒步，这个过程，也叫营地教育；抑或是我们带孩子去北京天安门看升旗、去故宫博物院、去圆明园，了解中华民族的发展历史，也是营地教育。

我们常见的主题营会，例如军事营、科技营、人文营、体育营，以及以青少年教育为目的开展的各式各样的营会活动，在我看来都属于营地教育。

营地教育是学校教育和家庭教育的有效补充，青少年教育营地，是孩子们成长的“第三空间”，孩子们在周末、节假日以及寒暑期，到营地中和同龄小伙伴们一起生活一段时间，参加丰富多彩的营地活动，有助于提升孩子的沟通力、共情力、创造力、领导力、合作力以及公民意识和社会责任感。同时，能够促进孩子自我管理能力的提升，增强对多元文化的理解以及思辨逻辑能力，总而言之，童年时期在营地生活和长大的孩子，往往会变得更加乐观自信。

本书主要讨论的是青少年营地教育。营地教育产品有非常丰富的呈现方式，有不同时长、不同目的地、不同场景、不同项目、不同目标、不同人群的营会项目，关键在于是否能够促进孩子的身心发展。打造什么样的产品，和主创团队的背景息息相关，因此，我们在研究营地教育产品以及公司的经营策略时，要更多关注人的因素。

在新中国成立之初，我们国家和苏联有着非常密切的交往，团中央会经常组织少先队员参加苏联的夏令营，作为国际交流的手段。1986 年，中国登山协会第一次举办了中国青少年的登山夏令营。1992 年发生了一个非常有影响力的事件，一篇名为《夏令营中的较量》的文章讲述了这样一个故事：中国孩子和日本孩子一起去内蒙古的草原，日本孩子非常坚忍、肯吃苦，勇于挑战，坚持到底，而中国孩子叫苦连天，体质也很差，这篇文章引起了很多人的警醒，而后国家蒲公英计划专项拨款建设实践基地，后来又伴随着北京奥运会举办、素质教育改革，以及大量教育培训机构出现，冬夏令营市场开始被激活，出现了世纪明德、新东方海外游学等早期的中国冬夏令营机构。

随着我国经济、文化的发展，越来越多家长、教育者和企业家意识到营地教育的价值，大约从 2012 年开始了营地教育在中国的商业化探索。

中国第一批营地教育从业者从 2012 年开始，前往世界各国学习和访问，借鉴美国、加拿大、日本和俄罗斯等国成熟的营地运营管理模式，学习森林学校、户外领导力学校、拓展训练技术、童子军组织等不同领域不同流派的有关体验式教育的方法，从而进行本土化改造与实验。

第一批学习者回到国内，大多以营长的身份开始组织冬夏令营活动，让越来越多的家长认识到营地教育这种全新的教育活动形式，营地教育开始在国内开枝散叶。

2012 年至 2016 年，国内营地教育机构处于摸着石头过河阶段，从业者们侧重于学习教学技术，商业化的探索相对单薄。随着营地教育形式的传播以及家长教育意识的更新，更多的学者、创业者以及行业早期从业者意识到营地教育机构的商业化发展前景是非常广阔的，营地教育行业开始涌入一批兼具教育情怀和商业能力的开创者。

与此同时，2016 年，CCEA 中营联营地教育发展中心（深圳市中营联营地教育发展中心）、ICE 营地教育研究院（深圳市爱思营地教育研究院）先后注册成立，民间力量大力推动营地教育行业的发展，中国营地教育机构也如雨后春笋般快速出现，目前中国的头部营地教育机构，几乎都是在 2016 年成立或开始真正意义上的商业化运作。因此，也有人说，2016 年是中国营地教育行业发展的元年。

2016 年至 2019 年，恰巧赶上中国风险投资行业如火如荼发展的阶段，中国营地教育行业也快速发展，拿到风险投资的机构融资数额从百万级到千万级不等，资本的推动进一步促使营地教育机构更快地完成商业化探索。

与此同时，这几年也是竞争加剧，机构之间的差距快速拉开的阶段，在这一时期，行业内已经出现年营收可达 5000 万元至 8000 万元量级的头部公司，也有年营收在 30 万元至 100 万元的个体工作室，不同背景的创业者，带着不同领域的优势资源和商业策略，在这一阶段，或选择深耕产品能力，抢占稀缺的营地场景；或选择深耕服务，用海底捞式服务俘获客户的心；或选择建设品牌护城河，获得区域内的市场领先地位；或选择强化组织能力，通过人才培养实现连锁运营。

遗憾的是，在中国营地教育行业正处于上升阶段时，遇上了 2020 年至 2022 年的三年新冠肺炎疫情，给行业按下了三年的暂停键。重线下、重服务、重人与人之间交流互动的营地教育行业，无疑受到前所未有的挑战。这一时期，在前一阶段没有完成商业化探索，同时没有融到一笔足够资金过冬的机构，大都没有挺过去，被并购或申请破产解散的比比皆是。也有一部分机构由于过去几年发展过为乐观，大张旗鼓投资建设营地，或者加速扩张市场版图，也在疫情时期遇到了较大的资金危机。裁员、解散潮席卷开来，不乏很多早期从业者相继选择离开了这个行业。

与此同时，营地教育这种新兴的教育形态，在疫情以及双减政策后，被越来越多人接受，在这一时期，也有一批从业者进入营地教育行业，开始新一轮的探索。

2023 年是整个行业恢复发展的一年，回看过去十年中国营地教育行业的发展，我很欣喜地发现，熬过三年疫情、从业十年以上、年营收 1000 万元以上的营地教育机构，居然有那么多的共性：**他们有教育情怀，都是奔着下一代的全面健康发展而选择投身营地教育行业；他们有商业能力，经历过从 0 到 1 的创业周期，懂得如何在市场中拿到大结果；他们穿越了周期，积累了原始资本，在下一个十年发展中将更加从容。**

第二章
世界各国营地教育发展情况

中国营地教育行业从2012年开始，到现在走过了第一个十年，相较于欧美等国营地一百五十多年的发展历史，中国营地教育行业还处于早期萌芽阶段。在漫长的历史长河中，世界各国都根据其文化背景、土地性质、教育政策发展出了各具特色的营地教育形态。

实际上，“营地教育”是中国人创造的词汇，在国外没有“营地教育”这个词，只有“营地”（Camp），引入中国后加了“教育”一词，意在表达其教育属性远大于游玩。

1.美国、加拿大

据美国营地协会统计，美国约有12000个营地，住宿营有7000个，每年有1000万左右儿童和青少年、100万成人参加营地活动。美国每年参加私营夏令营的青少年占比约为19%。

美国的营地以私营营地为主，由于土地私有化政策，很多营地属于家庭所有，造就了美国营地独特的家族传承特色，老牌营地有着几十年甚至上百年的发展历史。因此，在美国参加夏令营的孩子，很有可能能在营地里看到自己的父辈甚至祖父辈曾经来营地参加活动留下的痕迹。

传统的美国营地活动以玩耍为主，而越来越多在营地中成长起来的孩子，有部分接受过良好的高等教育的老营员，毕业后回到营地中工作，又逐渐给营地带去教育属性，在美国营地行业中起到引领作用。

美国除了教会类营地，几乎没有公立营地，由教会资助的营地会提供一些相对公益性的营会项目，但是营地的设施条件和服务水平，都不及私立营地。

2. 俄罗斯

俄罗斯是拥有全世界营地数量最多的国家，营地达 55000 个，75%的学生都会参加营地活动。

俄罗斯有 5 家教育部直管的国家营地，国家营地的所有经费都由教育部拨款，每年国家营地会将参营名额分配给各个市，各个市会根据孩子们的积分进行选拔，获得 21 天参营名额的孩子的全部参营费用，包括路费都由国家承担，因此，能够被选拔参加国家营地的项目，对孩子们来说也是一种荣誉。

另外，俄罗斯各个地方也有公立营地，由地方政府拨款，有些是全部拨款，有些是部分拨款。

同时，俄罗斯也有很多私立营地，除了部分营地受气候影响，冬季无法正常运营，大部分营地都会全年运营。

3. 澳大利亚

澳大利亚拥有 900 个营地，特色是与学校教育联系紧密，政府立法规定学校必须组织每位学生每年参加一周营地活动，营地已被纳入国家教育体系。澳大利亚的小学、初中、高中不同年龄段的孩子，学期内去营地参加项目的时长不同，最短的是 1 天，最长也有 15 天的营地项目。

和中国不同的是，澳大利亚的营地一般只在学期中经营，寒暑假期间营地也放假。

4. 日本

日本有 3500 多个营地，每年超过 3000 万名中小学生参与营地活动。日本每年有超过 90% 的中小学生参与修学旅行。日本的营地被称为“自然学校”，从幼儿园开始，学期中就会组织孩子们去自然学校参加一日或多日的营地项目，包括野外生存和生活技能学习，非常实用。

中国自 2016 年以来所提出的研学旅行，一定程度上借鉴了日本修学旅行的模式。

除此之外，日本还有一类度假型营地，为家庭提供周末和小长假的度假项目。

5. 英国、法国、瑞士

英国几乎没有青少年专属营地，大都是和学校合作，在寒暑假期间使用学校的场地组织语言类冬夏令营项目，有些也被称为夏校。由于历史原因，欧洲很多地方不说英语，比如有一些法语区，早期有北欧的孩子到英国来参加语言营，形成了英国营地教育的传统。后来逐步延伸出专项的运动营，比如足球营、篮球营、滑雪营等。

6. 北欧、芬兰

芬兰的冬季体育非常强，因此芬兰的营会项目也多为运动主题。

7. 东南亚、新加坡、马来西亚、泰国、印度尼西亚

以新加坡为例，东南亚的营地模式和澳大利亚接近，营地在学期中非常繁忙，到了寒暑假比较空闲，会组织一些国际冬夏令营项目，内容以户外探险、自然探索、野外生存为主。

8. 蒙古国

蒙古国和俄罗斯的营地体系比较接近，蒙古国最早的营地体系就是苏联人建立的，因为当时蒙古国的第一夫人是苏联人，第一夫人在蒙古国建立的第一个国家营地到目前来看都是蒙古国最好的营地。在首个国家营地的影响下，蒙古国也形成了国家级、地方级以及私人营地三种形态的营地体系。

在营地教育的发展过程中，不同机构都曾谈过对营地教育的理解。其实，无论是营地教育、研学旅行、国内外游学、自然教育、森林教育、户外教育等何种表现形式，都是我们对以营地教育为代表的素质教育目标的共同追求。

营地教育（Camp Education）按照字面上的意思就是在营地进行有规范的，有目的性的教育。

——中国登山协会《营地指导员基础教程》

一种在户外以团队生活为形式，并能够达到创造性、娱乐性和教育意义的持续体验。通过领导力培训以及自然环境的熏陶帮助每一位营员达到生理、心理、社交能力以及心灵方面的成长。

——ACA 美国营地协会

每次营会都是在为孩子掌握更全面的技能提供机会。如果说学术技能是未来职场生涯的门槛，那么营地教授和实践的非认知技能（社交、情绪管理、批判性思维等）才是成功的关键，也是时下美国教育的重中之重。

——Ross Turner，美国营地协会主席在我看来，几周在营地精心组织的活动里获得的教育，其价值也许比得上常规学校整整一年。

——Charles William Eliot，哈佛大学前校长

童年经历铸就了我克服困难的利器，也打造了摆渡人生的桨橹，而夏令营本身就是一种利器，它的丰富内涵让我在漫长的一生中不断悟出更深的道理。

——Michael Eisner，迪士尼前CEO

*本章内容来源于ICE营地研究院及《2018中国营地教育行业报告》

第三章
营地教育机构的12种商业模式

作为从业者，如果我们希望在营地教育行业中开创属于自己的事业，那么一定要了解清楚完整的行业生态，为了便于理解，我们先粗浅地将营地教育公司分为“营地公司”和“营会公司”。

营地公司通常指场地持有方，或者说是场地经营方。它有场地的管理和使用权限，为营会活动提供场景和配套设施。营地公司的主要收入来自营房或酒店的销售、场地租赁以及餐饮。比如，冠军营地、游美营地、夏山营地都有一个或多个自营的营地。一般来说，营地公司配置的是营地运营管理人才，运营目标是让营地尽可能多地接待各种各样的团队项目，不断让营地坪效达到最优值。

营会公司通常指冬夏令营或周末活动的组织方。他们设计活动方案，租赁适合的场地，然后面向家长或机构提供活动套餐，不负责营地的日常管理和维护，只是在有活动需要的时候短期租赁营地空间。比如，健飞体育、坚果部落、西游少年都属于营会公司。因此，营会公司一般配置的是课程设计、活动教练以及市场和销售人才，运营目标是接待更多青少年参加自己公司组织的冬夏令营或周末活动，从而让人效（人均创造营收数）达到最优值。

无论是营地公司还是营会公司，在用户画像上，又有toC（面向终端消费者提供产品或服务）和toB（面向机构、团体提供产品或服务）两种业务模型。在经营目标上，又有连锁营地营会公司和个体营地营会公司两种经营形态。

一般而言，我们常说的营地教育机构，指的是toC（面向终端消费者提供产品或服务），营会公司大都是从个体经营出发，获得资本加速后，开始连锁经营的扩张（图3—1）。

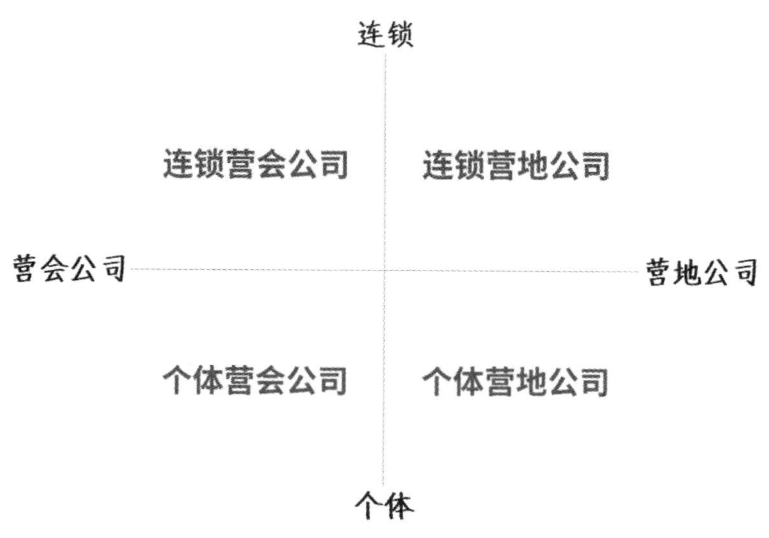

图3—1：营地教育机构商业模式

整体来看，营地教育行业呈哑铃状分布结构，一端是大量的超级个体，带着10人以内的小团队，做一家小而美的营地公司或者营会公司，他们深耕某一区域，扎扎实实服务好自己的C端客户，产品和服务有温度，消费者的口碑和黏性也很高，老板虽然事必躬亲，但是管理难度和管理成本都非常低，又因为直接服务C端客户，整体毛利能在30%—50%之间，扣除掉人员工资和固定开销，这类超级个体是活得非常滋润、幸福指数最高的群体。

哑铃的另外一端是连锁营地公司以及连锁营会公司，这个方向有资本布局的空间。像碧桂园旗下博实乐教育集团，近些年通过投资、并购，已经构建了完整的营地产业链条，并提出了“百营计划”，就是说要在中国开100家连锁营地，博实乐教育集团投资拓展部总监王浩先生也在我们的首届国际营地教育产业大会上提出“营地是中国未来十年增长最快的线下商业场景”，他们押注的不仅仅是营地教育业态，而是融合了教育、会议、团建、培训、休闲度假，甚至婚庆服务的综合型营地。

而宝贝走天下就是典型的连锁营会公司，经过十一年的发展，目前在全国已经布局了17家分公司。总部负责夏令营产品研发、领队培训，以及提供中后台技术支持，每个分公司为10—30人的规模，面向市场拿结果，保持组织的灵活性，这样既能够分摊产品研发和人才培养成本，又能够有效降低组织的管理成本。

营地教育产业链类似文旅产业链，连锁营地机构就像是景区运营商，连锁营会机构就像是连锁旅行社。而旅行社又分为品牌社和地接社，我们在街边看到的大部分有门头的旅行社，大部分属于品牌社，他们负责接待游客，给游客推荐旅行线路或是为团体定制旅行线路。当去到旅游目的地时，大部分行程安排将由地接社来接手，地接社一般指本地专门负责接待的旅行社，他们非常熟悉本地的旅行线路，同时具备地域优势，能够以更低成本勘测和开发旅行线路，同时由于接待量大，能够拿到更低成本的住宿、餐饮、交通供应商资源。

营会公司也是这个逻辑，不是所有的夏令营线路都100%由自己公司的全职员工来完成交付，去到不同的目的地，甚至走不同主题的线路，也会和不同背景的地接社来合作完成。因此，营会公司其实也分为品牌营会公司和地接营会公司，品牌营会公司更注重产品开发、市场推广以及教育服务，地接营会公司更注重人才管理、执行交付和成本控制。所以，大部分的品牌营会公司是toC模式（面向终端消费者提供产品或服务），但不代表没有toB业务（面向机构、团体提供产品或服务），区别在于主要营收来源是toC业务还是toB

业务。而大部分的地接营会公司是toB模式，负责承接品牌营会公司冬夏令营产品的执行和交付。

同样，我们在研究具体某家公司的时候，会看到有完全依赖地接来完成执行和交付的品牌营会公司，我们称之为渠道品牌。也会看到有完全不依赖地接社完成执行和交付的品牌营会公司，我们称之为纯营会公司。

任何一个角度的定义都只能反映出一家公司的某一侧面。后文我们具体拆解代表公司的时候，会看到不仅要从创始人那里了解到他对公司业务模式的定义，还要从公司的人员配置、组织背景、营收来源、产品形态等多个角度来判断其在行业生态中的位置，这样才能更好地理解它靠什么赚钱，以及它为什么赚钱。

一、按用户画像分

1. toC营会机构：深圳儿童周末

「深圳儿童周末」是典型的toC营会机构，成立于2015年11月，为中产家庭3～12岁的少年儿童提供优质的户外课程和营地产品。深圳TOP亲子活动平台，通过“自营+平台”的模式，打造了完整的产品和服务体系。创办至今，深圳儿童周末先后获得两轮融资，估值超5000万元人民币，不花一分钱投广告，仅通过优质内容输出，获得了深圳本地精准的家庭用户流量，微信公众号聚集超过15万的精准粉丝。

深圳儿童周末主要获课方式为toC模式，通过自建流量池、自主招生的模式，推出高频周末课程和营地课程，即使是在2022年疫情之下，仍然实现了2000万元+营收，还比同行利润高约50%。公司目前有40多位员工，包含近30名全职教练，平均每周出团的人数是800人。

深圳儿童周末的创始人唐洁原先是南方都市报的首席记者，拥有武汉大学新闻学学士、中国人民大学传播学硕士的教育背景，在新媒体营销上拥有更高的敏锐度，她创业的动机比较简单，2015年，正值孩子马上要上小学，却不知道每个周末要带孩子去哪里玩，也没有哪个平台能够获得“周末孩子去哪玩”的有效资讯。而唐洁作为新闻工作者，恰巧有能力对儿童周末活动信息进行甄别、梳理和输出，于是做了“儿童周末”的自媒体，主要内容就是不断把深圳好玩的儿童周末活动推荐给身边的宝妈们，她会向家长介绍乐园、演出活动、度假活动、遛娃的方式等，盈利模式是从报名费中收取抽成。

到2018年的时候，已经积累了15万的深圳本地精准宝妈粉丝，当时唐洁发现户外类型的儿童周末活动供给不足，市场上也没有好的产品，于是“儿童周末”开始从自媒体平台向营地教育机构转型，推出了大量以自然和户外为核心的儿童周末活动，形成了周末营、假日营以及冬夏令营的产品形态。据统计，2019至2023年，儿童周末累计服务人数超过10万人。

一般而言，toC营会机构的产品内容比较丰富，蕴含自然、户外、军事、博物、城市深度游玩等多主题线路，产品从0.5天到7天时间不等，地点包括公园及国内外各城市，由于是toC模式，直接面向终端消费者提供产品或服务，一般毛利率会在30%～50%不等，不同机构的产品定位不同，有的机构是做高端精品小营地，日均参营费用在800～1500元之间；有的是主打质价比的产品，日均参营费用在300～500元之间；也有主打性价比的产品，日均参营费用在150～300元之间。

由于不同机构的服务品质和成本结构不同，并非客单价更高的机构，就能获取更高额的利润。比如说同样价格同样天数的滑雪营，有的机构1天能带孩子在雪上纯滑5小时以上，有的机构1天只能带孩子在雪上纯滑3小时，再往下挖掘，有的机构在雪上的时间，一半都在魔毯上排队，而有的机构安排孩子上魔毯的效率更高，那么同样的时间，能够让孩子更充分地滑雪。

再比如，同样价格同样天数的迪士尼营，是否吃住均在乐园里、是否购买优速通也是截然不同的参营体验，这些因素直接影响活动的成本结构和孩子的参营体验，作为从业者，我们应该关心所服务的客户的消费水平以及对服务品质的期待，平衡好双方的心理预期，同时也把握好合理的利润率，才能让toC的生意越做越长久。

2. toB营会机构：YuYoung青少年营地

「YuYoung青少年营地」是典型的toB营会机构，与toC营会机构截然不同，在市场上几乎看不到它们的身影，只有少数业内从业者了解它们，它们相当于是toC营会机构的供应链，或者可以把它们比喻成“预制菜”，它们一方面承包营地、酒店、餐厅，根据市场的需求开发冬夏令营产品，另一方面大量合作toC营会机构或toC教育机构，由toC营会机构将它们的产品贴上自己的标签，并且推向自己的客户。

各行各业都存在这样的供应链，好比餐厅只需要做好菜品和服务，没有那么多的精力去全国各地寻找好的原材料。toB营会机构在旅行社行业里就类似“地接社”的角色，比如我是天津的旅行社，手上有一群认可我的品牌，同时想去三亚旅行的客户，如果我要为此把三亚的景点、酒店、餐厅、车辆全部体验一遍，再挨个去谈价格，分别对接合作细节，那么我的团队可能需要在三亚驻扎两三周的时间，这个踩线成本最终一定会附加到消费者身上。但是如果我直接在一众三亚的地接旅行社中选择一家最靠谱的机构合作，由它帮我完成所有的线路安排，并对接景点、酒店、餐厅、车辆等不同供应商，便可以省去我亲自踩线的差旅成本、试错成本以及时间成本，同时，又因为它是专业的地接社，它的客户是全国各地的旅行社，就能够通过更大的接待量，向所有供应商获取更低的成本。因此，我与地接社合作的成本也许要低于亲自去踩线的成本，在这样的交易形态中，天津的旅行社、三亚的地接社以及消费者均能获益。

YuYoung 青少年营地切入市场选择的是滑雪营，一方面直接和雪场洽谈酒店、场地承包合作，一方面挖掘大量的 toC 营会机构或是有影响力的宝妈群体，给合作机构较低的渠道价，并且帮助合作机构完成产品设计、包装、卖点挖掘的前期工作，从而让面向终端消费者的机构或个人能够更高效地完成产品销售环节，通过这套商业策略，YuYoung 青少年营地在创立之初第一个雪季就累计服务了超过 10000 名孩子。目前已经发展成为团队规模 20+全职人员，年营收 2000 多万元规模的 toB 服务的营会机构。

toB 营会机构这套商业模式确立的前提在于必须选择大承载量的营地以及大众能接受的产品。虽然 toB 营会机构有更大的接待量，更高的年营收，但是整体毛利率远低于 toC 营会机构，toB 营会机构好比批发商，赚取约 5%的净利；toC 营会机构好比零售商，赚取约 15%～30%的净利。

这两类营会机构需要的创始人基因、团队能力和人才结构完全不一样，对于创业者而言，核心要看自己拥有 toB 还是 toC 的基因。

3. toC营地机构：景区、露营地、游乐园

toC营地机构比较好理解，在我看来，绝大多数景区、露营地、游乐园、滑雪场都属于toC营地机构，迪士尼就是最好的儿童营地，消费者只需要购买门票或服务，即可进入营地中。这类营地机构的盈利模式需要具体分析，拿滑雪场来说，酒店、餐饮、雪票、雪服雪具租赁、滑雪教学都是其盈利来源，对于空间运营的机构而言，多元化的经营业态是提高其场地坪效的重要途径。

4. toB营地机构：乐体营地

toB营地机构与toB营会机构的商业逻辑是一脉相承的，乐体营地和开营都属于toB营地机构，他们擅长营地运营，会选择具备稀缺场景或者超级IP、特色目的地的营地，通过合作、投资等方式获得营地运营权，对营地加以改造，使其场地更适合青少年营地教育项目的实施，接着根据市场需求以及营地特色开发相应的夏令营或冬令营产品，并发展大量销售渠道为其开发市场。

一般而言，有500个以上营位的营地，会选择toB营地机构的运营模式，乐体的抚州营地、开营的北京营地都有超过2000个营位，一个暑期按8期夏令营接待量来算，暑期能够接待约16000人，在如此大的接待量下，toB营地机构没有精力维护C端客户，只有选择合作大量B端客户，每家B端客户完成几十到几百个营位的销售，才能让整个营地的接待量达到最优值，同时通过大规模的接待，降低交付成本，既给销售渠道充足的利润空间，同时能够让自己赚到钱。

当然，toB 营地机构的业务一般也不局限于夏令营和冬令营，在学期内，也会通过承接大规模的学校研学、综合实践活动来填补运营空白，虽然利润率不及冬夏令营，但能够有效平衡营地日常运营、维护以及员工成本。另外，团建活动、草坪婚礼、大型会议、公司年会……都在 toB 营地机构的日常业务范畴之内。

在营地教育行业中，有人说："得营地者得天下"，说的就是如果你有机会抢占优质营地的专属运营权，那么你在行业中就能占据一个独特的生态位，这时不妨参考 toB 营地机构的商业逻辑。这里值得注意的是，你需要判断哪个是值得你全身心投入的优质营地，至少在周边 4 小时以内车程的城市范围圈内，你要有信心取得相对优势，因为每个人、每个团队的运营精力都非常有限，如果你能把一个 2000 人营位的营地运营好，就至少是一个千万级的项目。

二、按经营模式分

1. 连锁营会机构：宝贝走天下

「宝贝走天下」是典型的连锁营会机构，客观地讲，它是迄今为止规模最大的连锁营会机构，总部在杭州，在全国设有 17 家分公司，2023 年公司的年营收约 1 亿元人民币。宝贝走天下创立自主体验式儿童户外活动概念，其中包含城市挑战、山野少年、自然教育、军事少年、特训营、欢乐营、城市印象、夏令营、冬令营等 9 大系列，以"体验+情境"的游戏任务模式，将孩子"情商、智商、逆商"的培养融入充满挑战的各项任务中。让孩子在健康快乐玩耍的同时，获得阅历和技能的提升。

可以说，宝贝走天下就是连锁化的toC营会机构，这里的难点就在于连锁。近年来，不乏有很多在单一城市取得相当不错经营成绩的toC营会机构，都曾做过连锁扩张的尝试，无一例外地受到了挫折。因为toC营会机构非常依赖主创团队的苦心经营，需要悉心做好一场又一场的活动服务，到了新城市常常出现两种情况，有可能新城市的新团队不能像最早的创业班子那样倾其一切去打开市场、做好服务，甚至老团队到了新城市都可能没有当时的热情和投入度，自然很难在新的城市抢占市场空间；也有可能是凭借原有的优势资源，快速在新城市站稳了脚跟，但是新城市的业务团队不一定忠诚，或者无关乎忠诚问题，因为学习的门槛太低了，只要看懂了toC营会机构的商业模式，而且本身就是一个优秀的营长，很容易收获一群愿意持续跟随和支持的客户，对于个体工作室而言，成本足够低，服务足够精细，也能获得一片市场空间。

宝贝走天下通过组织文化建设以及技术系统的支撑，很巧妙地解决了这些问题，走出了连锁营会机构的发展道路。在第八章中，宝贝走天下的创始人、董事长苏宁军会详细分享他的商业思考。

2.连锁营地机构：博实乐营地

「博实乐营地」是典型的连锁营地机构，它隶属于碧桂园旗下博实乐教育集团，近年来，其通过投资、并购等方式先后将乐体营地和开营收入麾下，并提出“百营计划”，其所开创的商业逻辑是连锁化的toB营地机构，依托强大的资金实力、运营能力以及资源整合能力，盘活闲置文旅营地或接管优质青少年营地，通过区域营地的联动和资源优化，在单一toB营地机构的基础上进一步提升商业效率。

3.个体营会机构：西游少年营地教育

「西游少年营地教育」也属于toC营会机构，但这部分我们主要对其所有权进行分析。在营会机构发展的道路上，也有两种主流路径，一种是坚定而乐观地拥抱资本，相信资本能够帮助企业加速在市场中获得更大的竞争优势，有时候节省时间也是一种优势；另一种是坚持个体化、私营化的发展轨迹，认为营会机构是传统服务业，仅希望靠产品和服务赚取应得的利润，不想一味地发展扩张，在机构发展的同时，也希望平衡事业和家庭。

西游少年就是一家扎根合肥的个体营会机构，公司股权由创始人伍军辉100%所有，2023年营收约1000万，业务模式非常简单，就是“周末营+小长假营+夏冬令营”，他带着10个人的团队，自己也是营长，常年组织各式各样的营会活动，完全靠C端招生，他赚钱的方式非常纯粹，虽然公司的营收体量不如中大型机构，但是他的运营和管理成本更低，而且刨除员工工资和固定开销以外，都是创始人所得，其个人财富并不一定逊色于中大型机构的负责人。

在第十五章中，西游少年营地教育的创始人伍军辉也分享了他的生活与创业之道。

4.个体营地机构：露营地、休闲农庄

大多数小型的露营地、休闲农庄以及小规模的青少年教育营地，都属于个体

营地机构。它们的特点是营地的投资体量相对较低，大约在30～100万元这个量级，其占地面积和接待体量也比较小，非常依靠创始人亲力亲为的服务，每个营地的盈利模型都不太一样，有依靠烧烤套餐盈利的露营地，也有依靠过夜营位盈利的房车露营地，还有依靠儿童活动盈利的亲子营地，其核心在于创始人为某一特定人群打造了一块适合休闲娱乐的户外空间。

个体营地机构和大部分夫妻店、个体工作室一样，依靠创始人的能力、勤恳和时间，打造一家有温度、有差异的小而美的营地，也能获得不错的收益。

三、行业上下游服务商

1. B2C交易平台：营地教育产品销售平台

目前，中国还没有出现专注营地教育产品销售的B2C交易平台，但是，在行业上下游中，有教育博主、家长KOL（意见领袖）、自媒体等在家长群体中有一定影响力的人，承担着整个行业的产品销售职能。

他们负责甄选优秀的营地教育产品，包括但不限于周末营、小长假营地和夏令营、冬令营，将产品卖点进行重新梳理和包装，推荐给身边的家长们，通过完成产品销售环节，赚取5%到30%不等的销售分成。

随着我国营地教育行业的不断发展，越来越多的机构和产品涌入市场，消费者甄别好产品的成本越来越高，这时候就有诞生“渠道品牌”的空间，即消费者选择相信一个靠谱的销售渠道，来降低其选择成本，这就是营地教育行业B2C交易平台的发展机会。

目前我观察到有几种盈利模型：

第一是有一定粉丝基础和号召力的教育博主，只需要销售夏令营、冬令营这类高客单、低频次的产品即可，利润空间非常可观，而且对于教育博主而言，几乎属于纯利，可以说这是整个行业链条中赚取最轻松、利润率最高的环节。

第二是做地方性的垂直自媒体，深圳儿童周末早期就是这个模式，通过分享深圳本地的遛娃去处、亲子活动、升学经验等资讯，增加粉丝基数，通过门票、活动报名费抽成等方式实现盈利。

值得一提的是，全国范围内的针对夏冬令营产品销售的B2C交易平台尚未出现，此前也不乏一批创业者进行过尝试，但是均未成功。我认为在此之前我国营地教育行业尚属发展早期，行业整体交易量不足以支撑垂直的B2C交易平台，从最近十年的互联网电商的发展轨迹也可以清晰地看到，在电商领域，遵循的是赢家通吃的竞争规则，即使等全国范围内的夏冬令营产品交易量达到一定水平，很可能是美团或是携程增加一个业务模块就干好的事情。

因此，做平台型生意，天时、地利、人和缺一不可，选择这个赛道一定要非常谨慎。

2. B2B第三方服务商：技术平台、保险服务

目前，在营地教育行业中成熟的第三方服务商有专注保险服务的希望保，以及专注提供技术平台的信多帮，它们的共性是在一个足够大的行业中，如保险服务、软件开发，针对细分人群给出解决方案。

营地教育是个横跨教育、体育、文旅的大行业，在现有的政策法规下，如何

设立一个满足营地教育业务经营范围的公司？如何选择能够有效防范机构风险的户外活动保险？如何在安全事件发生后进行科学有效的处理？这道题需要一位既懂保险，又懂法律，还能深入营地教育行业的从业者才能解答。

希望保就是一家专门为文体旅企业提供保险服务的平台，提供营地教育、户外运动、研学旅行、体育、旅游等多行业多维度的风险解决方案。

随着营地教育行业的发展，行业分工不断细化，未来一定会有越来越多的B2B第三方服务商诞生的机会。例如人才培养、行业媒体、营地建设、课程研发等，当越来越多的机构站在了行业的中后台，也将支持toC营地和营会机构更好地发展。

3.上下游供应商：装备、器材、高校

营地机构和营会机构的发展都离不开上下游供应商的支持，例如营地的策划、规划、设计和建设，需要真正懂营地业务的设计院才能做好；营地中的各种活动器材、营会活动的装备、教学道具也需要懂营地教育的制造商和设计师共同完成；另外，营地教育行业也需要高校源源不断地培养适合的人才，需要学者、研究院研发的适合营地的教学方案和活动方案。

作为营地教育行业从业者，如果在营会机构中卷累了，不妨从行业上下游中寻求机会，或许有意外收获。

4.行业组织：协会、联盟、研究院

行业组织好比加速器，通过行业交流、培训、咨询等方式，促进行业整体发

展效率的提升。近年来，中国登山协会、中国旅游协会、ICF国际营地协会、CCEA中营联营地教育发展中心、ICE营地教育研究院等行业组织，组织了大量的行业交流活动，引领从业者走出去，学习不同国家营地教育机构的先进发展经验，推动国内营地教育行业的发展。

第四章
北京·新东方文旅：
让孩子们把世界带回中国

新东方国际游学是新东方教育科技集团旗下的游学品牌。“为世界观、人生观、价值观成长阶段的中国青少年提供走向世界的机会”是新东方游学深耕中国游学行业十八年来矢志不渝的教育使命。

新东方国际游学足迹遍及北美、欧洲、澳洲、亚洲的40余个教育大国和地区，拥有独立的海外自主营地，聚集诸多高端优质全球教育资源，开拓全球高端夏校，世界名校精英，优质语言学校，兴趣主题营地等五大游学体系。目前游学服务网络覆盖全国58个城市，累计已有近16万名学生跟随新东方一起走访世界各国。参与国际交流，获得超越国界的全面成长体验。

新东方国内研学是新东方在国务院、教育部和各省市学校研学旅行相关政策指导下，全力打造的国内研学教育项目。围绕教育部提出的人文底蕴、科学精神、学会学习、健康生活、责任担当、实践创新等六大中国学生核心素养发展要求，整合国内新锐的教育资源，以参与式学习、多元化文化和核心素质课堂为主要形式，旨在关注中国青少年的核心素养教育，增强中国青少年的文化认知与民族自信力。

新东方营地教育是通过体验式学习方式：培养孩子在21世纪必备的核心素养能力，拓展多元文化认知和全球视野，帮助青少年获得成为世界公民的全球胜任力。新东方作为中国营地教育联盟成员单位。全球营地资源遍及美国、英国、澳大利亚、加拿大、新加坡、北欧等主题营地发源地，以教育学和发展心理学等学科理论与实践为依据，鼓励和引导青少年发现潜能，满足现代孩子的个性化发展和成长需求。

从1993到2023，新东方成立三十周年了。三十而立之年，新东方再度创业，正式开拓文旅版图。2023年10月，新东方文旅集团的成立，标志着新东方在教育与文旅深度融合的道路上迈出了更为坚定的步伐。

这一转变，不仅是对过去十八年成就的延续和升华，更是对未来发展的深远思考。在俞敏洪老师的战略布局下，新东方要成为中国优秀的、令人尊敬的、有文化价值的教育、生活、文旅三大领域的服务机构，致力于提升学生终身竞争力，提升客户生活品质力，提供旅行美好体验力的机构。

新东方文旅集团将“为中华文化添砖加瓦”作为品牌使命，始终秉持“提供有知识获得感、文化幸福感、个人追求感的高质量文旅服务”这一品牌理念。

访谈时间：2023年12月20日

访谈对象：刘婷「新东方国际游学」掌门人

李文翰（以下简称“李”）：您是在怎样的契机下接手了新东方营地教育？

刘婷（以下简称“刘”）：追溯到2006年3月，在此之前，国际游学业务刚刚起步，项目几乎为零。俞敏洪老师找到我，表示希望我能来接手这块业务，相信我来做肯定能做好。

俞老师之所以会在这个关头找到我，我想大概有两层原因。

第一层，是俞老师对我个人的信任。就在不到一年前我加入新东方，董事会因为上市风险决定砍掉我当时正在负责的移民业务。我给那时还素未谋面的俞老师写了一封邮件，提出了一个替代性方案。看到这封邮件后俞老师便邀我见面细谈，并随后在董事会上支持了我的方案。带着俞老师的信任，我的方案顺利落地，不仅为公司节省下用于善后的2000万预算，还做到了整体盈利。

第二层，我想更深层次的，就是对国际游学在整个教育领域中意义的认知。在正式接手国游业务之前，我曾经在2005年寒假带了一期澳洲的游学营。当时一共有18位孩子，只有我1名老师，最小的孩子7岁，最大的23岁。当时尚在起始阶段的国际游学业务招生有限，所以孩子的年龄跨度非常大。

这段经历让我清晰地感受到了国际游学对每个年龄段的孩子产生的影响，那时20多岁的我不禁设想，如果上学的时候也能有这样一段游学经历，可能我的人生轨迹就会因此改变。

在早期做国际游学的时候，曾有一位16岁的高一女孩让我印象深刻。我们去美国西海岸参观了很多世界名校，在返程的大巴上，旁边的同学问她："你说我们为什么要努力学习呀？"这位一路上比较沉默的女孩回答说："我们应该为中华之崛起而努力学习。"我当时坐在她们前排，听到这段对话后非常感动。16岁的她正在世界观、人生观、价值观形成的阶段，也正好处于青春期，通过简单说教的方式进行教育往往会事与愿违。但是他们游历中亲眼看到的、亲身感受到的东西，会促使他们自己觉醒，而我们只需要静待花开。

因此在俞老师找到我接手国际游学业务时，我就和俞老师说："新东方的这个业务一定会做强做大的。"此后也是在短短两个月内，我们完成招生351人，并且实现了正常的商业运作。

最终，俞老师坚定不移地把这个业务保留了下来。俞老师当时给国际游学确定的Slogan是："让孩子们早日去了解世界，让孩子们把世界带回中国"。和我一样，俞老师也是发自内心认同国际游学的意义与价值的。

李：您觉得在那个契机下，俞老师把这种信任给到一个刚进公司两年左右的新同事可以算是一个大胆的决策吗？

刘：这取决于我和俞老师之间形成的良好的正反馈、正循环。入职新东方前，我做了四年的企划和副总，那时候我24岁。

之后就来到了新东方，因为有一定工作背景，很快就做了移民部的主任。再往后就如我前面所说的那样，当时一边负责尚未完成交付的移民业务工作，一边接手国际游学业务。在业务最终保留下来后，我又用了两个月的时间招生，加上最后交付，为公司完成营收2000多万。

在完成这份不可能的任务后，俞老师来问我："你能不能做一万人？"我当时觉得老板的想法太大了，但自从俞老师说了那句话，我心中就把一万人当作了目标，后来这个业务也真的做到了一万人。

这就是跟俞老师之间的正反馈、正循环。在企业里做职业经理人，和老板的互动很重要，一开始老板给你一个小小的信任，交给你一块小业务，然后你给他一个很大的反馈，那么下次他就会给你更大的信任，交给你更大的业务。

李：我关注到新东方文旅现在已经把受众定为了全年龄段，不仅仅局限于青少年了，可以了解一下你们对于文旅业务的定位吗？

刘：文旅行业在中国已经发展了几十年的时间，政策导向也很清晰，国家非常鼓励文旅业态的发展，因此，对于新东方来说，文旅业务具有非常强的稳定性，不会有政策上的风险。而当东方甄选火了以后，俞老师也在重新思考新东方的核心竞争力。

新东方这个品牌已经有三十年的历史了，它汇聚了一群能说会道的、有理想、有价值观的老师，他们的表达能力非常强，这种能力迁移到直播间后，其实对直播行业形成了降维打击。而当这种能力迁移到文旅行业，也相当于是对行业的一次冲击。新东方响应国家号召，让好老师们带大家去看大山大河，去感受人文历史和风土人情，带领大家在行走中认识这个世界、了解这个世界。

值得一提的是，我们原来做的国际游学、国内研学以及营地教育业务，本身就是在文旅局颁发的旅行社牌照下进行的，现在我们把服务人群从青少年延展到了全年龄段，定位有不同，也有相通之处。

同样是旅行中的文化输出，对于孩子来说是教育和成长，是其知识体系、价值观念的综合成长。而对成年人来说则不再是教育，而是文化渲染，丰富他们的心灵、抚慰他们的情感。所以本质上，新东方的文旅产品在内容研发层面是一致的，而在落地执行层面，针对不同年龄段的人群，采取不同的讲解方式。

李：是否可以理解为，新东方文旅集团在成立后对于成人业务是近乎“0”的状态，目前是把已经比较成熟的青少年板块合并进来后再继续去发力的？

刘：相对于商业模式已经成熟的国际游学、国内研学、营地教育业务，国内和国际的中老年文旅相当于是新加入的，这两块业务目前刚刚起步，商业模式还没有完全成型。但从集团整体战略上来看，文旅是我们继东方甄选后的重要增长板块，同时也由俞老师亲自来操刀。

李：最早大家提营地教育的时候都认为自己是教育公司，慢慢地各个公司为了合规把主体变成了旅行社。这么多年来我发现做营地教育的公司，很少宣传自己是一个旅行公司，但新东方文旅却大方地承认自己就是一个旅行公司，我觉得这是一个很有标志性意义的事情，您怎么看待这个事？

刘：自从学科培训不允许做之后，我们认为不能让别人误解产品，比如是不是在打着其他旗号做学科培训。所以我们认为只要在这个行业里找到自己的核心竞争力就好，即在整个旅行行业打造出一片新天地，让大家觉得我们是一个令人放心的、高质量的、兼具文化属性和教育属性的公司就好。

李：“双减”后的新东方的内部是一种什么样的状态？

刘：政策调整给企业带来了翻天覆地的变化，当时俞老师提出首先要坚定不移地执行国家政策，任何一个新东方学校不允许做任何违反政策的事，然后就开始寻求转型。

第一个转型是做素质素养。比如音乐、体育、美术等有利于孩子身心健康的板块，从业务上来说转型比较简单，但从商业模式角度而言比较艰难。

同时受疫情影响，从2020年起，我们把海外优质资源转成线上业务。但线上云游学毕竟无法代替亲身体验，对客户来说落差较大。与之相对，当我接手了国内业务后，我们开始以营地的概念去持续推广，到了2023年的暑假，国内业务迎来大幅增长，这也成为历史上人数最多的一年。其中最火的就是国内研学，我们整体服务了2万人，爆发的态势非常猛烈。

新东方营地教育、国内研学、国际游学业务整体并入文旅集团以后，我们将其从大战略上调整为新东方文旅少年行，在整体战略规划下，预期这一业务未来还将保持高速增长。

李：也就是说你们是在重新定义这件事情，未来的青少年营地教育业务统称为“新东方文旅少年行”？

刘：对，相当于重新打造新东方文旅集团，我们此前的国际游学、国内研学和营地教育本身就是带孩子们通过旅行的方式看世界。我认为中国营地教育的归属问题目前还存在一些缺陷。

李：您是指营地教育中的教育是不明晰的吗？

刘：不只是营地教育，比方说对于国际游学到底是教育还是游学的界定一直没有明确。国际游学基本都是学校组织，属于教育范畴，但实际吃住行属于旅游范畴，所以最后出了问题到底归谁管一直没有明确答案。国家现在对于研学旅行采用的方式，是要求学校作为主办方，同时必须由具有资质的旅行机构作为承办方，两方联合才可以保证游学旅行的合规性。但是民营企业在市场经济下的营地教育到底由谁来监管？目前是一个政策空白，没有明确主体。我个人可能会认为这件事情应该归属到教育部。

监管机构本质上是对内容进行监管，比如成立行业协会，研究营地教育对孩子成长的帮助是什么、该怎么实施等问题，它应该由政府背书，需要国家监管机构的指导，进而成为政府下面的一级或二级协会，不可能是纯民间的行为。但是我们现在是企业自发在探索发展，理论上没有明确的行业协会，还处于肆意生长的状态。

营地是孩子在家庭和学校以外的第三个不可或缺的教育场所。中国的营地教育发展到今天，已经经历了十年，接下来如果能以更快的速度向前发展，那它对于孩子的成长价值和整个国家的意义就会愈发凸显，习近平总书记非常重视素质教育，而营地教育就是一个极好的载体。

有一次参加波士顿的一个营地大会，我遇到一位祖孙三代都在做同一个营地的营地主，他经历了许许多多孩子的成长，有的孩子从 7 岁进入营地，到 16 岁离开营地，每次暑假都会回来，因此形成了非常深的情感连接。再比如美国社区的童军组织，每周末都会有活动，可以教会孩子掌握更多的生活技能。

所以本质上，我们还是应该根据孩子成长中不同年龄段的不同需求，把这些碎片化的需求做成一套体系，让营地更多地容纳孩子成长的时间，才能对孩子们施加进一步的影响。至于商业模式的问题，我认为最好的解决方案就是通过政府，通过各种力量的呼吁，形成行业破局的关键点。

李：刚才您提到目前新东方文旅少年行每年接待量有 2 万个孩子，目前营收规模大概是怎样的？

刘：今年新东方少年行营收三到四亿元，明年我们预计营收在十五亿元左右。

李：目前操盘这块业务的团队规模是怎样的呢？

刘：目前总部差不多有 100 人，全国加起来应该有 500 到 600 人，明年预计达到 1600 人左右。

李：在您看来未来整个行业的格局会呈现出怎样的状态？您希望未来新东方

文旅向行业内传递怎样的声音？

刘：这个行业大部分都是一些小而美的机构，业务以青少年板块为主，因而需要非常优秀的人才，但又没有常年的业务去支撑企业发展，这样的特性导致规模化扩张会面临艰难的境地。所以我认为，未来行业的发展中，依然会出现非常多专精于某个细分领域并且有足够影响力和差异性的产品，但是想成为巨头，我觉得还比较困难。

从新东方的角度出发，因为文旅集团刚刚成立，未来我们可能会坚守相当长的时间，我在CCEA中营联曾经提出一个战略，叫百强企业联盟，把全中国最好的100家营地教育企业都聚集到企业联盟的平台上，共同创立标准，设立专业委员会，从而带动整个中国营地教育行业的发展。

李：您觉得美国的家族式营地，有没有可能在未来成为中国营地教育的主流？

刘：我非常希望中国能够出现一批像美国那样的营地教育个体，但土地问题是最关键的。未来大致有两种方向，或者是不计较土地成本，为了开心而做营地教育，或者是政府进行土地投资，然后用某种方式跟企业结合。

李：在您看来，新东方营地教育的核心竞争力是什么呢？

刘：我觉得在俞老师没有提出文旅这个概念之前，新东方的核心竞争力是以产品为中心。我们在内容研发上的标准即便不能说最高，但也肯定是我们最重视的一环。每一条产品线，甚至每一个供应商、每一个细节我都会跟产品经理们非常细致地商讨。

但核心竞争力不是凭空创造的，需要大量资源的投入和经营才能实现。俞老师现在想把文旅作为新东方第三大战略板块，毫无疑问会从集团战略层面给予更高重视，投入更多资源。

现在文旅再度重启，我们未来的核心竞争力就是把老师原来教学业务中知识表达的能力内核迁移到文旅板块，而为了支撑这个核心竞争力，就要通过内容的研发和输出，来获取客户的良好反馈，从而形成无限正循环。

李：营地教育的业务中交付这一环对于所有机构都是一个难题，那么您在交付以及执行品控的标准上是怎么把控的呢？

刘：我们对产品全生命周期的所有环节进行了标准化、流程化以及系统化改造，打造了一套非常强的闭环系统，即由ERP、小程序以及CRM组成的完整闭环。

供应商入库资质的审核、产品的上线、小程序的外宣审核及客户端，乃至出团期间同步给家长的各种照片、反馈内容，以及最后的满意度调研，产品的全生命周期我们会通过一整套信息化系统来完成。但系统毕竟也需要人来操作，所以我们对于优秀人才的选择、培养以及执行中的监督和管控也是非常看重的。

李：新东方未来会让更多其他板块的讲师进入到营地教育导师这个板块吗？

刘：因为现在文旅业务刚刚开启，所以内容研发和讲解是由新东方老师去担当，但是像在研学里面肯定还要聘用专业的导游。换言之，我们每个团既有我们自己培养的新东方讲师，也有专业导游。

我们也要自己培养营地方向的人才，或者同像你们这样的机构合作，如果有能够提供符合我们要求的合格专业人才的机构，我们十分愿意去充分链接和合作共赢。

李：从2005年到现在为止，从您的角度来看，整个新东方青少年板块都有哪些里程碑性质的事件呢？

刘：我在接手国际游学业务之后，作为新东方最大的国际游学产品经理，带着员工从四个人开始一点点干，然后招兵买马，带着他们一起做产品，从一两条线做成了“八大系列”。随后我就发现全行业都逐渐开始使用“八大系列”的概念，相当于是用一个企业的力量在影响整个行业，这是我觉得非常有意思的一件事。

作为头部企业，我们当然不希望别人都在抄自己，所以我们在2015年的时候做了一件事，那就是自我颠覆，放弃原有产品的“八大系列”，把产品体系重新定义成“全球优质教育五大资源系”，比如K12教育资源系、大学教育资源系、主题营地教育资源系等。我认为这就是创新的力量，别人都在背后追赶你，然后你自己就创新，从而带动行业的整体发展。

说到第二次改名，其实我们也是给行业传递了一份信息，即我们不是在商业世界里随便起个名字去影响消费者。第一个八大系列的起名，是在大家都不知道游学是什么的情况下，用最浅显的语言向消费者传递游学的含义。

而当我接手业务十年之后，我们做了一次彻底的产品升级，回到本源，即产品设计的核心理念和核心竞争力，那就是资源。所以我们重新定义后的体系就叫“资源系”，想要告诉消费者现在繁杂的产品背后其核心是什么，作为消费者该怎么去鉴别一个产品好不好，以保证最后的产品体验。

回到你刚问我的关于里程碑的问题，我是在2018年混沌大学李善友老师的课上受到了启发。当时我已经做国际游学十二年多了，经常在想国际游学的“第二曲线”是什么。到9月份我去找俞老师单独聊了一次，提出必须把国际游学拓展成国内研学和国外研学，为国际游学找到一个“第二曲线”，俞老师也同意了。同样在那一年，我也担任了CCEA（中营联营地教育发展中心）联盟的执行理事长，第二年又担任了理事长，我觉得这件事就是我在新东方的一个里程碑性质的转折。

李：您觉得新东方文旅的未来会是怎样的规模呢？

刘：空间很大，潜力无限！ 但因为新东方文旅刚刚成立，一切都还在推动的过程中，包括直播间的体系，以及我们和东方甄选的联动，一定会有更大的平台去施展对孩子们的影响。我们也在不断地思考和探索，未来每一步都会有很多新的举措，进一步惠及消费者，惠及企业，也惠及行业和全社会，最终形成一个共赢的局面。

第五章
北京·健飞体育：
一切以更好地提高孩子为核心

健飞体育成立至今已经十二年，以“一切以更好地提高孩子为核心”为宗旨，专注于青少儿运动成长。主要课程板块为夏季水上运动，冬季滑雪，青少儿体能训练，以及世界顶流运动——赛艇。“宇宙中心”北京海淀区赛艇队由健飞组建并且负责全部教学和参赛，队员遍及全国几十个省市和世界多个国家，服务于无数精英家庭，是行业内天花板级的青少儿机构！

品牌理念：西点军校录取的学生九成都是练体育的；美国一半将军、政客、商人都有体育特长；美国最好的文理学院录取的学生三成是体育生；哈佛大学录取的学生15%是体育非常好的。

教练原则：所有教练员不做销售，不承担业绩压力。对教练最大的要求就是通过健飞的内训、外训，以及自己的努力，全力帮助孩子进步和提高。

健飞青少儿户外训练营以骑行、皮划艇、桨板、攀岩、徒步、滑雪、赛艇等多种户外项目为主，在富有挑战的真实的训练中，挖掘和激发个人的潜力，在户外见自然、见他人、见自己，帮助青少年们塑造强健的体魄、坚强的意志和健全的人格。

访谈时间：2022年9月16日

访谈对象：张建飞 「健飞体育」创始人

李文翰（以下简称“李”）：您是怎么进入到这个行业的？

张建飞（以下简称“张”）：我来自内蒙古的小村庄，父母都是农民。我在学习方面有惊人的天赋，小学和初中时总是轻松地考第一。同时我也非常喜欢体育，是田径队的一员。不幸的是，我的班主任和父母都不支持我从事体育运动，甚至打我、阻止我参加比赛。

直到高中，我遇到了我的恩师，他本来可以去更好的高中，但因为他的父母在老家需要照顾，所以选择回到母校带训练。他大学时兼职带训练，我是他毕业后带的第一个学生。有次我在打篮球时，我们偶然相遇了。他说可以带我考北京体育大学，我对此有所怀疑，因为我们学校历史上出过很多清华北大、省状元，但从未有考上北京体育大学的。然而，在第一次训练时，他居然5点不到就在田径场等着我，这让我知道他是一个值得信任的人。要知道以前带我的教练通常是5点训练6点才来，第二天早上我刻意4:50到场，他居然4:30就已经到了。

小地方论资排辈很严重，一个年轻的教练不允许带训练，都是老教练带。因为涉及利益，他最终主动找到校长，以业余训练课外班的形式找了三个学生。我们三个被选中，但只有我坚持训练下去。老师家很穷，高二下学期的端午节，他花了两三百块的工资做了六七个菜，请我们吃饭，这让我确定他就是我要追随的人。最终，我成为学校历史上第一个考上北京体育大学的人，并被写入校史。

我大学时家境不好，从17岁半开始自己养活自己。2005年，我在北京体育大学兼职做教练，并通过在百度贴吧发帖找客户。我之前也做过其他事情，比如在街上发传单和在肯德基端盘子，但我觉得这不是我最擅长的。我带的第一个队员是一个成年人，挣了 60 块钱。后来我开始带小孩做户外体能训练，一节课从 40 块慢慢涨到了 500 块。2007 年，我成为北京市几乎最贵的教练员。

反思我的执教之路，我早期就有能力与孩子产生共鸣，树立好规则，理解孩子的成长轨迹并帮助他们成长，这在体育教练中不常见。大三时，我给很多同学做教练，甚至自己开了一家体育器材店，售卖乒乓球、羽毛球器材，赚了不少钱。大学四年间，我 60%—70%的时间在外面带训练、介绍客户和开体育专卖店，但我的学习成绩在前 10%。我大三一年的收入已经达到十几二十万元，并注册了健飞体育发展有限公司。如果那时候有创业竞赛，我一定会在体育领域拿到全国第一名的。

我毕业后有三个工作机会：一个是广东佛山的老板，做印染行业的，让我当助理；一个是某个大领导，金融体系的四大行，让我进四大行；还有一个是做地产的老板，也让我当助理。由于穷，农村出身的我选择了做地产，因为那时候能快速赚钱。我在地产公司干了一两年，同时也在周末做教练。后来，我发现体育培训市场有变化，家长让孩子锻炼得更多了，我也很想回到体育行业，于是辞掉了地产公司的工作。

以前创业开店把钱也赔差不多了,跟着老板一年多,每天花钱请朋友吃饭、买礼物，几乎身无分文，我和一个师弟骑电瓶车在清华大学附近找房子。我们找中介看训练室，却发现房东是以前的学生家长，家长让我三个月内不用交租金，赚到钱了再付租金。我们正式开张的日期是 2012 年 3 月 18 日，到现在已经过去十一年。很不幸，师弟和我在理念上有分歧，当时只一起干了三个月就分道扬镳了。

第一批招生很简单，我印了 100 张彩页传单，每张 1.5 元，去每个学校门口发传单，招到五个学生，我之前还有四五个学生，十个人左右就能开班了。4—5个月后就拥有了一百个学生，我们提供了各种课程：乒乓球、羽毛球、足球、网球和其他户外活动。然而，我发现孩子们跟以前不一样，身体素质太差，跑不动跳不远。所以我开始专注于体能训练，一开始家长并不了解体能，我去学校门口免费宣传，免费带孩子们做训练。带了一个月之后，家长主动说：张教练，得给你交钱。最终有十几个孩子报名并主动支付费用。现在，我的体能课程的价格从当初的40元逐渐提高到了2000元。在2014年初，我了解到美国的孩子每年人均户外训练88天以上，消费量很大，占到美国GDP的4%，而且青少年户外占42%，我开始带孩子们骑车和训练皮划艇。

2015年扩张后，我们店面租了一个三四百平方米的场地，每年租金40万元，又养人又交租金，营收跟不上，导致亏损严重，所有教练都跑光了，甚至有师弟答应了端午节帮我带个队再走，结果早晨出发的时候人家不去了。尽管遇到很多狗血事情，我依然不放弃，但后来因为交不起房租，差点被场地方撵走了。

我以前从未借过钱，虽然我有亲戚有钱，但我认为他们不会帮。我爸还不相信，结果一张嘴一分都没借给我，也颠覆了我爸爸对他们兄弟的认知。我向一个家长借钱，这个家长是我教了六年的学生的家长，主动给我拿了二十多万，帮我还清了房租，而且欠条都没有打，我觉得那一刻家长是做好了这个钱永远还不了的准备了。现在我们是很好的朋友，前段时间他孩子考上北航，我给他孩子转了18800元的红包。2015年，公司只有一个女研究生留下来没跑，那时她只是公司的前台，月薪3000元，现在成了核心股东之一，每年收入都在五六十万元以上。这个“90后”的小姑娘很优秀，也给了我很多的支持。

当时我意识到一个问题，我不擅长管理和带领员工，所以我需要找个合伙人。

在 2015 年，有个孩子妈妈，她孩子的性格有特别多的问题，她认为语数外解决不了这些问题，只有体育能解决，但找了北京所有机构都无济于事，直到她找到了我。通过我们的训练，孩子有了改变。我认为这个妈妈可以成为我的合伙人，一开始她不愿意加入，后来答应了但又退缩。我坚持游说她，最终她同意了。谈到工资的时候，我说你一年本来挣两三百万元我给不起，最后我给了她 25%的股份，而另一个女孩得到了 2%的股份，这构成了我们现在三个合伙人的架构。

2016 年，我们的清明、五一、端午节营突然繁荣起来了，以前每年只能报 5—8 个孩子，那时候可以满员 30 人。2014 年我加入了一个跑步社群，社群的老大哥是一位上市公司的董事长，我们偶尔一起跑跑步聊聊天。2016 年年初，我特别缺钱，有次从和他的聊天中得知，他为一家国企做了一个项目，这个项目位于北京的官亭公共艺术小镇。由于湖泊周围的别墅有一个深达 50 米宽达 100 米的大土沟，这个小镇的别墅项目最终烂尾，被迫停工。

那房子不好卖，他知道我擅长做青少年营地，就找到我。2016 年 11 月，一个很冷的下雨天，早晨 5 点，他接我去看现场。别人都认为这个问题无法解决，但我却兴奋地看到了一个天然的户外营地场所。我提出了一些建议：在两个土沟之间做长达 190 米的中国第一个、也是最长的青少年滑索，并在土坡上种植草皮。此外，我建议在下面的排水沟上涂上蓝色，注上清水，使其看起来像一个皮划艇体验池。然后在湖边设置皮划艇，并在岸上建造中国第一个高空挑战 ACCT 标准的高空挑战架，以及攀岩墙。我的建议得到了董事长的全力支持，目标是打造华北乃至中国第一大青少年户外营地。

按照这个设计出来后，竞标方除了我们还有北京体育大学和另一家高手公司。我公司只有三个人，开始的时候对方所有副总裁都排斥我，但当我讲到，这个湖边你们的别墅离哪棵树多远、地貌是什么、土质大概怎么样、能做什么项目，所有的精准细节的时候，我说你们施工方做工程的人可能一年来了30次，我一个月来了50次，尽管我们只有三个人，但在精准细节方面的表现让董事长被打动。最终，对方决定将这个标交给我，150万元是我在户外行业的第一桶金。

我们用这些资金招募了人才，在2016年年底获得了掌趣科技创始人叶颖涛的投资，投资金额超过300万元，估值超过3000万元。他儿子是我的学员，那时掌趣科技是600亿元市值的公司，他是核心创始人CEO，我和合伙人跟他和他的助手在未来广场的汉堡王里边吃着汉堡聊了个几千万元的生意，没有做尽职调查就投资了，虽然当时我们只做了几百万元，但是已经翻了好几倍。从2017年开始，我们的业绩迅速增长，2017年过千万元，2018年过1500万元，2019年过2000万元，进入了一个快车道。

在快速发展时，我认为自己的教学质量领先于行业，但自身水平只有60分。主要是市场好，竞争对手水平不够，导致家长对我们的评价有些夸大。疫情到来后，我在吉林北大湖时发烧，回到北京后，我打电话问两个医生家长，他们说一定会比非典严重，我们就做了决策，一分不少地退还家长600多万元年后的冬令营费用。

公司二三十号员工，我们线下的业务怎么办？我在家烧了4天，吃什么药都退不下去，因为压力太大，大年初四我就找到合伙人，商量后决定转线上，成为中国第一家开始做线上付费的机构。我们的线上体能课效果能达到线下的80%，价格也只有原价的五折，现在也还在做，已成为我们的常规武器，收入一两百万元。

疫情三年来，我们没有裁员，全员涨薪，奖金也都发放了。我们的逻辑是带好孩子前提是让同事们有成长和收获，口号是“一切以更好地提高孩子为核心”，在教学、安全、器材、对待同事等方面均如此。我们的顺序是孩子第一，搭档第二，金主爸爸家长靠边。

我们在2020年有亏损，但2021年已经拉回到2019年的水平，并全面实现超越。2022年就实现了3000多万元的纯客销收入。我们也做过羽毛球、网球、篮球课程等，但最终专注于做少儿户外营地，以体能训练为主。我们的营地有一个特点，全是户外运动，因为户外运动能够最大限度地帮助孩子成长，这也是欧美90%的夏令营都采用户外运动的原因。我们一直在完善这个逻辑链，以带动整个公司和个人的成长。

李：我看到你们夏令营结束后做了一个表彰，并在十周年讲话中提到健飞少儿体育可能会更名为健飞少儿户外，未来是否会减少室内场景，专注于户外体能场景，对标欧美市场呢？请问这个改名的考虑是什么，未来的发展方向是什么？

张：实际上，体育是比户外和营地更大的行业，但是如果从户外和营地界定，也许户外还要大于营地。但我们定义自己为户外行业，欧美孩子的训练成长场景90%以上发生在户外。我们的客户和家长人群更精准，我们的体能课程也会朝着这个方向发展，北京我们已经在100个地方布点了。我们的衣服上也写着健飞少儿户外，这样更清晰化，同时也结合实际情况做出灵活的调整。

李：我之前看您在朋友圈分享了一些观点，大概是关于运动领域的发展和价值。有一种趋势是，随着经济的发展，运动项目也在不断地向高端化发展，比如

滑雪、皮划艇等项目越来越受欢迎。

张：从经济发展来看，运动场景的等级是逐渐提高的，徒步露营是最开始的，然后是骑行、马拉松，再往上是滑雪和皮划艇，最后是赛艇、高尔夫、马术和帆船。我们更加关注雪上和水上的运动场景。

李：运动门槛是经济、专业和认知三个方面的因素吗？

张：是的，认知、经济和身体能力都很重要。不同运动对人的要求不同，比如徒步对身体要求低，滑雪和水上运动对勇气和身体协调性的要求更高。体能消耗量也不同，但更重要的是个人的成长和自然融合感受不同。

李：当初看到健飞少儿的名字时觉得很贴合定位，不像传统体育公司或营地教育公司。目前没看到第二家像你们这样做得这么到位的公司。关于公司发展，刚才听到你们租下三四百平方米场地后，出现员工离开的情况，最主要的原因是什么？

张：定位方面，有些公司在模仿。人员离职，我认为最核心的原因在于我个人对经营和管理的理解太差，没有足够的认知去支撑公司的发展。你是一个努力且坚定方向的人，未来可能也会面临类似的挑战，那你会做得比我好，因为我性格里专业和锋芒的部分太多，对管理、人性认知和经营理解不足，注定会出现这样的情况。

李：是扩展团队、扩展场地导致亏损，还是因为外部环境出现了变化？

张：跟外部环境没关系，是我不懂管理，比如我给教练员们租三室两厅的房子住，成本自然高。后来经常吃饭喝酒，我天天买单，但如今的年轻人，更想要的是每年回家，七大姑八大姨问他挣了多少钱，不是问你老板请你吃过多少次饭，我的管理逻辑是有问题的，太江湖，不正规。现在预算模型要附加20%成本，小步快跑、抓紧迭代。

李：您的合伙人原来是外企高管，如何判断她与您性格互补、帮您完成内部管理？你们的分工情况如何？

张：是她帮我制定了公司运营管理的标准流程，让我意识到了管理的重要性。我之所以选择她作为合伙人，有三个原因。首先，她已经成功管理过200人团队，这在我们体育行业很少见。其次，她希望能在我这里找到生活和工作之间的平衡点，照顾好自己的孩子，并实现人生转型。第三，她以前是高管，虽然挣得很多，但时间却很不自由，而在我的公司，她可以相对自由地掌控时间。这三个原因让我们达成了共识。

最初分工是她负责管理，我负责技术，最早的时候我认为我是不能做管理的，我张嘴就是错的，但现在我也能参与管理了。她不仅是我的合作伙伴，也是我的管理导师，我从她身上学到了很多管理技巧。我们之间非常信任，互相补充。我渴望金钱、权力和名利，而她更喜欢低调，这使得我们非常互补。她永远不抛头露面，我是永远跑在前面，这样互补的搭档在世界上是非常难寻找的。

李：健飞这个名字和您的名字只差一个偏旁，您完全是健飞少儿户外的灵魂人物，这个起名方式是学习国外公司的方式吗？

张：首先，我想把个人的信誉和公司绑定在一起。我的名字恰好是建飞，意味着为将祖国建设得繁荣昌盛做贡献。虽然我所做的体育培训达不到这个水平，但至少可以帮助孩子们健康成长和飞翔。我认识的前辈说我的名字非常适合做体育行业，后来也延续下来了。现在我们有40多名员工，疫情期间也扩展了员工数量。

李：健飞公司的教练管理方式非常好，包括薪资、福利和培训都是很优秀的，这是你们在整个体育行业的特色之一。相比其他公司，健飞不会把培训费用转嫁给员工，而是把付出放在教练面前，以换取更好的教练和口碑。这种管理风格是健飞非常鲜明的特点。

张：教练的水平决定孩子的培养，所以为了让教练能够更好地培养孩子，我们每年固定花费100到200万元进行培训，出差、培训费、吃住行和保险等全部由公司出。健飞选择的教练必须是体育专业或师范类体育专业毕业，并经过专业训练，我们没有选择过其他背景的教练。

李：那健飞的目标是成为一个陪伴一代孩子成长的公司，还是陪伴一代又一代孩子成长的公司呢？因为随着时间的推移，第一批孩子长大了，教练也会进入到30岁或40岁这样的阶段，这时候可能会有新的年龄层次的户外运动需求。健飞是以少儿户外为主，还是要陪伴他们继续做成年人的户外运动呢？

张：健飞户外选择皮划艇、桨板和滑雪等项目有两个优点：这些项目都是永恒的，不会过时；而且健飞的教练都是经验丰富的长者，他们能够更好地掌握人性。

一位顶级教练需要年龄和家庭等因素的积累，越老越值钱。在教授户外和营地教育等课程时，重要的是对人性的把控，这需要长期的职业生涯和经验。像英国滑雪协会和美国 ACCT 的主席、教务长，他们都是我的导师，都是 65 岁以上。我们健飞的教练将会一直走下去。我们的孩子们已经回归健飞成了志愿者教练，他们已经形成了真正的传承。我们机构不是国内最大的，但已经形成了生态链条。我们的孩子们已经具备了专业的能力，其中有个 16 岁孩子考取了美国皮划艇教练资格，也是亚洲第一个。

我们健飞希望将户外体育的教育理念传递给更多人，让孩子们在健康和快乐中成长，并将这种理念代代相传，让更多人热爱户外和生活。

李：我想再往前问个问题，您走到今天，小时候的成长经历对您现在在这个行业的执着和性格底色有影响吗？

张：高中时期教练的影响、喜欢户外生活、相信梦想和人生规划都是我从小到大的逻辑链。我 7 岁时就跟我父母说要身价过亿、要去清华北大，现在我也要去北大上学了。我觉得这是与生俱来的精神层面的东西，就像周总理说过为中华之崛起而读书，他小学就能说出的话，实际上就是一个人的使命，是精神层面的东西。但如果实际行动支撑不上，会精神分裂。我很幸运遇到了合伙人和喜欢的行业，我的能力和践行给了我精神上的支撑。

说到精神层面，这也是我不太喜欢参加行业大会的原因，你参加大会，肯定有些东西要往好了说，那就会有相应的问题。我参加你组织的活动，是因为我希望我的经验可以对这个行业的人有所帮助，而不是为了炫耀自己。我的公司与其他公司不同，我们不做销售，不主动打电话，我们的重点是帮助孩子成长和了解全球趋势。我希望通过这些不同点影响行业，增加多样性，为其他从业者提供帮助。

李：您大学开了个户外体能馆，那个时候是因为有一笔钱，也想尝试销售体育器材，您觉得开门店能赚更多钱吗？

张：当时的想法很简单，大家都做体育器材，而当时还没有体育培训俱乐部，所以我随意开了一个户外体能馆，纯粹是一股冲劲。开店一年没赚到什么钱，我还是做教练赚得多。

李：那时候大学环境会鼓励创业吗？

张：大学的时候对创业没有太多支持和鼓励，我几乎是孤军奋战。但我觉得那段经历是最有帮助的，让我理解了家长、行业、孩子和北京的经济环境，为我今后的发展打下了基础。

李：那段时间您不断提高自己的课程价格，最高达到了2000元，对于财富的认知是怎样的呢？从内蒙古农村到北京，体育界的高等学府，两个社会环境之间的差距如何感受？

张：我在大学毕业后通过做股票挣了100万元，但用了半年就花光了。当时年轻、有钱，容易迷失自己，打牌、喝酒、玩游戏厅，总是围着一帮兄弟，很容易陷入这种状态。这也说明了我对教练的要求，不能抽烟喝酒，要持续成长和培训。如果庄稼种得不多，野草就会侵占。我不想看到教练们的黄金岁月被浪费。虽然这种要求会让教练们在早期经历些痛苦，但对他们的人生会更好。进入正向的圈子，大家都会积极向上，享受这种状态。

李：您个人经历了从教练到管理者的角色转变，您是否会一直坚持在一线教学？

张：我会一直教学，可能不会一直是80%的时间，会有调整，但是一直会在一线。比如前段时间去世的北面（The North Face）的创始人，最后还是回到了户外，他划着皮划艇，74岁死在海里面，他回归了户外，回归了大海，那是他的一线。我坚持在一线，直接面对客户和孩子，对公司的产品和服务把控很重要，产品和服务永远要有健飞的灵魂。

每一代孩子都有差异，例如2010年出生的孩子和2018年出生的孩子之间存在巨大差异。随着时间和社会的变化，孩子们的逻辑思维也在不断发展，这种把控不是一般人能够理解的。

李：您对教练体系和户外运动都有深入了解，是从大学期间开始看到欧美国家的案例吗？

张：我认识的人比较优秀，都认为对体育的理解上欧美是先进的。我去日本考察过，他们也是在模仿欧美。在中国，我们的创新主要在于管理能力和户外转化的创新。至于运动的发展方向，我们可以看欧美哪些运动持续得久远。

李：我们现在服务的孩子大部分是“10后”，甚至快到“15后”了，他们成长的环境和我们这一代有很大不同。我曾经探讨过这个问题。这一代孩子面临的中国经济和文化自信的格局已经截然不同于我们这一代，甚至他们的上一代。中国的经济和文化自信已经到达了新的高度。

张：这很有意思，我采访过20位身价超过10亿元的老板，他们都认为自己的孩子无法超越他们的财富水平，这是时代机遇的问题。因此，我们需要解决如何传承财富和如何育人的问题。我们的教育模型需要培养孩子成为优秀的人，而网络嘈杂声、经济周期等因素导致"10后"的孩子在差异化方面表现得更加极端，两端化非常严重。我在创业时赶上了阶级固化尾端的一个好机会。

李：未来的创业者只能做一些添砖加瓦的工作，很难有改革开放前四十年的机遇。

张：我们做户外营地行业比较幸运，这个行业起步较晚，在中国还有机会形成头部。虽然商业资源上不如其他创业者，宝贝走天下的创始人是阿里出来的，夏山的创始人是上海交大的，在很多商业资源的维度上，我北体毕业的是拼不过人家的，但幸运的是我们抓住了窗口期。

李：时代给我们的机会越来越少，包括家长对下一代的期望，对财富创造的期待也越来越少。

张：虽然机会少了，但还是有新兴行业的机会，对个人的要求更高了，现在想要进入少儿户外营地行业的人，面临着非常高的门槛。2012—2013年创业的时候，不买山地车和皮划艇也能做这个行业，但现在情况已经改变了。新起的机构如果不买这些设备，就会被分为二类、三类机构，难以获得客户。我们的单价可以达到2万元，但其他机构只能收取5000元。

李：您在地产公司工作的那一两年和后来创业的十年间，有什么变化吗？

张：在地产公司工作对我也有帮助，因为我跟的是个中国福布斯前10的人。他的布局和理解事情的方式让我受益匪浅，但是我也认为我的老板没能成为前5有一定原因。我学到了一件事情，就是必须顺应世界和时代的趋势。地产不行不是因为他人能力不行，是时代的趋势不行了。我曾向一位投资人询问过他对少儿户外、营地行业的看法，他说在中国能找到哪个行业每年增长15%呢？毫无疑问你干的行业是可以的，我的地产经历让我对趋势发展有了更好的认知。

李：大学毕业后，人们可能会更加关注创造财富的方法，这是一个视野开阔的过程。高维认知对于创业者来说非常宝贵，因为大趋势决定了创业者的生死。

张：能看十年的人想赚一个亿很轻松，能看二十年的人可以让这一个亿一直存在，能看三十年的人可以让几代人拥有一个亿。我选择了一个可以一直从事的行业，我清楚地知道这个行业未来十年、二十年或三十年会发展成什么样，并且我不会受市场左右。大机构都会做军事营、研学、博物馆，我一定不会去做的，因为我知道它一定会走向哪里。我每做一个别的东西都是为我未来下绊子，哪怕我做军事营挣了5000万元，依然是给我的未来增加阻力。

李：您选择的方向是简单而持久的项目，可能品类不多，但是经典的运动项目能够配合体能和户外环境，有益孩子的成长。相比之下，像研学和劳动教育这些项目可能没有太大的发展空间，也不符合户外体育对孩子成长的逻辑。

张：我不加入像飞盘这样火热的项目或者研学这样的项目，因为它们不符合户外体育对孩子成长的逻辑。比如军事营和研学项目，它们并不能带来太多的成长，而且全世界都在做这些项目。让孩子去博物馆溜达一小时收几百块钱，这种项目也缺乏成长性。

如果需要讲博物馆，我比那些老师讲得更好。但这些项目无法形成壁垒，不像户外教练，他们的技能会越来越出色，越来越丰富。

难做的事往往对孩子帮助最大，但也是没有人愿意做的。不过，如果能够持久地坚持做，就能够做好。对于新业务的发展，如果仅仅出于赚钱的目的而设置反人性的模式，我会拒绝。很多老板找我做露营，觉得我有这么多家长资源很好做，瞬间火，我说那叫酒店服务，不叫真正的露营，那就不是我干的事儿，就给拒绝掉了。

对于户外运动训练，近些年来已经有了类似于专业机构和服务商的存在，但是成年人更倾向于参加团建活动，这是目前唯一能够盈利的商业。但大部分成年人不会持续地投入时间和金钱去提高运动技能。

只有少数人能持续不断地进行户外训练，像快手和阿里的高管、创始人和大佬的孩子一样，他们都持续不断地训练，比如雷军每年都要滑雪，甚至飞到欧洲去，他的女儿也经常滑雪。不过这种人才有多少个？现在的年轻人对户外训练的兴趣翻了二三十倍，所以对于全国青少年来说，基数已经足够了。

李：听您这么说，我对自己的需求有了更清晰的认识。我希望能够在户外运动中不断提升自己的技能。不过我发现现在很难找到针对成人的俱乐部，大多数都是为孩子开设的持续性课程。

张：确实如此，所以你会成为高手，因为有认知。不过现在社会上出现了一些网红教练，他们在互联网上赚取了很高的收入，但是成人俱乐部还不行，可能还不如干网红教练的收入高。

李：您有想过成为一个网红吗？在互联网上打造个人IP？

张：如果做IP的话，我想做教育网红，不是体育网红。

李：未来还会抽出更多时间来打造吗？

张：我一直在做，在抖音、快手有粉丝。但现在的重点是研究教学课程和团队管理。

李：将来还会往这个方向发展吗？

张：现在已经有关联了。我研究过了，大部分的教育网红都是北大的。比如我打算在北大校园内做一档教育节目，邀请同学们分享他们的学习经验和成长历程。这是一个绝对可以火的节目，因为在中国还没有人做过这样的事情。我已经考入北大的MBA，这将会为我未来的发展提供更多的机会和资源。

李：您现在在北大MBA读书，是想在管理和商业方面补充自己的短板，您从国内顶尖体育高校毕业，而且您已经创业十年了。您的心态有什么变化？

张：我最大的心态是基于个人成长。清华北大是中国最聪明、最优秀的人才的聚集地，我喜欢它的文化和教育，行业覆盖面广，同时也兼容并包，有五四精神等。我希望能与一群优秀的人一起学习，这对我个人的成长非常重要。

李：您在选择教练、装备、学校等方面非常追求极致，您对未来的规划心态也很稳。这和其他创业者不太一样。您觉得是什么时候开始形成这种状态的？有

什么契机或思考路径吗？

张：中国有句俗话叫：读万卷书不如行万里路，行万里路不如高人指路。这个状态不是一下子形成的，是逐渐清晰的过程。其中，我受益于高人的指导，比如苹果公司乔布斯的搭档也曾指导过我。还有很多学员的家长也非常牛，他们帮助我看透了这个世界的运行轨迹，让我不停地接近真相。虽然先天基因有一定影响，但那只是很小的一部分，真正接近真相需要不断践行和高手指引。

李：看起来您的贵人主要来自您服务的孩子的家长、您的恩师，对吗？

张：是的，我的教练老师和这些家长都是我最重要的贵人。

李：这种服务孩子的行业非常特殊，您接触到的人不局限于这个行业，而是包括各个行业的顶尖人物，这其实是我们做圈层跨越的一个很有意思的路径，因此这条成长路径非常有趣。

张：是的，少儿行业，如果你做到这个行业的极致，你接触的人就不分行业了，我接触到的很多孩子的家长是行业高手，并且能够与他们建立共鸣。我认为在整个行业中，我可能是接触到最多高手家长的创始人之一，尽管我的客户数量不是最多的。

李：您接触的人群中，主要是高净值人群还是中产人群？

张：我们北京、上海、深圳、欧美回来的客户都有，80%是高净值人群，20%是有理念的中产人群，他们可能是积水潭的顶级医生、是人大附中的老师、是科学家，这些人也是社会精英人士，他们的理念很先进，身份和收入都很高，我们的收费也很高，单天营最便宜1300元，全国几乎没有比我们收得贵的，我们的赛艇营一天4000元，这是验证我们服务品质的重要指标。

李：在您成长的过程中，有没有什么贵人或恩师的指点及启发给您留下深刻的印象？

张：有次我跟Uncle吃饭，他提到了俞敏洪，但他认为英语作为教育手段在全世界来说不如体育。在欧美国家，体育教练的收入比教授和校长还高，可以拿到50—80万美金年薪。什么东西可以促进孩子的性格增长？英语可以开阔视野，体育可以帮助孩子塑造性格和底色，他认为俞敏洪做英语可以实现这样的价值和理解，而作为一个做少儿体育的人，我同样可以做到，甚至更深入实现为国育才的目标。这些话给我带来了很大的震撼。他28岁就做世界500强的副总裁，父亲是国民党的高官，伯父是国民党的行政院院长，乔布斯自传里边有很大一段写他的内容。

李：除了构建远景之外，还有其他小一些的创业启发吗？

张：举个例子吧。孩子家长跟我说，你必须看行业和周期，这就不是远景了，而是布局。比如北大，你可以看看上下几届有多少人从事你这个行业。我说两届就有一个。他说这证明什么？坏的一面是行业周期依然处于早期，1%尚未到来。好的一面是已经有人选择这个行业，说明它正在崛起。这些前辈与我面对面交流后，他们的指导和底层逻辑非常强。

李：从投资的角度来看，您是否遇到过人们对于尚未成形的行业、重人力服

务的行业，投资态度是谨慎的？我们常说男怕入错行，女怕嫁错郎，每个行业都有自己的周期和天花板。您如何看待这一点？你们有没有考虑过资本化和上市的问题？

张：我们永远不会做资本化，因为我们想把更多的精力和钱用在团队身上，那么高的保荐费、审计及验资费、律师费，还不如发给兄弟们。至于上市，我们认为只有当公司达到一定的净利润水平，并且能够持续多年时才有商业价值。然而，我们行业的属性使得利润的扩张很难与公司的使命相符合。所以，我们可以达到高收入，健飞也许以后有更高的营收，但是上市和我们没有关系，上市对我们来说没有任何意义。

李：教育类公司不应该追求上市，因为双减后资本在撤出。资本只进入可以上市的公司，这对教育公司会产生很大干扰。

张：确实，不应该选择上市这条路。除非你包装成旅游公司，但旅游公司的收入要求很高，而市值又很低，很多公司现在全年都亏损，如果你是盈利的，你又怎么向证监会解释？这条路走不通。

李：我们应该专注于培养最好的老师，并服务最有认知和水平的那一群人，然后循序渐进地扩大规模。

张：要让我们的教练都能在北京买房安家，这不是很好吗？解决教练的稳定性和专业性问题，这才是我们的目标。

李：创业应该摒弃浮华，注重做好当下的服务，坚定地做下去，才能取得真

正的成功。

张：中国的营地行业很多公司都以上市为目标，但这条路很难走，目前只有少数公司成功上市，而且存在着很多弊端，有的公司走到了新三板，前面的路还遥遥无期。我们应该注重实际发展，循序渐进地扩大规模，不要过分追求上市。

李：您觉得未来这个行业会以特色化的小而美公司为主，还是可能有一些一统江湖的公司出现呢？

张：不一定会出现大公司，但即使不大也能很强，做十个亿收入，一两亿元利润没问题，不需要接触资本，通过多年耕耘也能做到。

李：这个角度其实对个人奋斗也很有启示，追求资本化不一定好，因为很多东西无法掌控。

张：是的，比如某家公司能做到五亿元收入一亿元利润，行业里这样的公司可能五年后才会出现。还需要熬二到三年的审核期，如果证监会通过，这意味着七到八年才能上市。即使上市成功，这个公司在市值上也只有二十亿元左右，这意味着大股东和二股东套现需要等待十一年之后才能实现。这个公司的高管可能会承诺员工一些股份或者期权，但是这些承诺在现实中很难实现。假设员工持股1%，那么即使在十几年之后吃到这个大饼，扣除税后实际收益也不到1000万元，甚至更少。相比之下，让核心员工每年挣100万元甚至更多，可能更现实可行。对员工来说持股并不划算。因此，讲故事是不够的，需要论证和数据分析来支撑想法。

李：您对底层事物逻辑的洞察力非常高。我认为您身上的勇气和冒险精神，以及对事物的笃定感，是非常重要的特质。

张：我认为宝贝走天下在组织管理方面是全行业最出色的公司之一，他们今年应该是行业第一，未来可能会走资本化的路线。

在这个行业里，成功需要时间，不能急功近利。我们这几年听到太多崩盘的故事了，过于追求速度的公司往往会在几年之后就消失不见。

以下内容为2024年补充问题：

李：2024年，您完成了过往3轮投资人的所有股权回购，彻底告别资本化道路，为什么选择花费这么高的代价进行私有化呢？

张：我是在2023年年底完成了所有投资人的股权回购，那3笔投资一共有1000多万元。

第一，我认为这个行业的资本化道路很艰难，业务不存在几何量级的增长机会，而且重度依赖人力，需要有教育情怀和执行力。

第二，我还是希望做一个小而美、精而强的公司。更重要的是，我希望把更多精力、人力、能力放在团队伙伴以及孩子身上。

我依然特别感谢曾经给过我们投资的4位投资人，无论是在疫情前还是疫情期间，都作为坚实的后盾，给了我很多的支持。他们的孩子也都在健飞长大，现在我们都是非常好的朋友。

第六章
北京·游美营地教育：始于营地，不止于营地

游美营地教育，全称：游美营地（北京）教育科技有限公司，成立于2010年，总部位于北京，在上海、杭州等地设有分公司，是一家专注青少年成长领域，扎根中国布局全球的国际化营地教育机构。

游美是中国营地教育行业的领先者，是最早加入国际专业组织：美国营地协会(ACA)、国际营地协会(ICF)、国际体验式教育协会（AEE）的中国机构；是中营联营地发展中心(CCEA)的发起机构，积极推动中国的营地教育事业蓬勃发展。

游美以“培养有国际化视野和竞争力的青少年”为使命，在中国本土及全球范围内打造营地、研学、游学、户外运动、体育赛事、公益活动、安全防卫培训等适合青少年成长发展的场景，以户外营地教育、体验式学习、项目式学习、社会服务式学习等方式，服务青少年、助力家长并赋能学校发展。

成立至今，游美通过自建自营或合作开发的形式，推出了四大业务板块、五大产品系列，在中国本土及全球8个国家，50个以上的目的地，组织超过3000场次的大小营会活动，累计服务超过10万的青少年，并得到中外青少年们、家长们以及合作机构的高度认可和一致好评。

访谈时间：2023年12月6日

访谈对象：李璟晖 「游美营地教育」创始人

李文翰：回到十三年前，您是在什么机缘下创办了游美营地呢？

李璟晖：十三年前的某一天，也算是机缘巧合，我和好朋友 Marco 在北京三里屯的啤酒屋喝啤酒、吃炸鸡，就聊到 Marco 小时候是怎么度过暑假的，Marco 是美国芝加哥人，他给我看了很多他小时候在营地中生活的照片和视频，很多美国孩子暑假会在营地里待 1 个月甚至 2 个月时间，我看到美国营地中非常精彩的活动，看到孩子们无忧无虑的神情，看到原始自然的生态环境，觉得我们中国的孩子也需要这样的活动。

当时我的孩子也快上小学了，我也在想未来如何安排孩子的暑假生活，正好 Marco 提到的美国夏令营让我很感兴趣，我了解到美国那家营地已经有一百五十多年的历史，很多美国家庭几代人的孩童时代都会去到那家营地丰富自己的暑期生活。我认为这件事情对中国孩子很有意义，我就想能不能组织中国的孩子去美国参加夏令营，于是当时就和 Marco 以及他的朋友 Mike 三个人一起成立了一家公司，这家公司就是最早的游美公司，英文名字叫 Stateside Adventures，翻译过来就叫游美体验营。

李文翰：顾名思义，游美最早期的主要工作就是把中国孩子送到美国去参加夏令营活动吗？

李璟晖：对，最开始就是源于我自己孩子的需要，因为当时我看到 Marco 给我看的有关美国营地的照片和视频的时候，很受震撼。回想我自己小时候，就没有机会参加这样的营地活动，即使在十几年前的中国，也还没有这样的案例。

后来了解后才知道，美国的营地文化以及户外教育已经发展了一百五十多年，青少年户外素质教育已经非常成熟了，而国内这方面的探索还比较空白，最直接的办法就是带孩子们到美国去感受他们的夏令营活动。

李文翰：在创立游美之前，您的职业经历是怎样的？

李璟晖：我大学本科是在北京大学读的东方语言文化和经济学双学位，大学毕业后去了深圳，在一家国有上市企业工作。

刚开始接触到营地的时候，我还在原单位工作，所以早期是以投资人的身份，投了一笔钱让Marco和Mike来管理和运营游美公司，我本人并未参与游美实质性的工作。所以，2010—2016年算是游美的第一阶段，主要业务是美国营地的代理招生，专门为孩子对接美国的冬夏令营项目。

经过几年的发展，很多中国孩子通过游美去美国参加夏令营活动后，有很大的收获，孩子的成长也是非常显著的。于是2016年的时候，我就思考能否将美式营地引进中国，让中国的孩子也能在国内享受到纯正的美式夏令营。

在这个背景下，我在2016年从原单位辞职出来创业，开始主导游美营地的运营与发展，成立了游美营地（北京）教育科技有限公司，负责游美国内营地的开发与运营。而在此之前成立的公司是游美咨询公司，主要做美国营地咨询业务，也就是代理销售美国夏令营产品。

李文翰：2016年发生了很多事情，CCEA中营联营地教育发展中心、ICE营地教育研究院先后注册成立，包括像游美营地这类的头部机构也都是在2016年开始发力。在您看来，2016年有什么不一样呢？

李璟晖：我觉得2016年是中国营地教育行业的元年，也是我全身心投入游美营地运营和管理的一年，更是我人生的重要转折点，回想起来，游美营地的发展历程，和中国营地教育行业的发展脉络是相互呼应的，从2016年营地行业的爆发，到2017至2019年游美成功获得两轮机构融资，我们刚好都踩在了这几个重要节点上。

2016年，我们第一个美式营地落地千岛湖，千岛湖营地到今年已经运营七年时间了，是我们运营时间最长的一家营地，也是中国第一家美式营地，比如现在大家熟悉的GAGA球，就是我们16年最早从美国引进到千岛湖营地的，现在GAGA球几乎成了国内营地的标配。

李文翰：游美从早期的美国夏令营代理业务，到自营中国的美式夏令营，再到后面做重资产的营地运营，发展"营地+"的业态，也就是您提到的不止于营地，整个发展过程中，您是如何理解游美在不同阶段的使命呢？

李璟晖：从游美的发展历程来看，分为几个阶段。

第一阶段是2010—2016年，我们主要做输送型业务，主要把中国孩子输送到以美国和加拿大为主的美式营地中参加夏令营活动。

第二阶段是2016—2020年，我们主要做美式营地的自营业务，我们的美式营地完全对标美国营地的活动和特色。在2016年的时候，我给美式营地的国际化设定了6个标准，分别是营地环境国际化、营地设施国际化、营地课程国际化、营地导师国际化、营地语言国际化、营地营员国际化。

1.营地环境国际化：我们在美式营地选址的过程中，也是对标美国的营地，会在距离大城市1～3小时车程的位置建设营地，要求自然环境非常好，森林、湖泊相交融。所以我们第一个千岛湖营地就是这样的，千岛湖营地原来是个高尔夫球场，依山傍水，空气非常好，我们经常带着孩子们在湖里游泳。

2. 营地设施国际化：我们是按照国际营地的标准来修建GAGA球球场、攀岩墙、高空项目以及皮划艇码头等美式营地的户外运动设施，这些都是我们自营营地重资产投入的部分。

3. 营地课程国际化：在2016年的时候，我们花了数十万的费用引进了美国一百多年历史的莱尼克斯营地的课程体系，然后结合中国特色，重新打磨成了游美自己的标准化营地课程体系。

4. 营地导师国际化：游美营地早期有超过50%的导师都来自海外，以欧美英语国家为主，大部分项目都能做到1:1的中籍和外籍导师的比例。

5. 营地语言国际化：在游美营地中，我们采用中英文双语交流，而且以英文为主，我们希望孩子们能够在营地环境中锻炼英语听说能力，培养孩子的英语学习能力。

6. 营地营员国际化：目前游美营地已经做到了真正意义上的营员国际化，2022年的时候，由于疫情的原因，生活在中国的外籍孩子暂时回不了国，但是希望在国际化营地中度过假期，于是我们的美式营地接待了来自28个国家的400多位纯外国籍的孩子。游美营地就像是个学校联合国，有来自美国、加拿大、英国、新西兰、日本、韩国、意大利、德国、西班牙、法国、印度以及非洲的一些国家的孩子，是真正的营员国际化。

经过五年的发展，我所提出的6个国际化，既成为营地教育行业国际化的标准，也形成了游美营地独特的竞争壁垒，可以说，目前国内的其他营地是很难同时满足这6个国际化要求的，正是因为我们在2016年就想明白了这件事情，并且给自己设立了这6个高标准，才能在今天成为现实。

从2016年的游美千岛湖营地，我们每年都会新增一个营地，2017年我们做了上海营地，2018年我们做了北京的奥水营地，2019年我们做了云南营地，2020年我们做了北京的华彬营地，2021年我们做了成都营地，2022年我们做了三亚营地，2023年我们做了苏州营地和敦煌营地。我们几乎每年都会开设一个国际化美式营地，可以看到，连锁营地运营是我们游美营地发展的主轴。

另外，游美在2018年之前，只做夏令营项目，但是我们的运营成本非常高，只靠每年的夏令营项目难以支撑公司全年的各种开支。所以从2018年开始，我们开始探索全年运营的模式，其中第一个解决方案就是做冬令营，冬令营中又选择了滑雪这个项目，我们称为“冷冬系列”，并且成立了游美环球滑雪学院YSS，带孩子去冬奥会的滑雪比赛场地学习滑雪。

我们在2018年第一年冬天就招生了500多人，2019年冬天达到1000多人，2020年冬天又是1500多人，但是很遗憾，2020年赶上了疫情，我们只能陆续取消了各营期。从这个趋势可以看到，我们每年保持500个营员规模的增长，已经成为国内做青少年滑雪的头部公司了，我们也通过滑雪运动成功填补了冬季运营的空白。

继滑雪项目成功后，我们在2019年开始探索“暖冬系列”，冷冬系列是在北方滑雪，暖冬系列是在海南开设海岛探索营，带孩子们去冲浪、滑水、潜水以及探索热带雨林生态。2019年我们做暖冬系列产品打样的时候，只接待了10位孩子，到了2020年我们正式推出这个项目，就变成了400多位孩子，增长了近40倍，现在我们每年去海南岛的冬令营能稳定在300—400位孩子，加上夏令营的孩子，差不多每年有近1000位孩子参加我们海南的冬夏令营项目。

冷冬系列和暖冬系列的探索，让游美从此前的单季运营过渡到两季运营阶段。

2019年，游美营地还做了周末营的尝试，做了像探洞、木屋搭建、溯溪、野外徒步等小型周末定制项目，周末营既是我们的引流产品，也是我们频繁与客户互动的场景。

2020年，疫情到来以后，公司需要找到新的增长点，我也开始思考原有的营地模式可能会受限，未来我们需要更多地拥抱户外运动，把广大天地作为青少年的营地，这也是我疫情这几年一直在谈"始于营地，不止于营地"的原因。

让我感触比较深的是我和我儿子在2019年的时候一起参加了一个草原108公里的徒步项目，我儿子4天走完全程后，取得了青少年组的第一名，成就感很强，我就意识到徒步这个项目很不错，能不能引到戈壁去做一款青少年的戈壁徒步挑战赛？因为当时戈壁的徒步只有成人赛事，受众群体以企业家和商学院为主。接着，2020年国庆期间，我们尝试性地招募了24个孩子和2名家长，去戈壁做了一期青少年戈壁徒步挑战赛，相当于一个测试版的赛事。

那26人全部走完了全程，3天时间，68公里，最小的孩子才6岁半，走完后大家的体验都非常好，亲子关系变得更加融洽了，而且孩子更加有自信心，更愿意接受挑战了，这让我坚定了做戈壁徒步的决心。

因此，我们在2021年的时候，正式举办了中国第一届"未来领袖"全球青少年戈壁挑战赛，也就是我们的"青戈1"。从"青戈1"开始，我们正式进入了纯户外的领域，开展以户外活动和户外赛事为载体的青少年营地项目。

2021年的"青戈1"大概有500多人参加，来自几十个国际学校。因为我们的赛制设定了2种报名方式，一种是游美的C端营员，一种是以国际学校为主的学校端客户，每个学校10～12人组成一个战队来参加青戈赛，每个学校都有自己的队旗或战旗，比赛的时候，有近百面战旗在戈壁滩上迎风飘扬，气势恢宏，非常壮观！

第一届青戈赛做起来以后，我们发现原来也可以用戈壁徒步这种原先应用在商学院的项目，培养青少年的意志力、领导力以及团队精神，让他们更好地成长。

2024 年 7 月我们将会组织第四届青戈赛，我们的目标是 1000 人的规模，带领更多孩子去戈壁突破自我。

从游美的发展脉络可以看到，我们做的户外运动经历了 3 个阶段，第一阶段是我们的美式营地里的户外运动，第二阶段是滑雪和戈壁徒步项目，第三阶段则是攀登高海拔雪山。我们通过徒步让孩子们走得更远，但是我们希望孩子们能够登得更高，于是我们启动了“登峰计划”。

2022 年 11 月 22 日，游美的青少年登山队正式成立，我们聘请了那木错老师担任总队长，那木错老师是贵州省第一位登上珠穆朗玛峰的女性，由她来组织青少年进行 5000 米以上的高海拔雪山的攀登我们很放心。

2023 年 1 月 15 日，我们带孩子去攀登了他们人生中的第一座雪山——四川的四姑娘山，到目前为止，在不到 10 个月的时间里，我们已经成功登顶了 4 座 5000 米以上海拔的雪山，其中包括非洲最高峰：乞力马扎罗。值得骄傲的是，目前我们青少年登山队攀登的最高峰是青海的玉珠峰，海拔 6178 米，而且那次是所有学生和老师全员登顶。

“登峰计划”是游美户外运动项目中“皇冠上的明珠”，我们为此做了三年攀登珠穆朗玛峰的计划，今年是第一年，我们已经登顶了 4 座雪山，2024 年我们还会再攀登 2～3 座雪山，其中包括新疆的穆斯塔格峰，海拔 7500 米，如果登上了穆斯塔格峰，我们所有队员都能获得国家一级运动员证书，这是非常难得的。

在任何运动项目中，你想通过一年半的时间获得国家一级运动员证书，几乎是不可能的。但是登山运动，在我们的带领下，是完全有可能实现的。

接着，我们会带领青少年队员们攀登珠峰北奥，海拔7000多米，此外，还会攀登海拔8201米的西藏卓奥友峰，为2025年登顶珠穆朗玛峰打下基础。

我想游美青少年登山队会创造一个奇迹。我们给每一位青少年登山队员讲，作为游美青少年登山队员，我们不但要“心向巅峰、志存高远”，也要“脚踏实地、步步为营”。

游美户外运动3.0除了攀登5000米以上海拔的雪山以外，也横向延伸出了“中华名山计划”，我们会带孩子和家长一起去攀登三山五岳，比如泰山、黄山、庐山，风景都特别好。同时，我们还有“中国巅峰计划”，会带青少年攀登各省或者各市的最高峰。这部分一方面是为了填补我们低海拔登山的空白，也是为了引领更多青少年加入登山的队列，从更大的基数中筛选出体能好，而且有志向的孩子去攀登5000米以上高海拔的雪山。

除此之外，我们的“登峰计划”也包含了国际线路，我们叫“7+2+X”计划，“7”是指七大洲的最高峰，“2”是指南北极，“X”是一个变量，其实是指各个国家的最高峰。比如明年我们会攀登日本最高峰富士山、韩国最高峰汉拿山。

我们做的所有项目都是国内国外线路全打通，比如滑雪，在国内有崇礼、松花湖，海外有日本、新西兰等线路。徒步也一样，除了我们的戈壁徒步，明年我们还会做西班牙的朝圣之路徒步线路，未来在美国、新西兰、澳大利亚都会有我们的徒步线路，带领孩子们打卡全球的徒步线路，领略全球的自然风光，了解世界各国的文化。

另外，我们还做了“十大青少年极客计划”，包括滑雪、登山、徒步、骑行、皮划艇、帆船、潜水、冲浪、探洞、滑翔伞等一系列上天入海的户外运动，它带领我们走向更开阔的天地去探索大自然，去挑战自我，进而获得自身的成长。所以我们游美户外运动3.0的口号就是：“探索、挑战和成长”。

游美在未来有4个发展规划：

第一是多营地发展规划，刚才我有讲到我们平均每年都会增设一两个营地；

第二是多时段发展规划，包括夏令营、冬令营、节假日以及周末和学期时段；

第三是多龄段发展规划，以前我们主要服务的生源在7～12岁这个年龄段，以小学生为主。随着我们的业务发展，向下我们从7岁延伸到3岁，向上我们从12岁延伸到18岁，做了全龄段的产品体系；

第四是多项目发展规划，刚才我讲到游美的经典美式营，到后来的滑雪营和海南岛探索营，现在我们还有登山徒步项目。

多营地、多时段、多龄段以及多项目是游美营地的战略规划，我们就是按照这个战略规划在开发新产品、发展新业务。

李文翰：听完游美户外运动3.0的发展规划，真是验证了您反复提到的“不止于营地”，您觉得选择户外运动作为游美营地的主要发展方向，是因为大势所趋，还是原有营地业务的局限性呢？

李璟晖：我认为这和游美的基因有很强的关系，第一，我们的国际化程度一直很高。第二，我们有很强的户外运动基因，我们最早的美式营地就是户外运动的1.0版本，因为传统的美式营地包含5个板块的活动，第一是传统体育运动，包含各种球类运动；第二是水上运动，包含游泳、皮划艇、桨板等；第三是探险活动，包括丛林探险、野外生存、CS、攀岩等；第四是艺术体验，包括手工艺术、表演艺术；第五是美式特色活动，包含各式各样的晚间活动和集体活动，这五大类活动构成了我们美式营地的课程体系。

你可以很清晰地看到，这五大类活动中有四分之三都是户外体育运动，所以我们选择户外运动的方向，一方面是继续发挥我们的户外运动优势，另一方面也是响应国家对户外运动产业发展的号召，同时也是满足孩子和家长对户外运动项目的需求，有这样好的基础和背景，才导致了我们在3.0阶段开发了非常丰富的户外运动产品。

李文翰：这里我想请教您，在如此众多的户外运动项目中，游美是如何做组织管理呢？

李璟晖：从组织架构来看，我们是孵化一个、成熟一个，比如我们的滑雪和徒步项目，一开始在运营部孵化，成熟以后就成立了对应的滑雪事业部和徒步事业部，后来我们“登峰计划”孵化成熟后，成立了户外事业部。

另外，我们每个事业部都请了这个项目对应领域的专业人才作为项目的主要负责人，同时结合外部的专家力量来共同打造一个项目。比如说我们的“登峰计划”，如果没有登过珠峰的那木错老师加入，我们就不会做这个项目，因为带领青少年攀登5000米以上的高海拔雪山是危险系数非常高的活动，没有专业人士加入，我们不会轻易做一个新项目。

我们在攀登不同的雪山时，也聘请了经验非常丰富的外部专家、向导进行全程指导和安全保障，才能做得这么好。如果说你自己不懂，团队里又没有这样的人才，去寻求外部的专家资源来做这个事情，是不现实的。只有你有这样的人才，然后去找更好的人才一起来做这个事情，才能做成。我们登山、徒步都是找最优秀的人才来和我们一起做。

李文翰：目前游美的组织架构是怎样的？

李璟晖：首先是我们的运营部，运营部除了负责美式营地项目的运营以外，也承担了周末营、滑雪营以及研学营的运营，我们用营地的方式做的研学活动，非常受国际学校的欢迎，因为我们做的研学活动，是将孩子们24小时的活动内容都设计好了，孩子非常开心，老师也很省心，但是很多传统研学公司，孩子们吃完晚餐以后的时间就不管了，这就给了我们游美用营地的方式做研学的机会。

除此之外，我们还有户外事业部、产品事业部和徒步事业部等一系列专项事业部，分别负责对应的板块。

李文翰：在行业中，游美营地的品牌做得非常出色，您如何看待游美的品牌营销呢？

李璟晖：我们一直是采取“1+N”的品牌发展战略，“1”就是指“游美”，定位为国际营地教育专家。同时，我们针对不同的产品会有新的品牌加入，比如滑雪项目我们叫YSS环球滑雪学院，登山项目我们叫“登峰计划”，徒步项目我们叫未来领袖徒步系列，在每个细分方向，只要我们认为它有更大的承载空间，就会赋予它新的副品牌，让它在对应的细分领域更好地亮相。

我刚才讲到不止于营地，当我们进入到不同的领域中，我们会遇到不同的竞争对手，我们通过不同的品牌定位，在不同的赛道中重新定位，挖掘品牌内容，从而占领用户心智。

在发展过程中，游美本身的品牌定位也在调整，最早我们的品牌内涵就是去美国，因为那时我们就是带孩子去美国参加夏令营活动，随着近些年的拓展，我们的业务板块远远不止是去美国参加夏令营或者仅运营美式夏令营了。所以，我们在2022年的时候重新定义了游美的品牌内涵和精神内涵，游美品牌的最新诠释是："游于艺，美于行""游于道，美于心""游于天地，美于自然""游于世界，美于中国"，在不同层面和角度诠释"游"和"美"的含义。

"游于艺"源自儒家的《论语》，中国传统的教育以六艺为主，包括礼、乐、射、御、书、数六种技艺，分别为学习礼法、乐舞、射箭、驾车、书法和算术。通俗地讲就是古代的素质教育，游刃有余掌握六种技能，是从实践和"术"的角度来诠释"游美"；

而"游于道"则源自中国道家学派庄子的《逍遥游》，指的是，让孩子们学会在精神上和思想上自由地遨游和畅游，是从精神境界和"道"的角度来诠释"游美"；

"游于天地、美于自然"则希望孩子们通过营地教育和研学旅行的方式，从宇宙天地、自然万物的角度去探索世界、认知自然，并获得成长；

同时，游美也是一家国际化的中国公司，我们提出"深耕中国，营联世界"，带孩子游历世界，游历中国，发现中国之美，同时发现中国文化之美，也就有了"游于世界、美于中国"的提法。

李文翰：在您看来，游美的用户画像是怎样的？

李璟晖：游美的使命是培养具有国际化视野和竞争力的青少年，我认为首先要有国际化视野，游美的营员中选择出国留学的家庭占很大比重，他们拥有开阔的眼界、多元的思想，家庭成员多为高知、高学历，经济条件整体都不错，因为我们的营员有60%以上都来自国际学校或者民办双语学校，而且游美的营费也不便宜，能支付起游美营费的家庭本身经济条件都不错。

李文翰：我看到今年游美还孵化出了“隐壳”这个新品牌，是不是和游美的用户画像有关？

李璟晖：对，隐壳是我们专门做安全防卫教育的子品牌，也有专门的校区，它包含校园安全、人身安全、社会公共安全和留学安全四大板块，尤其是留学安全防卫是很多留学生的痛点，隐壳这个项目也是顺势满足我们用户的需求，目前，除了C端的客户以外，还有很多学校为高二、高三即将要出国留学的孩子定制我们的海外安全防卫的课程。

李文翰：未来，游美还有哪些发展规划呢？

李璟晖：除了刚才我讲到的游美户外运动3.0的规划以外。我们规划了5条业务主轴，第一是游美营地，包括我们的国内营地和海外营地。第二是游美研游学，也包括国内研学和海外游学，这主要是toB业务。第三就是游美户外运动，这个板块讲述得比较清楚了。第四个板块是游美体育赛事，这是我们接下来要布局的赛道，我们会以国际学校和民办学校为主轴，开展各类型的体育赛事，青戈赛就是其中之一，未来还有英式橄榄球以及其他具有强IP属性的体育比赛项目。第五个板块是游美的留学服务，隐壳就属于留学安全服务，除此之外，我们还有留学的背景提升服务，比如我们的登山和徒步都是孩子们留学背景提升的重要抓手，像我刚才讲到的一年半时间里拿到国家一级运动员证书，就是强背景提升的过程，这些经历对孩子无论申请国内还是海外高校，都是非常有帮助的。

同时，游美也是爱丁堡公爵奖户外运动板块的执行方，我们今年大概颁发了近千个爱丁堡公爵奖，拿到这个奖项对孩子申请海外的学校，尤其是英联邦体系的学校也是非常有帮助的。

其实无论是营地、研学还是户外运动和体育赛事，都是围绕孩子的成长展开的，这和我自己孩子的成长也有关系，从小时候去营地里玩耍，到现在我的孩子已经高一了，马上也面临出国留学，我也去找过留学背景提升机构，他们出完规划后，很多项目还是需要像游美这样的机构来执行和落地，与其这样，那还不如我自己干，这十多年的时间里，跟着游美长大的孩子也陆续进入高中阶段了，我们顺势而为就把留学服务的业务也干了。

李文翰：营地教育在行业里被公认为是非刚需的产品，但是您在产品设计中有意地把非刚需转变为刚需，这个解决问题的思路很特别。

李璟晖：我认为我们对产品的理解和别人不一样。你看申请海外高校需要硬实力和软实力，硬实力就是托福、雅思以及 SAT、GPA 等分数，软实力就是指你和别人不一样的地方，需要将你独特的背景、经历写成文书，像申请美国大学就需要 10 项活动、5 个奖项作为背景提升项目，而我们提供的解决方案是，本来你就要参加我们的活动，本来你也要去做留学背景提升，我们只不过是把你需要的奖项、证书等东西内嵌进了活动产品中，一举两得，你不用专门为了做背景提升再花一份钱。

其实无论国内还是国外的学校，无论是小升初、初升高还是本科、研究生，都需要各种奖项、证书、简历、文书等来证明自己的软实力和别人不一样，我们的内核就是做软实力的开发和培养。

李文翰：在您看来，营地教育行业的边界在哪里呢？

李璟晖：我认为营地行业是跨教育、体育、文旅的大行业，它不局限在教育这个范畴内，虽然表面上看每家机构的探索方向都不一样，有的更偏教育一点，有的更偏体育一点，有的更偏文旅一点，其实都在泛营地行业这个范畴中。

我认为营地教育行业发展到今天，我们需要重新定义营地，营地是不是像我们以前那样，圈块地才叫营地。如果我们以更广阔的视角来看，它可以包括研学、游学、户外教育、素质教育、体育旅游，当营地教育行业在更广阔的场景中发展时，我们才能吸引更多的人才加入、更多的资金加入，进一步推动营地行业的发展。

营地教育的底层逻辑是教育，但是可以通过体育运动或者研学旅行的方式来实现教育的价值和目的，文旅体本身也是相互融合，相互促进的。

李文翰：目前游美做到了什么规模？

李璟晖：我们现在有 80 多位全职员工，总部设在北京，同时在上海、苏州、杭州、云南、敦煌设置了 5 个分公司，目前所有的营地都是自营模式。

我们会布局客源地营地和目的地营地，像北京、上海、广州、深圳这些有客源的地方，我们肯定要布局营地，在客源足够大的时候，我们就会布局分公司。分公司承担两个职能，一是营地的运营和管理职能，二是市场营销和销售职能。另外，在强目的地，我们也会布局分公司，像云南和敦煌，都属于强目的地，我们也是要通过布局分公司的方式占领稀缺资源的。

李文翰：我关注到您个人的社会活动也很丰富，这个和游美的发展有哪些关

联呢？

李璟晖：刚才讲到营地是跨教育、体育和文旅的大行业，要做好一家营地机构，也要求我们更加跨界，从不同领域中汲取养分，推动组织的发展。营地教育是个新兴行业，游美从成立初期也在积极推动行业组织的组建，比如说我们是 CCEA 中营联营地教育发展中心的发起理事和副理事长单位，同时我本人也是中国登山协会青少年委员会的副主任、全国青少年体育联合会青少年营地分会的副会长，以及中国旅游协会亲子旅游和营地分会的副会长，我也在整合文旅、体育以及教育领域的资源进入营地行业。

另外，我现在也在北京大学教育学院读博士，同时我也是清华体坛家的首期班学员，北大文旅班以及“未来之星”、北大创业训练营的学员，我自己也在不断学习，不断获取各行各业的知识和资源。

其实，游美营地的战略布局就是围绕教育、体育和文旅行业来展开的。

第七章

北京·太阳守望者：让中国孩子有力量

太阳守望者，中国创新教育机构，成立于2010年。经过十二年发展，开枝散叶，成立了多家创新型联合体。

旗下目前独立运营的实体机构有山河勇士学校（假日学校）、黄河漂流学校（体验式培训机构）、禾溪森林童乐园（全日制）。

同时，母公司直接运营有SUNKIDS怀柔水上运动营地，主张品质和体验，“畅享水上乐趣，激发辽阔向往”是核心使命，和太阳守望者“让中国孩子有力量”的理念一脉相承。

十二年中，太阳守望者共举办3000余期户外探索课程、参与人次达到30000人次，参与家庭达到3000多家。已为60余家全日制公立学校、国际学校、私立学校提供教育项目服务。

除此之外，由太阳守望者自主开发的树屋导师、森林教育师、风险管理师等行业培训，以及编著出版的《户外探索教育指南》《户外探索教育工具卡》《树屋建造指南》，也是太阳守望者的行业优势之一。

太阳守望者产品覆盖年龄从3岁到18岁，以带有森林教育和冒险的户外运动为基础。包括：少儿阶段的亲子共建课程；最基础的周末山河少年课程；节假日稍有挑战的山河训练营；11岁以上孩子参与的带有挑战的山河勇士项目。最终以海峡项目作为孩子山河之路的成人礼完美收官。

访谈时间：2023年1月5日

访谈对象：王浩（三皮）「太阳守望者&山河勇士」创始人

李文翰（以下简称“李”）：大概十年前，你和几个朋友徒步旅行时，是什么启发你们开始想要创业，开一所森林学校的？

王浩（以下简称“王”）：实际上，我们并没有想过一定要开一所学校。我们只是觉得北京的生活太无聊了，需要尝试一些更加野性的事情。我早在大学时就喜欢户外运动，而我从小在甘肃农村长大，一直在山里、河里玩耍。所以我们最初只是开了一个户外俱乐部，会员从几个人到十几人，最后发展到300多个人。不过，我们意识到需要寻找可持续发展的方向，考虑从哪里得到收入，以及是否需要全职从事这个项目。我们思考了两个方向：一个是青少年部分，因为我自己做过这方面的工作，所以对我来说很合适。另一个是开一家摇滚乐队的经纪公司，因为我们同时也在玩音乐演出。最终在2012年，我们选择了开展纯青少年项目，并在公司模式下运营。

而从太阳守望者到山河勇士的转变，其实是我们在实践过程中不断发现和调整的结果。我从小到大是一个比较叛逆的学生，对学校体制不满，有着自己的想法和创新的教育理念。这些经历让我对青少年教育领域有了浓厚的兴趣，并最终选择了这个方向。在后续的发展过程中，我们从太阳守望者到山河勇士，不断地探索和创新，逐步完善了自己的教育理念和方法。

李：这么说，您小时候其实不是一个世俗意义上来讲的好孩子或者说好学生。

王：我成绩很好，但行为上不讨老师喜欢。有时候我会挑战老师，比如跟其他孩子打架了，不服气被罚站，会去找老师理论，我会冲到他的办公室去跟他对质：你凭什么罚我？你依据是什么？我们要不要找校长去评理？

我有七处文身，每年会文一个纪念符号，今年我想文一个疫情的。我不文什么左青龙右白虎，我会文一个对我来讲非常重要的东西来纪念。小时候有些老师粗暴，动不动就打人，学校制度也不尽如人意，比如不允许中午出去上厕所，值日生管理也很严。我对学校充满反抗情绪，还曾经因为学校收了图书费但对没交费的学生也开放图书馆这件事，晚上把学校图书室的窗户给撬开，从图书室弄出来100多本书，丢在学校门口的下水道里面，塞在老师的烧火炕的炕洞里面，导致很严重的后果。那个时候就觉得好老师太少了，学校太讨厌了，就会有一些很天真的想法：如果长大了，我一定要开一个好学校。

李：我在江西的一个小县城长大，对于传统教育也有不满的地方，您觉得自己办的学校和传统学校有什么不一样的原则或理念存在？

王：我觉得一个学校的老师应该非常擅长并相信他们教的东西。我上过的学校里，有些老师不相信他们教的东西。给你教政治的老师，他不相信政治；给你教语文的老师，第一他没有很好的文学修养，第二他并不相信文学的力量；上了大学之后给你教经济学的老师，他并不相信经济和商业背后的一些本质性的东西；教法律的老师，他并不会告诉你如何真正用法律来捍卫正义；教你马哲的人，他告诉你马哲也就是考试的时候把某重点背一背，讲一讲就得了，你还真信了。

如果教这个东西不信这个东西，我就会特别鄙视这个老师，认为他完全不是一个老师。我们做的课程体系必须是名副其实的全人教育，不挂羊头卖狗肉。我一定要大量融入户外探险和自然等核心元素，因为它们是人的本质，人类的品质里有很多非常好的基因，它们是通过一些具体的形式和载体，比如说探险传承下来的。自然课的时候老师说：孩子们，我们在屋子里欣赏一下PPT就可以了。这个是我不能接受的，教生物的老师必须要带孩子去见识那些真正的生物，语文老师给孩子讲寒冬讲蜡梅的时候，你至少得让你的学生跟你一起在冬天里去看蜡梅。

我们的教育哲学与传统教育哲学有所不同，我们更注重人的发展。例如，我们对幼儿发展所理解的逻辑跟主流传统幼儿园就不一样，为什么？根据最前卫的一些社会学科的研究，3—6岁幼儿核心发展依赖两个方面，第一是游戏，第二是运动。我们的森林幼儿园与传统幼儿园的不同之处在于，我们更注重游戏和运动对儿童的发展。此外，在主流的体系里面，老师们可能还在用20世纪60年代、70年代的社会学、心理学、儿童发展的学术研究，支撑着现在的教育。但实际上我们办学，对于人的认知，对青少年的认知，对社会的认知发生了巨大的变化，这是我们创新教育的立足之处。

李：在这个过程中，我感受到一种力量。太阳守望者的口号是让中国孩子有力量，您能解释一下这个力量是如何定义的吗？您对力量的定义，以及对儿童观和人性之间关系的理解是什么？

王：太阳守望者的理念是建立在三大哲学支柱上的，这三个支柱分别是：人类的三大基本需求、人类的三种智慧的形式，以及人类的内驱力。这三个支柱来自不同的学术流派，包括行为心理学、体验式教育学派和华德福。这三个支柱概括了太阳守望者的核心思想。

例如，人类的三大基本需求是自然、群体和冒险。这些基本需求代表了人的自然性、社会性和成长性。冒险代表了人的成长性，因为人在挑战中成长，通过拓宽经验范围和突破舒适圈来获取新的经验。这些经验可以沉淀成为理论工具，指导我们去思考。冒险的定义是什么？对于很多人来说，冒险可能是承受一些不可控风险的事情。但本质上，我认为冒险是去尝试做一些从未尝试过的新事情。这三个哲学支柱帮助我们构建对人的认知。

儿童观是指我们如何看待孩子和理解孩子。我们对孩子的理解取决于我们对人的理解，这是一个本质问题。很多人无法真正尊重孩子，是因为他其实并没有很好地理解到人的自尊是怎么养成的，所谓人的平等，人格是怎么彼此看见的，人是怎么彼此发生共鸣的，如果在这个问题上存在困惑，那么问题不在于儿童观，而在于你自己对人的理解。

李：基于这样的理解，您如何将创新教育的理念产品化，并切实地传递给公司每一位同事？创新教育这些年有大量的探索，在探索的过程中，创始人本身能做得非常好，但如何把这样的能力复制给他人是很大的挑战。

王：当你有一些抽象的价值观或意识层面的想法时，你本身就要做好一个心理准备：落地实现时会有很多折扣，而且有些人可能无法理解你的想法。你需要接受这种现实，从抽象的价值观转化为具体的实际价值，这个过程需要一些换算步骤，有些价值可能延迟到达，就像黑格尔提出的哲学思想需要一百年后才有价值。

太阳守望者有三个关键词来定义我们的产品观：与众不同、深度体验、富有成就感。如果产品不能满足这三个关键词，那么它就不是我们太阳守望者的产品。我们比较坚持自己的产品框架，不会跟风去做市场上的热门产品，而是专注于我们想做的，而且有一个成功的产品系列——山河勇士。

我们近两年很有自信，因为推出的山河勇士系列产品，具有很高的辨识度，一眼就能看出来，这是因为我们有一个明确的产品框架。虽然我不能说这是我们的优点，但我可以说这是我们一直坚持的做法。有些机构会追随市场热点，跟风推出各种大品类产品，但我们不是这样的。在2018年以前，我们也做过大品类，但在2018年时，我们明确了产品定位，知道了我们要做什么，也知道了我们不做什么。

李：能详细分享一下太阳守望者的产品观吗？

王：我先解释一下产品观的三个关键词。第一个是与众不同，即为孩子带来非凡的体验，这是在学校和家庭常规环境中无法获得的社会体验。第二个是深度体验，即我们强调教育属性，确保孩子参加项目后真正有所收获。例如我们的山河勇士项目，它七八天只做一件事，通过量变完成质的突破，达到深度体验的效果。沉浸式体验式学习，我们不会提供拼盘式的项目，而是注重单一项目的深度体验。富有成就感是孩子自信的根本支点，自信的人会在任何时候都闪光，并接受批评，而不会变得自恋或极度脆弱。自信由接纳认可和成就感构成，这就是为什么富有成就感对孩子的自信至关重要。

作为商业机构，我们的产品限定了孩子只能在我们这里待七八天，无法像全日制学校一样改变孩子。但我们可以通过自己的营队，放大一个点，让孩子获得成就感。我们不是告诉家长，花了六千元甚至一万元来玩7个项目，而是提供一个以成就感为导向的产品观，这是我们山河勇士和太阳守望者的核心理念。

李：这有点像学科教育，一周的课时足够让孩子对某一领域有扎实的了解。

王：不同于学科教育，山河勇士是主题教育，七天的时间内，通过不同维度的内容深入探索一个主题。我们的项目是100%全职团队，太阳守望者团队在早期选人的时候，我们的偏好跟一些同行不太一样，比如说同行里面，大家可能会偏好体育生，或者是一些拓展公司出来的人，而我们选人时更偏向学汉语言文学、社会工作、历史、金融、新闻等专业，我们相信他们能够更好地理解项目中所涉及的历史、文化、社会等方面的内容。当然，我们也会从其他领域中招募人才，但是我们更看重他们的综合素质和对我们项目的热情。我们也发现很多理工科和经济学、会计专业的学生文化底子很好。大概一半的老师从 2012 年开始一直跟着我们做项目，但到 2016—2017 年基本离职了，因为跟不上公司的发展。早期的老师可能会带一些技能类的东西，但随着教学的深入，我们讲述 PBL、回顾反思、体验式教育和远征式学习法等新概念时，有些老师跟不上，这是花一年培训也难以解决的问题。

李：太阳守望者的老师是不是养成类老师，文化底子好，但可能户外技能不像体育科班专业的学生那么强？

王：我们的老师在户外方面其实也很强，我中学时就开始登山、徒步。大学时，我徒步去了贵州、重庆、湖南和湖北。那时候我没有钱，也没有自行车，一个月生活费只有 400 元。我用其中的 350 元买了一辆破单车，骑着它出去旅行十几天或二十几天。我们团队中的负责人刚子老师毕业于政法学校，但他大学曾参军两年，身体素质和学习技能都杠杠的。

我们参加了所有国内最好的户外技能培训，包括登山协会的课程。综合来说，我们是一个复合型人才团队。近年来，我们招募了一些体育生，大约有六七人。

另外还有一些实习生，总共约有二十人。虽然体育生的身体素质很好，但他们在学习心理学和儿童发展等方面会比较吃力。在这些方面，我们的培训课程包括了精神分析、华德福教育的十二感官概念、体验式教育的人的七年概念，以及德式森林教育中不同年龄阶段孩子的需求和三四个认知体系。我们用比较式的方式来学习，将这些概念融合在一起。

李：这要求老师有很强的学习能力和信息输入和输出能力。

王：我们自己做培训课件，包括人智学体系、德式森林教育、发展心理学和运动精神分析学，都关于儿童发展。这些学科对儿童不同年龄阶段的描述有所差异，有些更关注生理机制，有些则更关注人格和心理方面。这些差异反映了不同学科和国家对青少年认知的差异。除了教育心理学，我们还提供野外医学和高级急救员的培训，以及自然教育和森林教育的培训。这些内容在传统的户外教育中被忽略，但实际上是户外教育中很重要的一部分。

李：从技能性的补足上来讲，体育专业的学生或社会工作这类专业的学生，哪一类人更符合太阳守望者的画像和需求？您是如何对应聘者进行考察的？

王：我们用过北体的孩子，他们很能吃苦，也很勤快好学，可是他们就是文化底子薄，在软实力方面就是差一点。

为了更加精准地安排员工岗位，我们根据员工的特长来进行岗位分配。例如，如果你擅长技能类培训，我们会把你分配到怀柔的商业化运营营地。如果教练的回顾和反思能力以及对儿童发展的认知不足，这是可以接受的。但对于核心的主力团队，如山河勇士和太阳守望者母公司的员工，我们希望他们是综合型人才，并拥有一定的社会认知。此外，我们认为理解力是做好创新教育的基础。

如人大附中一位校长所说，好的教师需要天生的热情和聪明才能教好孩子。我们也沿用这两个标准，第一个对教育这个事情要有天生的热情，因为没有热情，咱们都知道老师干教育这个行业的工作时间，不是按照8个小时来走的，大家都是超负荷在做事情。第二个是要聪明，只有聪明的老师才会聪明地教孩子。因此，我们会根据员工的天赋和特长来分配岗位，以保证他们能在自己擅长的领域发挥最大的价值。

李：在接触了许多机构后，我发现机构对于全职和兼职导师的理解和偏好是完全不同的。我认为组织结构和人才基因会决定产品的基因。我很想请三皮老师分享一下太阳守望者的组织架构，因为您在公开的文章中提到了森林幼儿园，继而提到幼儿园的负责人希望建立一个规模为三十人的小幼儿园，这让我看到了教育的创新方向。此外，我还注意到太阳守望者和山河勇士正在深圳拓展。

王：我们已经有了这个计划，年后深圳公司的班子就搭建好了。太阳守望者是母公司，下面有四个实际业务公司。山河勇士是主营业务，继承了太阳守望者的核心东西，从2010年到2018年一直发展。森林幼儿园在2016年孵化，是独立的公司和项目，太阳守望者只是财务投资人。黄河漂流学校2018年开始运营，专门探索江河这个领域的大型水上项目。我们也投资了水上营地项目，比如昌平的华彬庄园和怀柔的水上运动营地，今年我们还把怀柔的营地规模扩大到45亩。

我们有几个业务使用不同品牌，都是独立运营、独立财务和独立团队。然而，我们有一个核心团队来管理这些业务。每个团队相当于一个事业部的总监，不是公司的CEO，所以必须按照我的思路来做。因为做创新教育和软文化相关的事情，前期需要高度集中式地管理，否则团队可能失控。所以平行推进从运营上来讲是很不利的，因为有时候就一个团队，你本身运营一个创业公司就已经很不容易了。我们在前两年运营挑战比较大，尤其在疫情影响下，所以现在集中反思母公司的运营问题。

李：山河勇士在深圳重点启动的业务，会派遣核心团队过去吗？

王：我们母公司会派遣1—2个人过去，直接任命内部的员工。我得到的教训是，前期不要太过于关注组织结构、股权结构和激励结构，而是要注重高效的战略执行力。之前咱们行业的一些公司，各地开分公司找合伙人，但最终都解散了。

李：所以创新学校和创新业务的发展是一个需要高度支持的过程，而不是高度控制的过程。

王：对，需要运营、资源和资金的支持。

李：很多活动虽然表面看起来简单易复制，但它们并没有核心，随着复制的进行，它们的内核会被稀释。这里面存在一个很大的挑战。所以我很好奇山河勇士或者太阳守望者未来的组织架构和发展目标是什么？是希望把大品牌复制到全国的主流城市，还是像孵化器一样，孵化出很多独立的品牌，有些可能是小而美，有些则由有野心和雄心的负责人来扩张领土？

王：太阳守望者母公司已将业务下放给二级公司。未来十年，我们公司将专注于全日制学校和山河勇士两个方向的业务发展。森林幼儿园将做一个六十人的样板园，并在5—7年内将其发展成为私立幼儿园。我们现在也在搞学术，整合大量的学术理论，因为森林幼儿园的教学主管本身也是一个学术型的人才，是学精神分析的年轻女孩子，她很厉害，每年森林幼儿园会出版几本书，目标就是让全国的同行一说做森林幼儿园，马上就恨不得去买我们的书，我们已经花了好大的成本，蹚出一条完全本土化的路。我也不标榜我是英国森林人，他是德式森林人，谁是芬兰或日本的。我们从来不标榜这些，我们就是要做原创的东西。山河勇士将在国内做6—7个运营中心。公司的产品体系分为三种，包括山河勇士、历史与地理相结合的户外产品、基于全球范围的户外产品。城市公司的任务是销售和当地小产品的开发。

我们的计划是森林幼儿园和山河勇士覆盖全年龄段。如果你想参加我们的森林幼儿园但地理位置不方便，你可以参加山河勇士的火焰班，火焰班适合3到6岁的孩子。我们曾经在森林幼儿园的团队中开设了这个班级，但为了让他们专注于全日制学校的教学，我们将这一部分业务移交给了山河勇士。现在，我们提供3到18岁全年龄段的课程。

李：您在太阳守望者这家公司的角色是什么？是独立带营还是操盘手或精神领袖？

王：理论上来讲没有完美的个人，但有完美的团队，这个里面确实有一个角色定位的问题。我前几年的角色更像是产品官和内容创作者，但因为我这种特质导致我们商业化做得不好。有很多机构做的产品其实差我们一大截，但是人家卖得比我们好，挣的钱比我们多。疫情让我重新审视自己和团队，并制定了“三个十年”的发展规划，第一个十年是埋头苦干找方向，第二个十年是昂首阔步赚大钱，我深信只要专注，我们团队在商业销售上也能有所建树。从2022到2032年，我们要昂首阔步赚大钱。第三个十年是精耕细作元教育，即将创新学校办到大学。我对创新学校的期待是，希望在我60岁的时候，从幼儿园可以办到大学，我一路办上去，而不是说只办一个森林幼儿园。也许过个三两年，我们可能会收购一个小学，再过个三五年我们再收购一个中学，未来的模式就是这样的模式。

李：作为创始人，您的角色定位是什么？

王：接下来这十年，我要努力成为一个好的企业经营者，不一定是企业家。我要做一个好好做公司的人。

李：创始人是公司需要您成为什么样的角色就去承担什么角色，这是一个角色定位的问题。

王：现在我也感觉到可能这是一个使命，创始人不能说是万能的，但是你要有一种万能的能力或者意识，这个企业需要你变成什么，你就是什么。

李：我也深有感触，大部分营地公司不能太依赖资本，而应该努力探索方向并扎实地做业务。

王：创造价值是企业的本质壁垒。就比如我们营地行业领域里的图书出版很稀缺，但只要具备以下两个条件之一就可以做：第一个是需要有爱写、能写和折腾的能力，第二个是差异化，比如我们太阳守望者成立的可持续发展教育中心，会与一些国字头单位合作。太阳守望者可持续发展教育中心是新成立的部门，这个部门会继承我们原来的业务，并计划在行业交流、师资培训和图书出版这三个方面开展工作。我们的目标是每年至少出版三本原创的书籍，不是花钱出版的那种，是后续出版社排着队抢着出版这些书。预计今年三月份，我们要出版的三本书，一本是20万字的园长自传，森林幼儿园的第一任园长，做了六年的园长，我给了她一年的时间，让她写了一本20万字的书，今年我让她停下来，我自己去兼任园长，我给她发工资。前两天她刚给我交稿20万字，写得太棒了，我觉得可以超越日本的《窗边的小豆豆》。还有两本分别是关于森林幼儿园理念和运营的书和一本翻译自英国的森林幼儿园书。

不仅是营地公司，对平台型公司也是如此。如果我来思考酷营的战略，我会尝试找到服务于同行机构的关键点来突破。例如，一些机构可能需要专业的行业白皮书，而不是像有些机构那样在网上搜集资料。但我认为现在许多行业白皮书对我来说没有参考价值，因此我需要花费时间制作真正有用的行业白皮书。对我来说，行业平台的商业化路径，在于做出对特定人群真正有用的东西，而不是只考虑赚钱。用户调查对于制定商业战略非常重要。例如，我可以制作一份高质量的行业白皮书，并以较高的价格出售给特定的机构，而不是向大众销售。实际上，机构期待的是这个白皮书有很多切入点和不同的内容。比如，你最核心的内容是调查了中国10个城市5万名家长用户对夏令营的标准、偏好、预算。这个内容很有含金量，也可以衍生出其他相关产品，从而实现聚焦和多元化营收，那我肯定愿意为这样的资料付费。我们甚至可以做得更翔实，告诉大家明年我要做一份300页的行业白皮书，一份9800元，行业里面这么多机构，我只卖100个机构，这也有100万元收入了。

像乔布斯、任正非、陶华碧这样的企业家，他们相信创造价值是企业的本质壁垒。如果只是在自己的平台上卖别人的东西，那并不是创造价值。真正的创造价值是通过有机组合、深入剖析、下苦功夫和走街串巷等方式，洞察出新的东西，这才是创造真正价值的方式。

李：在谈论组织时，我们一定会被问到核心竞争力在哪里，这个问题的回答会反映出我们对自己的信心。

王：归根到底可能是职业里面，不管做哪一行，你是不是足够专业，这是一个基本功。如果你要编书，你就要做编书行业里最好的；如果你教书，那就要成为这个行业里最好的教育导师。这是我做事的目标。世界各地都有许多教育创新的案例和工具、方法，比如哥伦比亚的乡村创新学校和澳大利亚的全民教育创新。如果在中国的泛户外教育和营地教育领域拥有深入的理解和专业技能，那将是非常有价值的。我有一个办学校的梦想，想要将学校从幼儿园一直办到大学。但这也导致我有时会太注重教育，而不是赚钱。

李：在您的创始人手记里，提到2013年放弃了童子军的方向，这让我很好奇。我知道很多机构最早都是由童子军分支演变过来的，但现在形态各异，你们有没有类似的渊源呢？

王：我搜索的范围会比较大，我想了解全社会范围内最先进的创新教育组织形态，不仅限于夏令营或户外机构。我参考了美国的童子军、深泉学院、英国的外展学校和加拿大的航海学校。2008年我在中少社搞杂志时，童子军的素质教育体系给了我很大的启发。然后在准备做青少年项目时，我曾想打造中国的童子军，但经过一年多的努力，我觉得不可行，我志不在此，我是要办学校，可见当时我多么热爱学校，最终的定位是太阳守望者户外探索学校。

在中国实施童子军模式存在两个问题：一是价值观不适合，二是商业化运营不可行。童子军模式在西方国家更多是公益或半公益方式，难以完全按商业化模式运营。童子军文化在美国流通，但在中国不适用，且宗教信仰等方面存在水土不服问题。因此，太阳守望者创始团队在 2013 年果断舍弃了童子军模式，非常清晰地知道未来要做什么。

李：关于疫情这三年对于团队的影响，最艰难的时候您是怎么度过的？

王：疫情对于我们有三个方面的影响：首先，疫情放大了我们已经存在的很多问题，比如现金流，让我们认识到在资金储备方面下的功夫不够。第二，让我们清醒地意识到经营企业与经营教育机构的区别，我们必须要知道规模、利润、效益这些东西有时候在某种程度上它是大于你的教育情怀、教育情节、教育诉求。首先我要知道自己是一个经营企业的人，然后才能成为一个教育家，但之前我太想成为一个教育家，这给我们整个公司带来非常大的影响和冲击。第三，疫情就像航母上面的飞机落下来之后，必须要有一个拦阻索帮它减速，让它停下来，疫情帮助我们停下来思考，在思维上产生了一些东西，我们推出了服务设计的概念。

所以疫情这三年，第一年很亢奋，第二年稀里糊涂，第三年最艰难。这两天我正在跟合伙人感慨，我们终于扛过了最艰难的一年，你看接下来十几年，有什么不能扛过去。我很喜欢疫情这三年，造成了团队冲击和文化影响，但也重塑了这个团队。

李：最后一个问题，因为太阳守望者的存在，未来这个世界会有哪些改变，或者说中国有什么不一样？

王：任何一个致力于创新教育的力量都能带动教育的变革。就像禾溪幼儿园成立以来，我确信它就是在深度参与这场变革，并且今年我们已经成功解决了森林幼儿园的牌照问题。

如果说中国像一个花园，原来大家在里面走来走去，发现到处花花草草长得都差不多，未来某一天，有人发现这个地方居然偷偷长出了这么一个不一样的东西，好惊艳。

这也是我们为什么要不停地写书的一个原因，因为任何有思想性的东西或者一些有影响力的东西，你必须要通过载体传播出去。每个国家每个阶段必须要有一些有代表性的东西，搞企业的要有一些有代表性的企业家，搞教育的必须要有一批有代表性的教育家。我个人不倾向于做一个小而美的东西，我希望在未来几十年内成为教育领域中的代表性人物，就像五四运动的青年们一样，能够受到后代年轻人的尊重。

第八章
杭州·宝贝走天下：
更安全的儿童户外教育专家

宝贝走天下隶属于杭州遥指科技有限公司，是国内首家通过 IS09001“国内儿童研学旅行”认证的儿童户外活动机构，截至今日已覆盖全国 17 个城市。

“宝贝走天下”创立自主体验式儿童户外活动概念，其中包含城市挑战、山野少年、自然教育、军事少年、特训营、欢乐营、城市印象、夏令营、冬令营等 9 大系列，以“体验+情境”的游戏任务模式，将孩子“情商、智商、逆商”的培养融入充满挑战的各项任务中。让孩子在健康快乐玩耍的同时，获得阅历和技能的提升。

访谈时间：2023 年 1 月 9 日

访谈对象：苏宁军　「宝贝走天下」创始人、董事长

李文翰（以下简称“李”）：我记得您原来是阿里巴巴 P9 职级的高管，相当于“资深技术专家”，和青少年户外活动看似毫无交集，想先请您分享一下，是什么机缘出来创业，同时选择了青少年户外活动这个方向呢？

苏宁军（以下简称“苏”）：

背景

我在阿里一直做“大数据”，包括我的职业生涯前期都在做大数据技术，所以我出来创业的时候，其实最早是想做大数据相关的产品。当时的想法是做类似今天的“今日头条”智能推荐系统，因为我在阿里就是负责做智能推荐系统的。

2012年的时候，我看到移动互联网这一波创业的机会，我觉得移动互联网有可能改变世界。互联网时代最牛的技术的公司，百度、Google，它们是基于搜索引擎技术。我当时看到移动互联网起来以后，我就觉得移动互联网的机会是推荐引擎技术。后来事实证明确实是这样，像今日头条、抖音，它们都是基于智能推荐发展起来的。

我在阿里是做智能推荐系统，所以我觉得我的推荐系统在移动互联网时代一定会有巨大的机会。我当时看到了这个机会，就决定出来创业。

但对于一个技术人才出来创业，他的商业嗅觉、商业思维是很差的。那时候今日头条还没有出来，而我构想的便是“今日头条”那样的产品。

当时，我奔着这个事出来创业，早期对融资也不懂，而且那时候融资环境没有后来那么好，我都是花自己的钱来做，后来自己的钱很快就烧光了。

我就觉得没钱了，做企业首先是要生存。接着，我开始做企业服务，去一些大型企业做大数据技术服务来挣钱。当时，我们通过企业服务去挣钱的时候，今日头条就已经出来了。

我看今日头条已经做得这么好了，就感觉自己出来创业的愿景已经有人在实现了，而且实现得比我预想的还要好，所以我觉得没机会了。

其实当时是不懂创业，如果懂的话，人家做的，其实你还是可以做。比如后来的趣头条，比今日头条还要晚好多年才出来，并且也上市了；还有一点资讯，也很晚才做。

所以在 2013 年的时候，我已经在做企业服务了。企业服务赛道在那个时候还很小，投资机构都是不关心的。当然，现在企业服务赛道已经很火了。那时候我们为企业做外包，赚点钱。但是我们本来是想做移动互联网创业，而这种愿望又没有实现，就有点迷茫了。

好在 2014 年，另外一个 020（Online To Offline 的缩写，即在线离线/线上到线下，是指将线下的商务机会与互联网结合，让互联网成为线下交易的平台。）风口来了，各种各样的 020 都火起来了。

我当时也在思考，如果做企业服务赚点钱，不是能够让我自己把它作为一个很远大的事业来干的，因为我个人还是个愿景驱动型的人。那个时候我就在思考，借着 020，我是不是可以去做点事情，而且像我们互联网行业出来创业的，觉得要去做一点真正的有价值的事情，才能够说服自己全力以赴去做。

缘起

我在阿里的时候，生活还是蛮小资的，周末都是和同事一起，带着孩子们去玩，去杭州周边到处玩。很快，能够玩的地方都玩遍了，每到周末我们就很苦恼，好像没什么地方可以去玩了。当时也看到有很多亲子活动，但是我们觉得他们做得很差，并没有满足我们的需求，所以我觉得这里还是有蛮大的市场需求的。

带着互联网思维的创业者都想做平台，所以我最早的想法就是去做一个解决周末带孩子去哪里玩的平台，就叫“宝贝去哪儿”。

另一方面，当时的中产家庭的孩子，基本上都是在各种培训班中度过周末的，都觉得要让孩子赢在起跑线上。对于孩子的教育理念，我的看法也不一样。我认为孩子没必要去培训班，不用从小就弄得那么严苛。玩是人的天性，孩子去玩、去接触自然、去接触这个世界，其实对孩子的成长会更好。

但是，选择去哪里玩，以及如何让孩子在玩中真的玩出意义来，这里面应该能够做些事情。

因为现在的孩子，虽然物质生活很丰裕，比我小时候要幸福多了，但是从另一方面来讲，像我们小时候和村子里的小伙伴，呼朋唤友到处去玩，玩到晚上家里人喊我回家吃饭，中间都没人管的，我觉得那种时光其实是更幸福的。

那时候孩子的状态是被放养，而现在的小孩子是被圈养长大的，像小动物一样被关在家里，在城市里面，父母担心小孩的安全，不放心放出去，离开自己的视野都觉得不安全。我觉得这种状态对小孩来讲是挺可怜的。

所以我觉得现在中国小孩的生活状态，一个是被圈养，一个是所有时间都在上各种培训班，拔苗助长。说实话我是很同情他们的，我觉得需要解放他们，为现在的小孩提供一个更好的生活方式。

基于所有的这些，加上当时的O2O浪潮，我想做一个O2O平台来解决这些问题，把符合我这种教育理念的各种亲子活动放到我的平台上来，让客户来买。但是后来我发现，放上我们平台的活动，大多数都没有达到我的期望，客户体验并不好。这样一来，最终对我整个平台的口碑也不会好。

而且当时我们开发和维护平台，加上做各种各样的促销，其实很烧钱。我根本赚不到钱，但平台上的商家都赚到钱了，然而那些商家又没有很好地服务好我的客户。所以我觉得还是要自己来做服务，为行业提供更好的、能够达到我的愿景和期望的服务。后来就慢慢演变成了现在的宝贝走天下。

李：相当于最早其实您是看到O2O的风口，也是想做亲子活动平台，但是在做了一段时间平台之后，发现市面上好的产品太少了，所以自己下场就做了这么一个品牌出来。当时的平台探索期大概经历了多长时间？

苏：一年时间，我们是2014年开始做这个项目，最开始以平台的模式，拿到了天使投资，一年时间，基本上天使投资的钱也烧光了。

李：等于最早拿天使投资的时候，做的是平台业务，烧光之后其实是通过活动业务活下来，继续去发展。那当自己想去切入青少年活动市场的时候，选了哪个切入点？因为其实亲子活动还是有蛮多的，包括市面上有各种各样的组织，甚至有很多宝爸宝妈这种极其小微型的组织，也会去做亲子活动，有体育、人文、艺术等各种类别的，当时您是怎么去找切入点的呢？

苏：虽然我们觉得做平台有很大的问题，但是做平台一年也积累了一些东西。因为行业中各种各样的活动，都挂在我们的平台上，它们是否受欢迎的数据还是沉淀在了我们的平台上。所以我们分析完这些数据，就发现真的让孩子能够得到锻炼的活动，家长还是比较认可的。

比如说我们最早的爆款产品是城市挑战，这个选择和我们之前做平台积累的经验有关系。

当时市场中的产品，很多都是家长一起参加的。父母陪同孩子参加，好处是门槛会比较低，因为父母决策、父母购买，而且父母陪同，父母对孩子安全的担忧会小一些。而让孩子单独去参加，门槛是很高的，因为家长会不放心，担忧孩子的安全，所以当时绝大多数产品都是家长陪同参加的。

但是在我看来，让孩子单独去经受一些挑战，对孩子的身心发展是更有利的。

而且亲子项目需要家长和孩子同时有时间，这个决策的复杂度会更高。

同时，我们通过数据分析发现，孩子单独参加的产品，是有市场机会在里面的。所以我们最早起家时，就很坚决只做孩子单独参加的产品。

后来我们发现，其实家长的决策背后有托管孩子的需求做支撑，很多家长会在寒暑假，把孩子放到冬夏令营里面，因为觉得孩子在家里没人带，自己不放心，还不如交给我们，孩子能得到一些锻炼。

而且很多家长发现，把孩子单独交给我们以后，亲子关系会发生一些改变。以前很多家长，觉得孩子离不开自己的视线，就担心安全问题。后来发现把孩子扔给我们之后，好像也没有什么不安全。而且孩子自己的独立生活能力得到快速提高，让自己重新认识亲子关系。

这类活动推出以后，让家长看到很多对孩子有价值的东西。后来我们就坚定地在这条路走下去。

李：所以 2015 年的时候，通过数据分析，您就意识到单飞产品是一个未来有比较大增长空间的方向？

苏：对，而且当时市场中还比较缺乏。

李：确实如此，行业中 2015—2016 年入局的从业者，大都是瞄准亲子赛道切入，所以你们通过数据分析，坚决做单飞营这个理念是要比大多数机构早几年的，这是不是也对应了宝贝走天下的 Slogan：宝贝走天下，安全就出发？

苏：是的，因为对我们而言，早期都是单飞项目，如果没有安全作为保障，家长就不会把孩子交给我们，所以对我们来说安全更为重要。

李：您作为阿里P9职级的高管出来创业，从2012年到现在，看到身边那么多阿里人出来创业后做几十亿、百亿的公司，我从您过往的公开信息中感觉您的内心是有过波动的，是否会感觉不甘心到这个偏传统、偏服务性的行业，因为营地行业可能很难像互联网或科技公司那样，去实现一个资本化的增长。您方便和我分享一下您当时的心路历程吗？以及对现在宝贝走天下公司价值的认知。

苏：对，你看得很敏锐。确实，因为我们在阿里，创业背景也不错，当时一块出来创业的，一些都做到了上百亿，其实是有点失落的。但是后来我在想，我们宝贝走天下是真正地在创造价值，这种价值对孩子有可能是一辈子的改变。

我刚才讲过，我们的活动真的有触发家长去思考他的亲子关系，以前是不放心、舍不得放手，最后发现放手之后，孩子能更快地成长，所以亲子关系也会得到改善。

孩子以前都关在培训机构里面，没有机会去接触陌生的伙伴、没有机会去培养陌生社交的能力、没有机会去经历很多人生更有意思、更有趣的第一次。在我的平台上，他们能够经历很多个人生第一次，这是真的会去改变一个孩子的人生。

我们的产品就是影响孩子，孩子通过我们的一次活动体验，有可能会去改变他的一生。我们这样创造的价值，比起去做电商卖商品是不是价值要大得多。所以当我在思考我真的在创造什么价值的时候，心里就会宁静下来。

特别是看到很多家长对我们活动的评价，有的家长写的点评很长很长，甚至会被我们的活动感动哭，会讲他自己和孩子的成长，以及他们亲子关系的成长。看到这些我就觉得我们做的事情特别有价值，当我对我们做的事情感到有价值的时候，就会觉得心里很踏实。估值那些东西，我觉得是很虚的，这是一方面。

另一方面，可能我自己的认知也在慢慢成熟。我在看很多国学、佛学、道学各方面的书，最后发现其实人更重要的是做好自己，没必要去跟人家对比。每个人都有自己的使命，每个人都有自己的道路，每个人都有自己的命运，跟人去对比没有任何意义。

而且世界像《易经》讲的，都是不断变化的。你看到以前有很多做P2P的，或者也有做电商的一些企业，他们的估值从很高突然可能就会很低，当然也有做O2O的，包括最典型的OFO（共享单车出行平台）。看着他起高楼，看着他楼塌了。所以真的是繁华过眼云烟。

我觉得真正能够在历史长河中穿越，最后留下来，真的为这个世界创造价值，为这个世界变得更美好，你有没有在做一份贡献。当这些东西你觉得很实在的时候，没必要去考虑估值，以及其他的一些虚幻的东西。

现在我们的营收在一个亿左右，净利润1000来万，但我们的估值才两三个亿。如果是科技公司，可能估值已经两三百亿了。其实从创造价值来讲，我们一点不比人家小。我想这里面其实是不公平的，包括资本市场，它对于一些项目的估值，它也是变化的。

三十年河东，三十年河西，我跟我的员工讲，三十年之后，也许是更远的未来，我觉得像我们宝贝走天下这种服务业的公司，它的价值会得到重新认可。

一方面它真的是在创造很深远的价值。另外一方面，现在很多科技公司估值很高，但其实它创造的价值是很虚泛的。而且科技公司能够承载的员工数量是有限的，它对人的门槛也会比较高，很少人能够去做真正的高科技。未来随着人工智能的发展，很多的事情都让机器去做了，就会有大量的人空出来，而且那个时候人们物质生活极大丰富，其实会产生更多的精神追求，这种精神追求就是他要怎么样在这个世界中去体现自己服务他人的价值。

那个时候我们宝贝走天下这种企业刚好是能解决这些问题的，因为在我们平台上需要大量的领队，在我们这里能够创造的价值，我觉得比外卖小哥去送个快递是要大得多的，当然我们需要一定的体量。在更远的未来，当对服务业这类公司的价值能够重新去认识的时候，也许我们的估值反过来会超过以前那些互联网公司、科技公司，我觉得完全是有可能的，但是也需要很漫长的时间。

李：确实，尤其是这几年融资环境缩紧之后，有很多的基金只投科技、新能源以及新消费方向了。我也从公开的信息上看到宝贝走天下是有进行过多轮融资的。我们都清楚，赛道决定天花板的高低，天花板的高低又决定了自己的融资环境。那么关于宝贝走天下这家公司的资本化和上市道路，您有什么规划吗？

比方说，未来是打算持续冲击IPO，还是走现金流那类非资本化的方向？因为对于服务业的公司来讲，一般现金流会很好，团队规模可以像滚雪球一样扩大，不走IPO的上市通道也可以活得很好，像老干妈一样，同样在为社会创造很高的价值。从当前的环境看，资本化还是非资本化道路，这方面您是如何考量的？

苏：因为我们前面已经拿了多轮投资机构的钱，投资机构肯定是希望我们能够去上市，这样他们才有机会退出，这是必然的。对我来讲，我认为上市是水到渠成的事情，不是为了上市而上市。其实上不上市我觉得不重要，重要的是做好自己。当然我们要做到儿童亲子户外这个领域的第一，做到龙头企业，因为资本市场现在是越来越开放的，它的门槛是越来越低的，我认为未来任何一个细分行业，它的老大一定会是上市公司。

另外一方面，我觉得我们行业的价值远远没有被挖掘。未来的资本市场，一定希望各行各业的老大能够都进去，甚至邀请还没进入资本市场的老大进入到资本市场中去，资本市场是越来越包容的。

你刚才讲得很对，赛道有天花板，其实我认为我们做亲子户外的天花板是远远超过我们想象的。

我们对比国外的小孩子，他们的绝大部分周末时间都在参加各种户外活动，不像中国的小孩子都在搞各种培训班。所以资本市场曾经把培训班都炒了一大堆市值百亿、千亿甚至上万亿的公司，如果新东方能一直做下去，真的有可能被炒到万亿。

中国的小孩子肯定是以亿来计的，有中产消费能力的小孩子（家庭）肯定是千万级的，而且小孩子一年在亲子户外旅游，它的arpu值（指每年消费额）绝对是超过1万元的，这个市场我们随便算算都是千亿级以上的。

而资本市场里面任何一个赛道，对于千亿级以上的市场，是有可能能够产生几家千亿级上市公司的；对于百亿级的市场，是能够产生几家百亿级的上市公司。我们的市场是千亿级的，不要说一家，它完全可以产生几家千亿级的上市公司。

所以从市场来讲，我们GMV（通常指一定时间段内成交总额）是非常大的。我们不说千亿级，百亿级总是有可能吧？所以我认为从资本市场来看，从更远的未来，也可能是几十年甚至上百年来看，对服务业的价值一定会重估，而我们行业更是远远被低估的。所以我们根本不在乎说上不上市，我们只需要闷头做好自己的事情。

你看我们都是很低调的，也很扎实，因为我们心里面很坚定，我们知道我们在创造价值，我们知道我们要去哪里，所以我们一点都不担心。我们等到每年能够有十亿元营收，或者再等到我们有十亿元利润的时候，那个时候资本市场会来求我们上市，而不是我们求资本市场。

当然我们会给投资人有一个交代，投资人投我们，也是希望能够上市。但是我觉得我们在寻找投资人的时候，他们愿意来投我们这个行业，其本身也愿意耐心等待。像投我们的华盖资本、丰厚资本，对我们的理念都非常认可。所以大家一块耐心来等待，哪怕说等十年、二十年都无所谓的。我们的投资人、投资机构，他们都跟我们一样有这种发心，就是觉得看好这个市场，是千亿级的市场，而我们在里面是有可能做到龙头的，我们就扎扎实实地去做，去创造价值。所以刚才讲的这些东西都是水到渠成的事情。

李：2022 年宝贝走天下已经做到接近 1 个亿的营收规模了，从整个营地教育行业来看，你们应该已经算是龙头企业了。但我记得去年我们做首届国际营地教育与户外露营产业大会的时候，有邀请过宝贝走天下的 COO 擎天柱，他和我说您定了个规矩，现在还在低头赶路，做到 3 个亿之前不参加行业大会的分享。我特别好奇您为什么会定 3 个亿的小目标？这里面是否有战略的考量？

苏：对，当然 3 个亿也是拍脑袋来的。我是这么考虑的，当我们做到 3 个亿的时候，预计会有 3000 万元净利润，那么这家公司的生存压力会相对比较小一些，那时候我们就可以分出一部分精力来做一些其他的事情，宽容度会高一些。所以我觉得在 3 个亿之前，还是先把基础打扎实。

李：我记得目前宝贝走天下全国有 14 家分公司，有接近 200 名员工。您有设想过做到 3 个亿大概会是什么时候吗？

苏：我觉得两三年后肯定是没有问题的。因为我们非常有信心，前面各方面的基础打得很扎实。这几年如果不是疫情影响，我们很早就可以达到3个亿，我觉得疫情放开后，我们很深厚的基本功能支撑宝贝走天下在两三年内达到3个亿，擎天柱他们都是很有信心的。

李：据我了解，在营地教育行业，真正把商业化做得比较成功的机构非常少。而且这个行业是高度分散的，也有非常多小而美的机构，以及夫妻店的形式。其中，走融资和资本化道路的机构以及大规模的公司特别少，大量第一梯队的公司，全职员工大都在30—60人左右，这里面是不是和您的背景以及您对创业这件事情的理解不一样？

我感觉这个行业想做好教育的人很多，但是能把企业做好的人很少，可能相对于其他更高天花板、更宽赛道的创业领域而言，营地教育行业承载的顶级创业者会少很多。您觉得您和大多数机构的创始人、老板在较量的时候，您在经营、管理、产品、营销，包括融资、资本化等方面，您跟他们有哪些不一样？就这十年的时间，大量公司还在千万级徘徊，而您马上要奔赴下一个小目标了。

苏：我们可能确实有一些特殊的地方是同行可能没办法达到的。

企业文化

首先是企业文化。我们是一个特别注重企业文化的公司，虽然我们公司还很小，但企业文化已经渗透到了每个员工的血脉中。上一轮的投资机构华盖资本投我们的时候，当时最被我们打动的地方，就是觉得我们虽是小公司，企业文化做得甚至已比一些大企业都还要好。

第一个方面：因为我自己从阿里出来，收获最大的就是阿里的企业文化，我非常认可。阿里很注重企业文化的建设，使命、愿景、价值观这些东西一直在提，包括绩效考核，会把价值观的考核、企业文化考核纳入进去，它的绩效考核中有50%是要体现价值观，另外50%才体现你的业绩。所以我在阿里感受到企业文化的能量是非常大的。

我自己做宝贝走天下这家公司，也真的是有一个初心在。我觉得做这个行业需要去凝聚一帮人，真的爱孩子，真的对这个事情发自内心热爱，真的跟我一样去为改变下一代孩子的生活方式而奋斗，能够去影响很多孩子的一生，去创造这种价值。

所以我会用这个理念去影响公司的每个员工，包括我们在招聘员工的环节也是如此。我们的员工进入招聘通道，第一件事情就是要看擎天柱的朋友圈，他的朋友圈创业以来已经发了8年，候选人要全部看完，可能得一两个月，看完之后要写读后感。有很多候选人看完后被深深打动，能写十几页的读后感。通过这个过程才会进入面试的正式流程。能够通过我们第一道门槛的候选人一定是很有耐心的，而且真的是很爱这件事情，才有这个耐心，才能把这件事情花这么大的精力去做好。

我们的200名员工都是这样找到的，你想想哪个公司会像我们这么去招人？招到之后，从我自上而下地去影响整个团队，大家都是奔着这么一个初心、使命、愿景来做事情。我们的企业文化真的渗透到公司每个人的血脉中去了，这种东西是学不来的。而且我们现在已经有十年时间的沉淀，这200名种子员工的文化沉淀，能够支撑我们未来不断扩张团队，我们的企业文化仍然能够延续，不至于在发展过程中血脉被稀释。

所以当我们把企业文化这么去强调，形成了这么一个有战斗力的团队，不只是对全职员工，甚至对我们的兼职员工，也要讲企业文化。很多兼职员工都是被我们的企业文化吸引，哪怕同行给他更高的薪资，他也愿意跟我们一起来做。我们很多全职员工也是从兼职员工转变成全职员工的。通过十年的沉淀，形成了这样一个核心团队，我们的管理就相对比较轻松。

你看，我们这个行业是极度分散的，实际上我们最多的时候有20个城市的分公司，疫情期间关掉了一些。每个城市的分公司，真的就是独立的个体，如果城市负责人跟你心不齐，你要去管理他是很难的，他是很容易出去单干的。我们很多同行也遇到这些问题，因此没办法去扩展，只能在一个城市里面发展，这是很现实的问题。

我觉得没有我们这种企业文化的根基，是无法去扩展的，事实证明也是这样的。

当然，我在阿里也是受到了阿里文化的熏陶，被马云的信念和他的理想主义所影响。所以我出来创业的时候，从一开始就讲我们做事情的出发点就是我们的企业文化，愿景、使命、价值观，我们找的同伴一定是要跟我们有共同价值观的人，所以我们才积累了这样的家底。而且我觉得这些积累是很难的，很难有人能模仿我们的这些东西。他们自己没有像我这样在阿里被熏陶过，而且能够出来十年如一日去坚持这个事情，那么他们是很难做到的。

技术背景

第二个方面：因为我的背景是做技术的，我在技术方面已经达到国家级专家这样的高层次了，所以我来做企业，一定是非常重视技术的，而且我最早出来创业就是做技术公司。我的团队有30来名技术研发人员，他们的实力都是非常强的，有些是浙大计算机硕士，都被我吸引过来跟我一块创业，所以我们有一支很强的技术团队。

我最早开始做平台，就搭建了这么一支技术团队。虽然后面转型做服务了，但我并没有把技术团队全部废掉，还是保留了技术团队的核心精英。包括我们的CTO（首席技术官），从最早开始创业到现在一直跟着我。十年时间，如果他去投奔一个技术公司，可能已经成长为上百亿公司的CTO了，但是他还是愿意跟着我一起来坚持做这个事情。

我们有很强的技术团队，以至于我们自己能够研发很强的技术系统。你看我们的同行哪里有技术团队，哪里会自己去做系统，一般都是用有赞这类公开的系统来发布自己的产品。但是我们除了你们能看到的App、小程序这些简单的系统，其实背后有个非常强大的运营管理系统做支撑，这些是外面人不知道的。

我们公司的每一个运营管理动作、每一分钱、每一个数据、每一条信息，都是全部进入技术系统中进行管理的。我们的技术系统做得非常强大，只有这么强大的技术系统才能支撑我们14个分公司不断把规模做大，而且在技术平台上是没有瓶颈的。

我上次跟一位同行交流，他做得也很不错，在一个城市里面已经做到两三千万元营收规模，也非常了不起。当时谈到我们做双十一的营销，我说我们双十一那天卖出了1000多万元，一个产品一天卖出了1000多万元，他觉得是不可想象的。他说先不考虑我们能不能找到1000万元的客户，就算找到了，也消化不了。因为1000万元营收对应的是500场活动，这些领队的排期，营员的排期，如果没有系统的支持，都需要人工去做，这样庞大的数据，根本弄不清楚。而我们因为有系统的支撑，客户可以自己选择排期，甚至随便退改，系统都能轻松支持。

所以我刚才讲到的企业文化软实力和技术系统硬实力，很多同行都不具备，甚至都没有。这跟我们不是好与坏的差别，而是有和没有的区别，是完全没办法比的。

管理能力

我们的几位创始人的背景都很强。我们的CEO（首席执行官）阿童木，他是个连续创业者，成功创办过两家公司，他的第一家公司是做学校，做到上万人的师生规模，营收三亿元规模。COO（首席运营官）擎天柱以前也是大公司的营销总裁，他的手下管着上千号人。包括我之前管理的项目也有是十亿元规模的。所以我们创始团队都是看过大世面，清楚大盘怎么玩。有着这样的背景经历，再创业做管理就更加得心应手。

之所以做这个事情，我觉得我们真的有使命和愿景在做支撑，我们不在乎眼前那些看得见的功名利禄，所以愿意降下身段去做一点有价值的事情。当然未来也许时间会证明，我们做的这个事情，到最后会做得更大。

李：刚才您重点谈到了企业文化，在您看来，组织规模到什么程度，如果没有企业文化，几乎是没办法再做复制的呢？或者说城市分公司的扩张。

苏：我觉得不同行业是不一定的。对我们行业，你如果要去开分公司，确实可能是有挑战的，因为你让一帮人去开了一个分公司，你能够给到分公司的东西是什么？大部分公司其实什么都不能给到分公司，那这样的话，他自己赚钱，最终还是要抛弃你、离开你。所以我觉得企业文化只是一个方面，当然大家要有更大的愿景，一起来做。

涉及实际的东西。比方说我们的分公司如果离开了我们的技术系统，他自己是玩不转的，他自己去玩，可能还不如在我们平台上大家一起玩，能够把蛋糕做得更大，他们也分得更多。

另外，我们总部还有两大产品研究院和宝贝大学。产品研究院有非常资深的、十年以上经验的“老鸟”，他们设计出来很好的产品，然后拿到分公司去复制。宝贝大学负责内部培训，我们沉淀了几千小时的内部培训课程，总部会给分公司培训员工。我们因为有这些基础，才能去各个城市扩张，不用担心分公司会背叛我们。

当然，我们其实还有个运气，我们是行业里少数几家连续拿到几轮融资的，早期有钱才敢去投入技术研发，光是技术研发，就累计投入了2000万元，其他人没办法拿2000万元去投入一个看不到眼前利益的东西。我们赶上了资本投资的好时代，早期投资人看我的阿里背景，就值这么多钱，至于我做什么他都无所谓。这样的资本环境，我觉得至少在接下来很长一段时间里都可能一去不复返。

你没有钱去做根基，去布局技术系统，去打造很强的产品研究院，愿意花这么多钱来培训你的员工，这些都是同行很难复制的。另外，企业文化就更是锦上添花的了，也很难学。所以，不只是有了企业文化，你就可以扩张了，它是一个体系工程。

李：我刚才从您的分享中了解到，宝贝走天下的核心创始团队都有非常亮眼的履历，但我同时也关注到，你们的执行团队，以及很多分公司的负责人，其实都很年轻，20多岁刚出头的年纪就能坐上分公司负责人的位置。我也特别好奇，

您是通过什么方式选拔和培养这些将帅之才呢？

苏：我们全职员工有 200 人左右，但兼职员工其实有 12500 人。我们很多全职员工，特别是你提到的这些核心员工，他们在大学四年的时候，就已经在我们平台上做兼职了，这些兼职领队中有很多优秀的人，一方面他们本身就热爱这件事情，愿意加入我们；另一方面，我们也会想办法把他们留下来，继续做我们的全职员工。

这样我的人才筛选基数就很大了，所以当你的人才的基数很大的时候，你就更容易挑选到更优秀的人才。

当然我们内部也有一套人才培养体系。更重要的是我们的 CEO 阿童木，他是管理专业毕业的，在管理上也确实蛮有一套。他在管理上也会言传身教，我们很多员工从他身上会学到怎么管理团队。加上我是愿景型的领导者，也会通过愿景激励他们，让他们把潜能给发挥出来。

我们在选人方面非常注重文化和价值观，注重人的个性。我们会去找那些内心有激情、眼睛里发光的人。

阿里选拔培养人才有“三板斧”，我也会用在我们公司。

第一是“闻味道”，就是说这个人跟你是不是同一类人，其实就是看价值观是不是一致；

第二是“拔头发”，就是让员工能够站在更高的角度去思考，普通员工能不能站在城市负责人的位置上思考，城市负责人能不能站在整个公司高管层思考，让他站在更高维度思考，自然会得到成长；

第三是“照镜子”，我们经常会开民主生活会，大家彼此之间有什么问题，有什么看法，坦率地摆出来沟通。我们高管以及各个分公司都会开民主生活会，其实是向我们伟大的党学习的批评与自我批评，这套机制很管用。

所以我们有这种组织文化建设体系，能够帮助人才跟我们一块成长。当然更重要的是我们本身的事业在成长，这些人才跟着事业成长，自然而然会很快成长。

其实在阿里特别明显，阿里早期的员工，马云讲只要不是缺胳膊少腿，早期都要。像我是浙大毕业的，早期阿里的员工没有一个是浙大的，浙大学生当时是不屑于去阿里的。但是后来你看阿里的核心高管，大都是早期的员工。阿里后来从全世界挖了很多人才，发现还比不上他原来那些员工得力，因为那些员工跟着马云一块成长，跟着平台成长。

当阿里巴巴成长为一个几千亿甚至万亿的公司，那些人成长的不仅仅是身价，他们的能力，他们的格局，他们的各个方面都在快速地成长，业务带给人的成长是最快的。

我们公司其实业务也在不断地成长，所以有一批人跟着我们的业务，他们也在成长。相对来说我们比同行会有更好的条件，有更好的基数去选人才，有这套老鸟带新人的管理培训手段，有我们从阿里学到的一些方法论。

李：刚才您谈到宝贝走天下要找那些内心有激情、眼睛里发光的人，您方便展开讲讲你们选人的标准吗？

苏：我把我们的企业文化、价值观总结成 4 个关键词：安全、爱、快乐、成长。其实从价值观就可以看出我们要找什么样的人。

第一，安全。我们找的员工，一定要有安全意识。比方说很散漫，其实是纪律观念不强，这些人就不适合，因为有可能会给我们带来安全隐患。

第二，爱。他得是真心爱孩子，真心爱我们这份事业，带着孩子全世界去玩，陪孩子一起成长。

第三，快乐。特别是领队，能够很快去调动、活跃气氛，让大家在一起能够很开心。

第四，成长。我们干这个事情一定得是正能量的，我们鼓励员工要不断地去学习、成长。也通过我们的活动，能够让孩子真的有收获、有成长，所以他需要是个学习型的员工。

因为我们既然有这样的价值观，就一定是对员工有这样的要求。我们选员工，也是围绕这些关键词去考察。

李：在2022年“双十一”那天，宝贝走天下公布了一份快速突破1000万元营收的成绩单，非常耀眼，这背后的团队做了哪些动作，才呈现出这样的结果呢？

苏：首先是我们的技术系统，它也会去支持我们的营销环节，我们公司的互联网营销总监，是网易这些互联网公司过来的，所以互联网领域里常用的营销方法，我们都会用。比如说像拼多多一样的拼团、砍价等功能，这些营销策略的实现，都需要技术平台的支持。

但是除了营销以外，我们还是更看重产品和服务。哪怕是兼职领队，我们都要培养他的这种价值观，孩子的活动体验和领队是有很大关系的。而我们的产品，也是由专门的研究院去设计。所以我们本身的产品和服务带给用户的体验就非常好，用户就会自发去传播，其实我们95%的用户都是通过自发传播，进而转介绍带来的。这种自发传播，加上我们的这些互联网营销工具，雪球滚起来就会更快更大一些。

李：在私域管理上，我有关注到每位宝贝走天下的员工都有同样模版的微信

头像，那些都是公司统一赋予的工作号吗？

苏：只有宝大大是客服的工作号，其他都是个人自己的账号。

李：这些年您一直处于深居简出的状态，其实在行业里面知道您的人还是比较少的，但是宝贝走天下这个品牌，尤其是近3—5年，已经是如雷贯耳了。我也有跟一些“宝贝人”聊，他们都说您是整个团队背后的精神教父，我想请教一下您是如何管理这家公司的，以及您个人在公司里是怎样的定位？

苏：最典型的创业者团队就是唐僧西天取经，我就是唐僧的角色。在团队里面，我的本事最小，因为我以前是干技术的，确实在这个行业里面，我的优势、特长是很难发挥的，但是这个事情是基于我的愿景和使命来做的，而且我是真的发自内心的。我完全有可能去做一个上百亿的科技型公司，但是我个人觉得我来做宝贝走天下这家公司，从长远来讲，可能更有意义。我是发自内心愿意把我的人生、我的未来和教育使命去关联，这种激情是很难得的。我做宝贝走天下可能是基于一个天命来干的，真的是这样。

我对这个事情就像是唐僧一样，非常有执念，觉得它一定能干大，而且会干到远远超出自己的想象。所以我对公司的战略，甚至看到一百年，不是开玩笑，很可能三十年河东，三十年河西，可能一百年之后，当整个社会来重新看待、评估这件事情的价值的时候，那个时候我们能到的层次是非常非常高的，会超过我们的想象。

所以我是会用愿景，用更大的未来去影响团队。大家也会觉得，“老苏都放着有可能干上百亿的这种技术公司不干，来跟我们干这个事情，老苏觉得干这个事情，他活这一辈子更有价值，那我们跟着老苏干是不是也更值”？所以我是在精神上影响团队，我是个愿景型领导，不是具体的管理型。

阿童木和擎天柱他们，更重要的是发挥管理者角色，我是领导者的角色，但可能领导者这个角色也是机缘巧合，因为像具体的专业性事情，根据我以前的职业背景来看，这不是我擅长的。

那么好在，我知道自己不擅长。就如马云，他能干成是因为他觉得在公司里最不懂，所以让最懂的人去做。马云有这种胸怀，能包容团队，能看到更远的未来，也有慧眼去识别这些人，跟他一起来干。

你看，我们团队放在同行里，绝对是个超级牛的团队，比如说负责产品的哪吒，在加入我们之前，也是自己创业，在这个行业干了十来年，在成都已经有个公司了，后来他关闭公司来投奔我们。

比如说阿童木在加入我们之前，本来想第三次创业，做互联网教育。他的团队里有当时中国美院的学生会主席，硕士毕业、青年画家，加入我们团队来负责设计。所以你看我们设计的品牌形象，逼格是很高的。

我们团队里有很多大牛，随便去捋履历，哪怕是放在其他行业里面都是顶级的，他们之所以能够被我打动，大家真的是在一起为一个伟大的使命去做事情，我们都是使命的仆人。对我来讲，我应该把这种使命、愿景，加上我在阿里的感悟，让这些东西去影响团队，激发大家。

另外，我的优势就是我的技术。刚才讲的技术平台，发挥了很大作用，而且未来有可能作用会越来越大。我最近也在考虑和人工智能相结合，未来我们的领队中会不会有机器人领队来参与，机器人能够来监控孩子的安全，在活动过程中机器人领队会来做一些提示，机器人领队可以实现直播、拍照等功能，我已经在和一些机器人公司的负责人交流这些可能性了。

我能看到更远的一些东西，而这些东西现在来看有点天马行空，但是我看的是一百年以后的东西。我们现在就在某些方面领先同行，如果我看得更远，可能在未来更会领先同行，所以我发挥的是这些作用。

就像我们的创业老前辈柳传志讲的，老大就干三件事情，找方向、找钱、找人。其实我回过头来看，我干的事情差不多也这样。我始终在用我的愿景、使命、价值观这些东西来激励团队，包括公司发展的很多关键环节，我的决策是很正确的，比如说早期我们就只做单飞项目，其实还有很多重要的决策，就不展开讲了。

还有最近的疫情，我就很准确地判定，会很快放开，而且放开的速度会远远超过我们的预期，需要为这种情况做准备。而现在真的放开了，遇到更大挑战，团队比较悲观，而我反而开始乐观了，我认为今年的暑假我们一定会非常好，我会鼓励大家。因为我以前做过的一些重要决策，到最后都证明是对的，就像毛泽东，他在红军长征的每个关键口，做的决策都是对的，所以大家愿意跟着他走，是一样的道理。

在做公司重大决策方面，我可能比大家见识过更大的世面，判断会更精准。另外，我自己也是个持续学习者，每年基本上要看三百本书，平均每天要看一本书。我朋友圈里接触的不少人都是身价十亿、百亿的朋友，跟他们学习，见识的层次也会不断提高。

这些关键决策往往是决定公司生死最关键的东西，这是“道”的东西，“道”的东西是更高更关键的东西。

在找钱方面不用赘述，前面的融资，最开始的时候都是因为我这个人，当然，后期的融资也是被我们团队更大的愿景所激励，更多的资金愿意进来。

另外就是找人。刚才谈到我们的CEO阿童木最早想做互联网教育，本来是他来找我做他的CTO，反过来被我挖来做我的CEO，跟着我一块来创业。还有我们的CTO，浙大硕士毕业，本来要去阿里，但是跟着我一块创业有十来年了。

所以要做好找人、找钱、找方向这三件事情，才是合格的领导者。

虽然我在公司的很多细节上，没有去关注，但我觉得这可能也是个好事情，一方面我确实不擅长，我找到更擅长的人会做得比我要好；另一方面，我把舞台搭起来以后，交给阿童木、擎天柱以及员工们去表演，他们不用受我的约束，还有主人翁精神，这样能做得更好。

我这种状态虽然有很多好处，但也不是每个人都能学的，因为像我们这个行业，如果不是强控制的公司，是很容易失控的，想达到我这种状态也是很难的，因为不具备我前面讲的这些基础。最主要的是，我会像唐僧一样，一心念着去西天取经，每次我们员工大会，我给员工讲的第一件事就是公司的使命、愿景、价值观，我就负责“念经”。

李：公开资料显示，宝贝走天下一共做了三轮融资，分别是500万元、1200万元和2000多万元，后面还会有新的融资需求吗？

苏：因为我们一直在盈利，而且账上现金非常充裕，其实是没有融资需求的。但是后面疫情放开了，我觉得还是有大机会的。如果有认可我们的投资机构，对我这些理念也很认同，我觉得还是可以再融一点。

李：在您的构想中，未来宝贝走天下会发展成为一家怎样的公司？有没有十年、二十年、三十年甚至一百年发展过程中特别重要的里程碑要去实现？

苏：我们之前的定位是“儿童户外教育专家”，其实最近已经在延伸了，把它定位成“儿童户外教育与家庭亲子旅游的龙头企业”。我们的布局已经从儿童户外教育向家庭亲子旅游发展，我们看到疫情期间全国有几万家旅行社倒闭，而旅行社业务中，家庭亲子是最大的用户群体，我们切入这个市场是很自然的，而且对于旅游来说，它的市场空间可能更大。我们说户外教育是一个千亿的市场，家庭旅游至少又是一个千亿的市场。

所以说我们在不断延伸，我们的愿景是“服务亿万儿童”，成为一个能够改变现在中国儿童生活方式的公司，影响亿万儿童去探索属于自己的世界。可能亿万有点夸张了，但我们现在已经影响了20多万儿童。随着未来的发展，我们影响的人会越来越多，即使影响不了亿万，那么100万是我们肯定要去实现的目标。当能够有100万儿童在我们平台上每年消费5000块钱的时候，我们就是营收50亿级别的公司。

我觉得具体的时间周期是多长很难评估，但是在未来，百万级的用户体量是一定能够达到的，也一定会从量变到质变。当有百万的儿童在我们平台上参加亲子活动，整个家庭的亲子度假也都在我们平台上的时候，他一定是和我们形成了很深的黏性，对我们的品牌价值一定是非常信任和认可的，在这个基础上，我们有可能去探索其他的可能性。

但是我觉得我们现在还是更聚焦于创造价值，非常专注做好现在的事情。不管未来怎么去延伸，亲子一定是我们的灵魂，不会偏离亲子这个群体。刚才我讲到的儿童户外教育以及家庭亲子旅游，这两个市场也都是刚刚起步的阶段，未来可做的事情非常多，光这两个千亿级市场，加起来就有2000亿，足够我们做了。

很多公司，上市的时候估值几百亿，但它一上市就是历史的高峰了，接下来就是一路下跌，因为它的市场很早就有瓶颈了。而我们的市场是没有瓶颈的，永远都有小孩子，而且小孩子的市场永远都很大。

第九章
杭州·坚果部落：
中国青少年户外勇气教育开创者

坚果部落，一家面向5—15岁的青少年及家庭的整合教育机构。2015年至今，在杭州、温州、上海设有分支机构，营员遍布全国。

坚果部落以户外教育和家庭教育为核心业务，提供以户外探险教育为特色的周末活动、冬夏令营。通过“勇气+能力”的教育体系，携手有终身学习态度的父母，培养青少年核心素养，激发孩子的勇气和探索精神，全面发展，让孩子的人生拥有更多美好的可能，帮助父母构建更加和谐的亲子关系。

八年以来，开办3000余次活动，10万多营员参与，99%以上的家长好评，铸就了坚果部落强大的品牌力，是专业，更是热爱。

访谈时间：2023年8月31日

访谈对象：张兆博 「坚果部落」创始人

李文翰（以下简称“李”）：您是在什么背景下创办了坚果部落，能否介绍一下您的职业履历？

张兆博（以下简称“张”）：我毕业后在大学当过一段时间老师。后来辞职来到杭州，很偶然的机会加入了一家以户外体验式培训为主营业务的公司，叫人众人。这家公司是中国大陆拓展训练行业的第一家机构，也是规模最大的一家机构。“拓展训练”是这家公司在1995年注册的商标，拓展训练这类活动在新加坡、中国台湾和中国香港被称为“外展”。严谨地说，户外体验式培训是行业称呼，拓展训练是一个公司的品牌。

户外体验式学习有几个公认的发源流派，一个叫OB（Outword Bound），1941年起源于英国，由著名教育家库尔特·哈恩创立，他也是爱丁堡公爵奖和世界联合学院（UWC）的创办人。OB的主要特点是强户外、强探险属性，比如户外徒步、露营、探险，海上求生模拟训练。

OB在19世纪60年代传到美国，在此基础上演化成了PA(Project Adventure)，美国有十几个州都把PA纳入到学校教育体系，PA把时间长、风险高的纯户外项目，解构成了一系列在室内1～2小时即可完成的活动，风险比较小，同时结构化很强，更利于学生学习。

另外，像童子军，以及营地（教育）等学习方式，也是互相渗透的。美国营地教育的导师来源有几个方向，一种是OB，一种是PA，还有一部分来自美国户外领导学校Nols（national outdoor leadership school），有人翻译为国家户外领导学校，或者有人翻译成美国户外领导力学校。刚才说到的这几个方式在国外也是相互交织的，它有几个应用场景，一个是企业和机构，一个是社区和青少年，还有士兵退役后的训练。

中国人学习了OB和PA，把这些学习方式主要应用到了成年人的团队建设培训中，即1小时做1个活动，之后1小时由老师带领进行讨论和思考，一般的学习是1—3天。我早期的职业经历主要是团队建设培训业务，它有比较明确的学习目标，比如说某个团队沟通不通畅、员工积极性不够、管理层领导力不够……我们用户外体验式的形式设计课程，进行针对性的培训，改变参加者的认知，并提供一部分方法的教学，以达到培训效果。

在做企业培训过程中，我接触到了两个后来对青少年学习发展很有帮助的学问：第一个是心理学和家庭教育相关的知识，我阅读了不少的心理学著作，参加了多个培训；第二个是引导技术（Faciltation）和教练技术（Coach）。在企业培训时，我就把以上两者结合，给企业家做教练，给企业高管做团队共识。

从2004年到2014年，我都在做企业培训，这正是中国民营企业蓬勃发展的十年，工作让我接触到了大量的著名企业和企业家，到目前为止，很多大企业最高领导的团建、企业文化共识活动还会邀请我主持。

我一直关注和研究这么几个话题：

1.一个组织在做大做强，或做小做坏的关键时候，它发生了什么？

2.优秀的领导者是怎么造就的？年轻人的职业规划和职业发展。

3.到底是什么造成了人和人的不同，教育者应该做什么？

这些认知、见识和教学技术奠定了后来我做青少年教育的学术基础。

说实话，我以前没打算自己做生意，我觉得自己也不擅长做生意。然而后来，我所在的公司主营业务更多是活动而非培训，而我的个人能力和兴趣更想做结果明显、教育意义强的培训；我所在的公司被一家上市公司并购后也出现了一些动荡；我孩子幼儿园阶段上的蒙氏教育机构，当时国内比较成系统的国外儿童教育流派，一个是蒙氏，一个是华德福，我也因此越来越多地接触到了儿童教育。另外，2014年前后，浙江的“双创”非常火热，我也受到身边创业氛围的影响。各种机缘巧合，我才办了坚果部落。

2014年我辞职，先办了一个企业服务机构，现在这家公司还在正常经营，以接团建和培训项目为业务，依旧有像吉利汽车、阿里巴巴等著名的企业客户。第一次创办公司我犯了不少错误，比如说当时的股权非常分散，员工工资也比较平均，就导致开始这家公司业务还不错，但是团队很分散，大家也不满意。

在2015年的时候，我独立设置了一个项目，就是坚果部落，自己掏了10万块钱，开始运营自己一直想做的青少年项目，因为我当时判断以探险和户外运动为核心的青少年类业务在未来有非常大的社会需求。

李：能介绍一下坚果部落早期的产品和业务特点吗？

张：我把2015—2017年定义为我们的早期。在这个阶段，坚果部落的第一个特点是产品形式上有强户外和探险的属性。我们早期是从攀树、攀岩以及徒步等内容开始的。

第二个特点是我们toC的客户结构，第一批客户就是从我自己的朋友圈中过来报名的，部分原因是我之前的工作积累了不少学员，很认可我们。

第三，产品构成中，我们的周末课产品比重是很大的，早期我们有15个专职教师，有30多门周末课，当我们周末课做到一定量的时候，才开始做小长假和冬夏令营。我们多次围绕要不要做这么多周末课进行过讨论，因为周末课做得很累，利润贡献占比又不高，但是我们还是想更多地影响和帮助孩子，如果说只做冬夏令营，一年只和孩子见一两面，谈何做教育呢？

第四个特色是我们的亲子项目占比很大。这也是基于我们的观念“育儿育己”，我认为如果父母不改变，孩子是改变不了的。

比如，我女儿当时在蒙氏机构上幼儿园，他们非常在意物权，比方说一个玩具，一个孩子拿到就先玩，如果我也想玩，我需要经过第一个孩子的同意才能玩。

甚至说我能不能在旁边看你玩都需要经过你的同意，因为我站在旁边看也可能对你造成干扰。当孩子的权利被尊重，她就学会了尊重别人，明白了我的东西不经过我的允许，别人不能拿；别人的东西如果没有得到别人的允许，我也不能拿。

但是，如果孩子在幼儿园学习后，有了物权意识，但是回到家，父母没有这个意识，就会出问题。比如说亲戚的孩子到家里玩，父母对孩子说，快把你最好的玩具拿给他玩，这时候孩子就会不认同。所以说育儿育己，父母必须先改变，或者至少同时改变。那基于这个观念，我认为只有做亲子课，才能让教育真正落地。

另一方面，我们公司有个要求，就是所有的合伙人、员工带自己的孩子参加坚果部落的活动，都是要交钱的，哪怕是早期的产品测试。因为如果让大家免费去，对产品和服务的要求就低；花钱了就会有客户的体验感。比如 2017 年我当时带着孩子参加了新疆营，花了 2 万多块，那我对这趟旅行的体验就比较在意了，我就是坚果部落的客户。有一次我发现，本来说好是 8 点集合，实际上 9 点才集合完毕，说好 11 点吃饭，实际上 12 点才吃上饭，我发现连我们自己的承诺都没做到，这是完全不应该发生的事情，回来后我就立马调整我们的服务标准。

所以现在即使是我们的独立营，也会开放 5 个名额给家长，家长会帮我们监督和改进我们的工作，这虽然会给老师很大的压力，但是也倒逼我们有更高的执行标准。

第五个特点，我们强调的教育属性偏重品格和行为习惯，而不是知识。我认为中国的孩子平均来说不缺知识，但缺品格和行为习惯的教育，现在的学校功能主要是传授知识，而家长作为个体对孩子品格和行为习惯的教育很难都做好。我们长期琢磨优秀青少年的素质模型到底是什么样的，这些素质可以通过哪些方式得以提高。我们在研发上的人力和物力投入很大。

李：听说你们做了不少家庭教育的讲座、沙龙？

张：是的。开始几年，我们办了十几场公益社区读书会，办了几百场沙龙、讲座，给家长提供正面管教、PET父母效能等讲座。当然，这些也有获得客户的考虑。2020年，我们还出资办了一个公益组织“坚果社区营地”，定期为一个区域的家长举办讲座、为社区孩子举办免费的活动，这些是纯公益的行为，没有用来获客和引流，这些年就是纯投入了。

这个的根源，还是基于我们的底层教育理念：“生活即教育、以人为本、育儿育己”，我们很重视家长的参与。我觉得现在家长很不容易，面对很大的社会、经济压力，对育儿、教育有时候也很迷茫，需要这样的学习和交流。父母自己变得精彩，人生状态好，孩子的很多问题便可以解决。

李：是否可以总结一下你们早期业务的得失？

张：好的，就从品牌说起，从2016年开始，我们就开始做出省的夏令营了，市场的反响特别好。接着就有投资人找到我们，在2016年年底的时候谈定了天使轮的融资，投资人也给了我非常多的支持。后来我们很快又有融资，第二次融资的时候，我的估值升了4倍。融资后我们有个共识，就是不拿钱打广告，要拿钱打磨产品。因为在互联网时代，如果没有自媒体愿意转介绍你的产品，那说明你的产品太烂了，没有到投广告费的阶段。

有一个想法现在看有点偏执，我们早期在教学研发上投入很多，但在品牌打造上的投入非常有限，我本人也不懂品牌。说到品牌，也有个小插曲和你分享。

要注册品牌的时候，我认为未来我们的客群肯定要比我年轻很多，所以应该让年轻人来取名。坚果部落是当时公司1992年出生的一位实习生取的名字，开始我不觉得这个名字有多好，但我的直觉告诉我应该相信他，因为年轻人代表未来，所以就定了坚果部落这个名字。

坚果部落在创业早期也有几个原则，一是当时有意识地将所有的交易发生在线上，所有的记录都留在线上，我们制定了《公司价值观和自律公约》，里边规定了“不做假账”“不抄袭”原则，这点到现在看是很对的。另外，我们确定做一个产品驱动型的公司，不靠单个明星老师来驱动，要保证课程能复制。所以我们在刚开始的时候，非常注重教案的打磨。三是我们不做toB业务，toB业务对销售个人比较依赖，如果哪个销售不干了，可能我的某个客户就流失了。到今天，我们toB的业务也很少，这个观点现在看不太对。

前些年，我们主要精力在打磨产品上，那个阶段没有更多去考察国外的营地和自然学校，其实是有点可惜的。如果当时做了这件事，可能坚果部落的国际化会做得更好。我们是要做一个国际化的机构的。

2017年融资后，我们还做了一些扩张的尝试，比如说发展城市合伙人，开分支机构，但是都不太成功。我认为还是没有打磨出一套成熟的商业模型，没有打磨出一套换个地域也能做的产品。早期我在杭州做，种子客户可以从我的朋友圈中来，但是到了宁波就没有这批种子客户了，怎么做冷启动？产品也需要重新开发，在杭州爬这个山，到了宁波得重新找山。

2018年的时候，我们在上海建了个营地，但这个营地是失败的，因为这个营地当时是按照精致露营地的标准打造的，但在经营上，被我们当作营地教育的教学场地了。现在看，如果是在2020—2021开业，可能这个营地也能被动成功，但是当时由于商业逻辑错误交了一笔不小的学费。

李：坚果部落的“勇气+能力”体系是什么样的，能介绍下吗？

张：好。2017—2019年，算是我们的第二个阶段。其标志是我们确立了“勇气+能力”的服务体系。我们认为品格和行为习惯是中国孩子比较缺乏的东西，而不是知识；从一系列品格和行为习惯中找出了“勇气”作为起点，勇气可以外延为阳刚之气、胆量或者是创造力和冒险精神。我们参照中国学生发展核心素养，围绕“勇气”，打造了一整套“勇气+能力”的教育体系，给孩子们提供勇气活动、勇气课程，推荐孩子们有勇气去远征，比如去沙漠、戈壁、热带雨林，我们做了有关勇气的展览，叫勇气博物馆，也组织了属于孩子们的勇气大赛。

2018年，我们也把Slogan确定为：勇气、探索、更多可能。“勇气”相当于一个起点，“探索”是一种行动，“更多可能”就是不要轻易定义孩子，给他多种可能性，让他有更好的发展。品格上我们重视“独立、尊重、勇气、探索精神、坚毅”，能力上围绕自我管理、团队领导、协作沟通、创意创新进行。

李：最近这些年，你们的产品有什么新的发展？

张：2019年到现在，是我们的新阶段。在这个阶段，我们的产品更加体系化、科学化和国际化。

体系化：2019年我们开始研发系统的登山课程，开发了“勇气登山队”“户外运动少年班”系列课程，现在已经发展为三个阶段的系列课程，这两个品牌课程举办了超过150个班；从2016年开始，我们就把夏令营、冬令营定义为“中国必达计划”，这也是一个系列产品，选择的标准是“自然地理独特、人文历史厚重、体验形式酷炫刺激、交互真实有深度”，活动特色定义为“远征式”，从2016年开办长白山营、腾格里沙漠探险营开始，我们已经有沙漠、戈壁、热带雨林、高原、雪山等多个有探险属性的产品，其中沙漠营已经举办了近百期。

科学化是指我们根据青少年身心发展规律，研发了“青少年独立成长路径图”和“亲子关系发展路径图”两个体系，根据社会发展背景和教育学、心理学规律，升级课程和教学方法，比如我们在系列周末课和夏令营中会给孩子测评和反馈，这个也借鉴了我做企业培训的素质模型、性格测评、领导力评估等方法。

2020年开始，早期营员很多上初中了，我们便开始研发面向初中生的产品，在2023年秋季推出了“全球徒步计划”，选择中国香港麦理浩径等著名徒步路线，结合当地的人文历史，加入与青少年发展有关的心理、社交知识和技能，直接帮助青少年成长。

李：听您谈的都是专业类的话题，听起来您和创业者的确有点不同，插一个话题，我有点好奇，您是怎么从山东去杭州的呢？

张：我2002年从山东的曲阜师范大学毕业，山东毕业生的氛围是想做学问、走仕途路线，就如现在的考编考公。我们班约50位同学，后来有40多位拿到硕士学位，20多位拿到博士学位，现在至少有20位做大学教师，其中不乏复旦、北师大、中国地质大学、北京科技大学、华东政法大学等国内的名校。

当时我是班长，成绩也很好，在这样的环境中我也是想考研，但是第一年考研不理想，毕业进了青岛一所大学工作，这其实是很不错的工作。但是我心气高，觉得当时的工作仍不理想，年轻气盛的我也反感当时的工作氛围，就辞职了。2003年，女朋友考到浙江大学读研究生，于是我就和她一起到了杭州。

2004年的时候，我无意中接触到了我后来工作的公司，当时他们招募兼职的团队拓展训练培训师，有点像我们现在招募大学生兼职营地导师。当时，他们对兼职老师的素质要求也很高，有很多兼职老师是企业HR、大公司的基层主管。经过他们3个月的连续培训后，就开始有上岗机会，从200元/天做起，可以逐步升到500元/天，甚至800元/天。当时主要做拓展训练活动，包括高空绳索项目、团队合作任务，也学习企业培训方法和企业管理理论。

当时我们服务的客户都是国内外著名的企业和组织，北大、清华、中欧、长江的EMBA入学拓展，还有麦当劳、GE、DHL等曾经出现在教科书上的商业公司，对于当时的我来说，这打开了一扇窗户，我觉得这个才是更有价值的工作。

现在回想，这些履历对我做青少年教育很有帮助，第一帮我很近距离地接触了大量优秀企业和优秀人才，第二让我系统而深入地学习培训技术。

再往后就是前边说的创业的事情了。

李：您刚才提到2014年创办第一家公司的时候，那家公司不是很成功，可以展开说说吗？

张：本质是我自己的能力和认知问题。回想起来，做得不好包含多个原因，有股权设计上的问题，股权非常分散；也有激励机制的问题，当时我们一起离职出来创业的同事，在上一家公司大家底薪是不一样的，我们开始创业的时候，所有人都拿6000元/月的底薪，一开始没问题，但是过了一段时间，问题就开始暴露出来。

再者，大家对公司发展方向都有自己的想法，有人想做户外探险、有人想做企业咨询，有人想做青少年教育。所以，当时我认为青少年业务只有独立出来发展，才有可能做大，只有愿意辞职出来承担风险一起做新业务，才算是创业者，否则还是打工心态，不是创业者。

一家公司如果股权很分散，就意味着没有真正的大股东会赌上自己的身家性命 all in，对于创业者来说，有退路不一定是好事。同时，很多人并不是真的想创业，只是想享受做新业务的新鲜感和自己说了算的感觉，但是又想要一份理想的保底收入。

李：那么在您后来创办坚果部落的时候，您是如何做股权设计和融资规划的？

张：严格来说，我们公司目前的股权也不是特别集中，我希望和我创业的伙伴还是能够拿到公司发展的长期回报，也希望以后有更多优秀人才加入，我们这个行业是人才密集型的，坚果部落后来的股权设计我拥有超过 51%的表决权，就解决了之前的很多问题。

我期望坚果部落要做一家对社会、对行业真正有影响力的公司，肯定不会排斥资本化。但如今的环境不适合以上市为唯一追求目标。我希望坚果部落是一家健康的公司，能够持续给股东创造不错的分红回报，其实美国有很多这样的私有化公司，也做得非常不错。如果能够回到过去，我会选择融更多的钱，更大胆地拥抱资本。

李：您怎么看行业和公司的未来，你们在公司经营中有哪些侧重？

张：我觉得行业一定会出现多家在全国有影响力的较大公司，户外会成为孩子的生活方式，户外教育、营地教育、研学旅行会成为孩子习惯的学习方式。文化、体育、旅行会融合，场景、内容、客户三个领域都可能会有优秀的公司。

我们期望成为有影响的大公司中的一家。我们的愿景之一是“成为受人尊重的行业领导品牌，推动行业健康发展”。我看到有更多资本、牛人进到这个行业觉得很开心，大家做好产品原创研发，跨界合作，这样才能把行业做大。比如，行业需要有酷营这样的平台和文翰你这样的人，帮助大家建设平台、增加交流的机会。

我们的基本价值观是“专业、可靠、进取”，首先要专业，不能靠经验，不能靠赌热点，要靠系统专业的内容。这些年每年我们花在导师培训上的钱挺多的，我们还特别注意心理健康这个话题，在课程设计和导师培训上更多地考虑到这个方面。可靠指的是要给家长和孩子安全和安全感。

我们也特别重视年轻导师的培养，2021 年起我们把兼职导师队伍升级为“SSA”(青年创变者学院)，为优秀的青年提供系统的户外教育、青少年身心发展的培训，为他们提供就业实习、社群交流的机会，帮助他们更好地进行职业规划，在“内卷”和“躺平”并存的今天，给优秀的青年人一个机会和可能，这是我们的业务需要，也是我们的社会责任，其实，也是青年人给我们和行业的机会。

最后，我希望全行业都能以高度的责任感和专业精神做事，我们这个大行业其实也很脆弱，这个行业有很强的社会价值和属性，应保证营员的安全和健康，给他们正确的价值观和好习惯，帮助他们有“中国气概、世界精神”，让青少年能更好地面对未来，应对不确定性，创造可能性。

第十章
上海·夏山营地：让每一种成长精彩

夏山营地，Summerhill Camp，中营联(CCEA) 理事成员，成立于 2014 年，将国际童军训练和营地教育引入中国，主要针对国内 6—14 岁年龄段儿童的认知能力进行了二次研发，形成了夏山的全系统营地教育课程。

夏山营地从“让每一种成长精彩” 的使命出发，以孩子为本，通过“学习 Learning—练习 Training—实践 Practice”（LTP）的方式探索成长，带着孩子们一起“去野，去长大”，让他们成为更加独立、自由、快乐的自己。

访谈时间：2024 年 1 月 8 日

访谈对象：许萌「夏山营地教育」创始人

李文翰（以下简称“李”）：您和萨其马（夏山营地教育联合创始人）是在什么样的背景下有了创办夏山的想法？

许萌（以下简称“许”）：我和萨其马认识是 2002 年在交大读研的那一年，那时我们都很喜欢户外运动，就创办了交大的户外运动俱乐部。当时我们非常喜欢登山溯溪等新颖的户外运动，这其实也是夏山最早诞生时做的项目都是户外类项目的一个原因。

研究生毕业以后我去了英特尔，是个外企；萨其马去了上海电气，是个国企，但我们各自在事业打拼的过程中又不断有很多触点。我们中间有过几次兼职玩票性的创业，但结果都是失败的，那时更多的是兴趣导向，都是兼职创业，比如我们做了一个网络寻宝项目，就是大家通过 GPS 去寻宝，但是我们做的时间点实在太早了，手机上甚至还没有 LBS 位置信息服务功能。这种玩票方式做的那些事都不成功，但在这个过程中让我们更了解了彼此做事情的目标、风格和价值观，这个过程是最重要的。

2010 年，萨其马去挪威出差的时候，在峡湾附近钓鱼，不小心摔在礁石上受伤了，他的同事束手无策，后来两个当地的挪威小孩用棍子和卫衣做成担架，把他救了出去。这个事情之后我们就很感慨，因为我们也算是户外能力比较强的人，但实际上遇到这种事的时候还不如两个挪威小孩处理得好，知道他们是童子军，那是我们第一次了解到什么叫作童子军，就是会给孩子很多生存类的训练，同时让他们有能力和勇气去面对一些意外突发的情况或棘手的问题。

而大概从 80 后这一代开始，随着社会分工越来越清晰，就导致大家通过跑腿小哥或者物业就能解决很多生活问题，动手解决生活问题的能力越来越弱。更不用说我们的下一代。

2011 年的时候，我在英特尔参与一些社区活动等。有一位大姐邀请我一起发起一个公益组织，针对那些她之前的公益组织无法覆盖的一些弱势儿童群体。大家一拍即合，然后我们就一起创立了朴质公益这一公益机构，此后三年的时间中，在朴质公益的多个项目和大量工作中，我们越来越多地接触到了孩子这个群体。

当时我们主要做了三个项目，第一个项目是帮助农民工的孩子提升阅读兴趣和阅读能力，叫作“小橘灯”。这个项目到现在是第十二年了，依然在做，还得到了全国性的公益奖项。这个群体的孩子遇到的两个问题，第一是农民工子弟学校的师资与上海的公立学校或民办学校相比要弱一些，第二他们父母的受教育水平平均较低，工作也非常忙，没有意识和能力去支持孩子的学习，所以就会出现一些问题。

这些孩子阅读量很少。不读书，他们对世界的了解只是来自生活，但他们所能看到的又很片面，就会出现对周边人以及世界理解不足甚至偏差的情况。所以我们在每个周五的中午，跟许多在演讲、朗读等方面有特长的志愿者一起，去到学校里面给孩子朗读优秀的文学作品和一些有意义的绘本，是关于世界的多元、友情、自信等，同时再捐书到学校的图书馆，培养他们对阅读的兴趣，希望他们在书本当中能够去构建对这个世界更完整的理解。

第二个项目叫作“莲爱天使”，是针对出生后因各种原因被遗弃的孩子。他们中相当比例是有疾病或残疾的，他们通常会被接到福利院，福利院可能能够照料他们的生活，但因为他们需要医疗手术和专业的康复照料，所以“莲爱天使”这个项目通过募集的资金去请专业的护工以及给孩子们做手术和术后的康复，使这群孩子能够得到更好的关照。

第三个项目叫作“向阳花”，它是针对上海贫困残疾人家庭有求学需求的孩子。这个群体的父母至少有一方完全丧失了劳动能力，所以家庭条件很差，孩子在学业上需要支持，我们募集资金去请华东师范大学勤工俭学的学生，给这些孩子做免费的一对一家教，让这些有需求但是家庭经济上难以支撑的孩子也能得到更多学业上的支持。

现在我们夏山团队中还有一个非常资深的伙伴，就是当年在华师大参与我们这个项目的大学生家教之一，现在是我们最核心的伙伴，是我们的产品负责人。所以我们是通过这三个项目，在这几年的时间内构建了对孩子这个群体的理解。

比如我们在选绘本的时候以及给孩子们朗读、做家教的过程中就发现孩子们缺的好像不是知识，而是对世界的理解，对世界的想象，所以在我们自己还没有孩子的时候帮助我们对孩子这个群体产生了更充分的理解，对孩子的成长有了认识，从而发现我们要培养孩子对这个世界的热情，使其能去主动面对周遭的环境，然后去努力学习，获取知识，培养能力，与人友善地交往。

这一系列的理解，最终促使我们对孩子的成长产生了一种独特的“使命感”，从而也让我们把目光投向城市里的孩子，我们发现他们虽然家庭条件很好，但依然有很多问题。比如解决实际问题的能力很弱，动手能力很弱，缺乏团队协作的能力，因为他们的学习环境中更多是自己学自己的，甚至彼此还有竞争关系，他们的知识储备很大甚至是超前的，像我女儿也是，每天看的东西非常多，但遇到需要动手去解决或需要去外部世界解决的问题时，她可能依然是束手无策的，这种问题也是城市中孩子比较常见的。

因此我们就萌生出一个想法：是否可以有一些方式去帮助城市里的孩子？除了我们所做的公益项目所服务的孩子的群体，还有一些城市里的孩子也需要有人帮助他们去解决这些问题，在他们知识充足的时候，帮助他们提升其他能力。

所以我们就把视线重新拉回到了 2010 年挪威的那两个男孩，为什么他们有这样的能力和勇气，和愿意去帮助陌生人的态度？反观我们在面对陌生人时，先抛开能力不谈，看到他人摔倒了甚至会避之不及。所以这种积极的心态和实际的能力，两者缺一不可，但我们的下一代包括我们自己现在似乎都比较缺乏，所以我们希望能够让我们的孩子补上这些缺失，让他们找回我们这一代人失去的能力。于是我们就去了解并研究了童子军和营地教育。在 2014 年年末，我们开始了夏山的实验和尝试，“夏山”也因此诞生。

李：从夏山的发展历程上了解到最早叫“夏山童军”，是因为曾接触了挪威童军组织里的孩子，觉得这样的组织对孩子的帮助很大，从而学习和引入国内吗？

许：确实如您所说，我们最早叫“夏山国际童军会”，我们看到了挪威童子军具备这样的能力，那么我们就去研究了组织发展时间长，成熟度高的美国童子军。我们带着的问题是中国孩子需要提升怎样的能力？而童子军的活动通常是在野外构建一个陌生且充满挑战的环境，以团队的形式去面对，这对孩子来说是很好的一种组织形态，他们会在团队中担任不同的角色，他们面临的真实世界的具体问题都是需要自己动手解决的，而不是浮于表面地做个卷子或者做个presentation的形式。

我发现童子军的活动形式在很大程度上适配我们希望培养孩子们的能力，所以我们在研究、学习了童子军的内容后，针对中国孩子做了一些改良，让它更接近课程的形态，从而让孩子们在项目中培养能力，并将这种能力运用在实践中，看到可视化的结果。

跟国外采用的NGO的形态不同，我们想用商业力量推动这件事发展，就要去关注消费者的付费意愿，消费后是否会认为物有所值甚至物超所值，从而产生复购想法或分享给其他朋友。

因此首先要做的就是从活动化到课程化的构建，在输出的内容上要有清晰表达，比如获得动手能力、协作能力和挫折应对能力等。比如我们早年经过对童子军的内容进行改良后构建了一个学习模型LTP模型：“Learning学习、Training

练习和Practice实践”，因为在学习的过程中，学习到练习再到实践的循环过程，是符合人类发展需求的一个完整的学习周期。此后我们也做了很多诸如此类的创造和改进，最终形成了当时夏山国际童军会的课程。

李：在当时国内对童子军或营地研学等概念的认知度普遍很低的情况下，你们是如何冷启动的呢？

许：当时我们选择童子军是因为大家对童子军是有一点可视化印象的，比如动画片《飞屋环游记》里面的小罗，一身勋章，手拿指南针，所以大家对童子军的印象可能就是身穿这种制服的小孩。

我们的冷启动比较偶然，设计课程的时候，身边有4位家长听说我们做的这个事情就表现出了一定的兴趣，但当时的课程还不完备，只和他们讲了我们想做什么事，有怎样的设计，而后他们说想做第一批体验者，于是我们为4位妈妈召集的20个孩子做了4次课程，这4次课程的进行过程令我们大开眼界，孩子们以一种从来没有过的形式，展现出了他们的坚持和坚韧。他们能在一条真的小河上面搭一座桥，然后顺利走过去，能够给自己和队友做伤口的包扎，亲手在野外用打火石、木柴和炊具做一餐番茄鸡蛋汤等，这些都深深打动了几位家长，那时候他们的朋友肯定被他们的朋友圈刷屏了。此后这20个孩子便成了我们的种子用户，从这个班级到同年级，再到不同年级，再到不同学校，最后跨了区，慢慢地不断扩散，影响了更多的人群。

所以我们的营销方式就是靠口碑，通过口口相传，影响更多的家长。而后又赶上了微信营销的热潮，大家都在发朋友圈，群聊天，这对我们的帮助是很大的，因此不管是从用户的意识觉醒到孩子成长需求的出现，还是中产阶级开始对生活品质和付费能力的提升，又或者是微信的推波助澜，应该说我们冷启动的完成是诸多因素构成的。当然这个口碑营销的过程也强化了夏山产品为王、客户体验为王的思维方式，成为我们在过去的十年一直坚持的原则。

李：从您的创业历程中我发现您不同时期对于创业的理解和把握似乎是不一样的，是不是创立夏山之前的创业经历让您对内外部势能和节奏的把控更加细腻？

许：对，我在2014年之前的两次兼职创业失败中最大的体会是创业这事儿必须 all in，如果是兼职就意味着在这件事上无法充分投入。我觉得最初方向的正确与否不是最重要的，因为它是可以被调整的，但如果以玩的形式，是永远不可能成功的。

所以当2014年我真正做夏山时，第一要求就是大家全部辞职来做这件事，这是我觉得很重要的选择。

第二是在这个过程当中大家对创业的理解，合作伙伴彼此之间要构建非常充分的理解和认知，这个认知的底层就是对于我们要做的帮助孩子成长这件事有宗教般的信仰。这是一个很重要的点。彼此一定会有各种不一致的观点和方法，但底层的信任和理解、一个团队的价值观必须要一致。

第三个是我们各自的企业在十年间也给我们带来了很充分的能力，比如团队管理、目标设定和计划管理等，以及对一个公司为什么要制定一个使命的理解，怎么去分析外部的商业环境等，真的是走过的每一步都算数。

这三个基本要素促使我们在2014年创办的夏山不仅在这么多年里活了下来，而且有了好的发展，并在家长和市场中获得了很不错的口碑。

李：夏山一直以来在行业里面有产品力强、组织管理能力强等几个标签，行业里都有在关注，甚至学习模仿。您认为夏山在产品打造方面有什么独到之处吗？

许：我觉得首先我和萨其马可以理解为产品经理，我们对产品的理解决定了公司对产品的重视程度，这就是为什么创始人的基因会决定一家公司的底层基因。

同时，因为我们都是工科生，所以市场营销是我们的劣势。那我们就把优势尽可能发挥到最大，因此第一我们对产品的关注程度非常高，并且把产品作为公司战略杠杆的支点，而后我们不断地强化这个支点，直到让这个优势产生复利效应，最终在每个阶段都能输出好的产品。

第二个是我们能不断地让大家看到我们有创新的产品，而创新首先是来源于我和萨其马不会对自己设定认知边界，我们会不断打破自己的认知，去看外部的东西，不只看行业内，甚至会对许多跨行业的内容进行了解学习。例如我们会组队去混沌大学学习，参加教育行业的未来之星创业营，以科学为核心的高山学院等。

而且我们也强调团队内部更要不断获得外部输入。我们内部有个机制叫作日志分享，大家写日志去分享自己的学习、看法和工作心得。这不只是工作总结，而是更为广泛不设边界的内容，倡导大家周期性地对同行进行了解、调研和学习，同时也会看很多外部的品牌，比如以内容为主的有势能的品牌，我们就应该去了解他们是怎么运作的，这些东西让我们能够不只停留在自己的经验当中，从而持续输出新类型的产品。这种获取外部输入，并且以输出的形式强化自己的思考和学习，很大程度上让团队保持了开放创新的思维。同时它还有个好处，就是让彼此之间更加透明，公开象限很大，团队内部的沟通成本降低。

第三个就是对于产品的质量，除创新外，产品的质量也是我们特别关注的点。我们的家长在营后会填一个问卷，其中有一个问题是“你在多大程度上会推荐这个营给你的朋友”，这是在消费和服务业经过实践证明很科学的“NPS（净推荐值）”。它的计算方法是打高分包括 9 分和 10 分的人数减去打低分 1 分到 6 分的人数，除以所有打分的人数，我们用这个指标去衡量产品质量。当发现有的营低到 60、70 分，那么实际交付就是出现了问题，也有营高到 100 分，我们的平均分是 87 分，这在教培行业是一个非常高的分数，这个数字就意味着好的复购和转介绍。所以我们用 NPS 作为我们衡量产品和服务的指标。

同时，我们的营地导师的薪资也随着 NPS 浮动，通过这样一个指标，让所有人的受益点都建立在了对好产品、好交付的一个共同认知之上。所以从产品设计端到运营端再到交付端，都在为“NPS”也就是孩子和家长好的体验去服务，从而使我们在产品质量的理解方面与其他机构产生了差别，进而也驱动了营销，既靠产品完成营销，也在一定程度上补足了在营销上的短板。

李：我听说夏山内部每个产品研发组在公司产品输出的过程中会有一定的竞争机制，请问您是怎样组织设计这个机制并驱动他们的呢？

许：我们经历了大概三个阶段，第一个阶段是人很少的时候，决策链条很短，整个组织就以我们创始人作为驱动来运转。

但是随着规模的扩大，我们就进入了第二个阶段。成立了运营部、产品部和市场部，产品部设计产品，然后交给市场部进行包装，之后再交给运营部培训教官、最后实施，但随着时间的推移，效率开始变低，链条开始变长，各部门间对于产品的最终呈现会产生很深的割裂感，甚至彼此之间产生了推诿。

2019年的时候，我们做了组织调整，变成了现在的“前台+中台”模式，这个设计我们叫“高内聚，低耦合”，前台由多个产品组构成，产品组构建产品并且是从设计端一直负责到交付端，关于产品从设计到营销到交付都大量集中在一个产品组之中，这叫作高内聚。中台则是用户运营、营地导师管理、安全风险管控等通用能力，降低沟通成本的同时大大提高了组织效率。

这样在产品设计的时候就可以做到既有职责分工，但产品组成员间的边界又是模糊的，避免了彼此工作间的推诿。

我们把售卖结果和交付质量挂钩，而交付质量就来自于以NPS为主要指标的家长、孩子的感受和体验，这样一来产品组的视线一定是投放到市场端和交付端的，而不是局限于设计个自己觉得很牛的，自嗨的产品。家长NPS后来又演化出了营地导师的NPS，就是营地导师也要做“NPS”问卷，保障营地导师的体验度，因为不能单是家长和孩子的体验很好，而把教官的体验感压得很低，这在运营端是不可持续的。

采用新机制的第二个原因是早期产品经理和运营团队的成本意识很弱。我们曾出现过一个情况，一个质量非常高的产品做了一年，但最后发现是亏本的。但当我们采用这种机制的时候，产品组对所有结果是负责的，所以大家对于既好卖又有好的交付质量又有利润的产品才是好产品的概念就形成了正反馈的回路。

与此同时我们也在不断调整生产力和生产关系，获得更好的生产力和更有效率的生产关系。生产力就是招募和培养出更符合我们能力要求的伙伴，而生产关系就是组织结构的调整，通过组织架构和激励机制的调整，能够发挥出生产力更大的效能。

比如说我们2023年的两个新品系列："看见大美中国"和"预见自己"，因为要在相对短的时间内产生比较多的产品，我们就进行了组织上的调整。就以原有的产品组的机制为基础，又抽调了组织内其他的一些伙伴进来，构成了一个更广义的项目组，然后大家共同设计这个产品，包括产品主题的设计等。

而这个项目组的选拔过程是组织管理中很重要的，我们采用的是主动报名的方式，每个人还需要提交一个自己对这个产品的理解和方案，有20多个人参加，我们组织比稿最终选出来了4位跨部门的小伙伴加入这个项目组中来。通过激发大家的主观能动性来提高他们的投入度，所以我们就是通过项目组合，围绕项目组的组织设计，使产品创新或者产品设计被激活。

李：夏山的产品推出前，是否会有明确的利润指标线？

许：是的，我们在做产品做到最后发现了这个问题之后，我们反思了这个事要被前置。

第一个，我们每年是有组织成本的，现在是有60个人的团队，我们伙伴的素养、潜力和能力在行业中都是较高的，因此他们的薪资水平肯定也相对高一些。要让这个组织能够运转下去，并且还有利润支持后续的发展。所以就产生了一个对于产品利润率来说的大概指标线，但也不是唯一的，因为产品有一个所谓的生态位。

比如有一些产品规模大，一定会为你增加比较多的利润，但有的产品是做品牌的，或者是我们内部称之为精品，我们构建的产品金字塔分ABCD四级，这四级在规模上不一样，生态位的位置不一样，那么对利润率要求也不一样。

第二个是对某个产品在市场当中的定价要有充分的理解，先构建对市场定价的了解，然后去了解产品的成本，最终去看这个产品能否成为达到某个利润线的产品。所以我们还是要以终为始去构建产品，才能让它比较健康地发展。

李：听说夏山的薪资待遇整体上来讲是优于同行的，您在管理这样一个团队时，采取了哪些比较独到的方式？

许：是的，在对大家学习和薪资方面的鼓励，至少在行业当中应该算是比较高的，这跟我们对于组织发展的理解是一致的。

第一，我们要做的产品是有品质的，而不是以低价和规模化著称。这是一个组织对其定位的选择，它决定了你所需要的人才和你的组织模式能否支持大家去做成事。这个事情没有好坏之分，只是每个组织不同的选择，那我们选择高品质后对于人才的需求就会有特定的要求。

从待遇来讲，我们在不同阶段做的是不一样的。待遇不仅仅是薪资，而是提供给了伙伴们怎样的价值。比如在2022年疫情封控期间，我们在上海封控的时候，做了两件事，第一个是第一时间采购了一批蔬菜，那时候已经有一些小伙伴被封控了，然后由包括我在内的没被封控的伙伴开车给大家送蔬菜。

同时还做了另外一个，我们叫“疫起加油包”，就是给每个伙伴5000块钱，但不是直接给一笔钱，而是在做以下这些事的时候都可以报销，比如去参加一些社交或是能得到学习机会的活动，又或者是买了一些书和线上课程，都可以来报销，总之就是鼓励大家在受到疫情影响的时候，也不要放弃学习、放弃从外部获得更多输入的机会，应该保持成长。这跟我们的团队文化保持一致。

再比如我们还做了另外一件事，有一个群体叫“启明星”，是我们的管培生。所谓的管培生是会在多个岗位之间轮岗，并且会有业务导师和专属导师去指导他们完成更多的学习、工作，他们会定期举行“启明星”的沙龙，做阶段性分享。然后针对“启明星”这个群体，加上中坚骨干，我们做了专门的成长基金，给到的成长基金额度会比较大，他们可以用在外部学习、参加会议、海外进修等，不断鼓励他们提升自己。

所以我们这个组织是从内而外地去学习，比如这次做“看见大美中国”，我自己也会去西安踩线，去跟考古学家谈，也会让我对于所谓人文社科类的这部分的内容有新的输入，反过来又会给我们做这一类产品带来全新输入，我去西安之前，也会阅读更多周秦汉唐的书籍，在已有知识积累的基础上做更多的储备，才能够在跟专家聊的时候，激发他们愿意跟你分享更多内容，从而我们才能把好的产品带给孩子。所以这是我们从自己做起，以及对团队的要求。

另一方面是文化构建，要以身作则。我们自己也去外部上课，比如说我去参加未来之星的创业营，去参加混沌大学商学院，萨其马参加了独角兽创业营，他最近很乐此不疲地参加高山学院，高山学院是一群以科学家或者是以科学为爱好的一个群体，它不以企业或商业运作为主题，和这样一群人在一起会获得很多跨界的外部输入，从而使你在做产品的时候有更多的理解。

比如说我们在做“预见自己”系列深圳的产品时，其中有一家很优秀的游戏公司，它的老板是萨其马的朋友，他对怎么让孩子在游戏中从玩家视角转换到设计者的视角很有兴趣，然后我们一拍即合，在深圳、香港的产品当中增加了让孩子们做一天游戏设计师的环节，这些东西就来源于不断跨界，最终反哺到产品当中。

李：您认为夏山理想的组织形态，或者说工作状态是什么样的呢？

许：未来会发展成怎样不太好说，比如项目组这个机制，有一天也可能会随着阶段的变化发生改变。但如果底层一点讲的话，第一它是一个开放的不断进化的组织，大家不要设定太多固有认知，意味着我们的生产关系会随着市场和生产力的变化而不断地变化，从而让生产力的效能达到最高。这也是疫情给我们上的很好的一课，没有什么是确定的，必须要不断地改变以应对变化。

第二个就是保持学习的状态，正如前面所讲我们的激励和支持的政策，以及我们所构建的这种学习文化去持续带领大家向外学习。

第三个是组织的文化是坦诚、透明的。《奈飞文化手册》里面很强调坦诚和透明，当你透明了，很多问题就解决了，不会有部门间和人与人之间的壁垒，所以我们整个组织在开放透明上面还是做了很多工作。

比如前面提到的我们鼓励大家去写日志，不是做工作汇报，而是思考这段时间工作中遇到的问题，包括对于其他部门的一些理解和构想，都可以写下来，然后大家通过阅读来理解这个人。

并且我们的会议是开放的，任何部门的任何会议都可以去参加，因为我们不要井然有序的无力感，要生机勃勃的乱七八糟，每天的所有工作也都以开放文档的形式放出来，把开放透明落实到真正的日常工作当中。从而每个人可以快速地做调整，进而让我们在相对较短的时间内产出多个高质量的新品。

李：在您的期待里面，您希望夏山的未来成为什么样子呢？

许：第一，我认为我们能够服务的孩子比现在更多，但我们不追求过度的倍数级增长，因为我们对交付的质量要求确实非常高，所以是以一个健康且稳定的速度在增长，这个是毫无疑问的。

但方式可以有很多种，第一个是产品依然是完整而扛打。第二个是产品的不断创新。我们曾经做过的，与英国Kingswood合作的以英式文化为主题的英式营，构建一个完整场景让孩子们通过创业来学习商业知识的创业家营，到2023年的“看见大美中国”系列。我们一直在创新，也一定会持续去创新，就如在大美中国这个领域上，我们现在只覆盖了5个目的地，西安、河南、景德镇、新疆和贵州榕江（村超的发源地），还有很多关于中国的故事等着我们带孩子们去看见。而下一个创新产品可能就在下一个寒假或者暑假。

我们在几个大的品类，比如“看见大美中国”、“预见自己”、社会实践系列和户外系列这几个系列上会有规划地去推出新的产品。

接下来2—3年不会变成一个非常不一样的组织，可能只是品质上会如我们规划和预期的变得更高，同时品质高不代表价格高，我们依然会追求一定程度的性价比，价格一定会匹配我们交付的价值。

所以我觉得看得到是夏山的品质持续地提升，规模有节制地增长，产品类别和产品的SKU有节制地增长。

因此，接下来三年中一定会在其他的城市看到夏山。在过去的九年时间内我们并没有做异地的发展规划。

第一个原因是我们认为整个行业在每一个城市的渗透依然是很低的，尤其是二三线城市，大家的渗透率都比较低，现在的情况让好的产品和运营很容易后发先至。

第二个更重要的原因是我们的产品力要更强，运营体系能够去支撑产品，不管是多个产品的多地发生或者是规模较大的交付，除了高质量以外，它首先要满足的是一致性和可靠性，因此只有具备更强的系统能力后，我们才会认为能够更好地在其他城市落地。

而这个过程我们也在通过如在江浙一带的外地招生，去帮助我们理解每一个城市的客户类别，去理解各个城市的客户和上海的区别是什么？从而逐渐让我们获得能在未来做外部城市的能力。

最后依然是组织建设，组织建设就是组织溢出能力要强。我们现在还在组织人才的培养上不断做积累，比如“启明星”们解决复杂问题的能力比较强，那么未来做新业务或开拓新市场时就需要他们去推进这些业务。

所以在未来会看到我们有节制地增长，产品品类也一定会有一些变化，然后也会出现少量亲子产品，在不同的市场去拓展，进而支持我们未来的发展。

李：我关注到最近夏山做了2024年全新的产品发布会，方便和我分享分享吗？

许：是的，我们今年推出了“看见大美中国”和“预见自己”两个系列产品，一是顺应了国家相关政策，二是我们注意到了消费者的相关需求，所以我们推出了这两个系列。

“预见自己”系列还是秉承着夏山一贯的理念，侧重于激发孩子对自己的未来有目标、有规划，点燃他们的自驱力，最终目的是让孩子获得成长。

李：那我是否可以将“预见自己”理解为面向中高年龄段孩子的职业生涯探索课程呢？

许：并不完全对，我们没有刻意引导孩子去了解不同职业、做职业选择或者做背景提升。这个系列的核心不是做选择，而是激发孩子对未来的兴趣，拥有理想和目标，最终产生自驱力并有计划地达成它。

其实我们很早以前就做过相关活动，夏山2020年六周年的时候，做了一个活动——“收集孩子的梦想”，就是收集孩子对于自己十五年之后的梦想，我们一共收集了一千个梦想，孩子对自己十五年之后的梦想中最多的是成为医生，因为那年孩子们看到了无数的逆行的白衣天使，第二名是老师，第三名是工程师，然后其他的就非常多了，有2个想要成为马云，3个想要成为马斯克。那是我们第一次以这样的形式看到孩子们对于未来的很多想象。

在收集孩子们的梦想的同时，我们还对孩子的父母进行了提问，问父母对孩子十五年后的规划或想象是怎样的？收集到的内容有两种，第一种是无论孩子想要做什么都尊重孩子的目标并支持他们。第二种就是希望孩子自信、勇敢、有担当，对社会有积极的价值，这两种对孩子成长的态度在夏山都很普遍，应该说很夏山。第三种是对孩子此时此刻的梦想不认可，诸如跳什么舞啊，当个老师挺好的，但是这种非常少。

我们还在上海的虹桥天地商场建了一面20多米的墙，把这一千个梦想展示出来，正面是孩子的梦想，背面是爸爸妈妈的期待，让更多的人去看到少年梦想的可爱之处，呼吁更多的成年人学会去关注和支持孩子们的梦想。

在2021年七周年之际，我们做了“不卷不躺平”的活动，“不卷不躺平”是想告诉孩子们，面对人生不应该卷——做无谓的消耗，但也不该躺平。我们应该做真正热爱的努力，生活中学会感受当下，去理解身边的人，到生活的城市中找回那些已经丢失的“附近”。

这是社会学家项飙的一个观点：年轻人现在对于“附近”这个概念正在丢失，

大家沟通都是通过网络，吃饭也是点外卖，无法得知身边有什么餐馆、菜市场，这些附近的人们群居产生的某种意义感正在被解构。

所以我们“不卷不躺平”这个理念的推出还配合了打卡任务，有的任务是邀请久未谋面的朋友或爷爷奶奶，有的是去旁边的菜市场买个菜感受一下烟火气，有的是去上海的黄浦江坐轮渡，慢慢地去感受黄浦江两岸的风景等，去找回生活中身边的人和身边城市的意义，所以它依然是从孩子成长的角度出发。

到了 2022 年八周年时我们与知乎合作了一个活动叫“敢问少年”，知乎的 Slogan 叫作“有问题就会有答案”，指只要你勇于提出问题，一定能够找到答案。我很喜欢这句话，并且我们在前面增加了一句话：叫作“有成长就会有问题”，这是夏山关于成长的理解，因为孩子在成长中一定会有各种问题。所以我们的活动是让孩子们提出他们的困惑，我们找到“过来人”去回答他们的问题。

有的孩子问我是家里的姐姐，妈妈偏心妹妹我很难过。有的孩子问我在读初中，每天很累，不知道学习的目的是什么。有的孩子问喜欢历史但是学习历史专业是好的选择吗等。“过来人”们就会按照自己的经验回答，分享自己在成长过程中遇到同样的问题是如何处理的。也会让历史专家去解答学历史能够让你以怎样的方式去理解这个世界、对于你未来的工作生活有怎样的帮助。

我们和知乎一起收集了几千个来自孩子的问题和几万个来自大人的回答。这些来自大人的回答不是答案而是一种分享，孩子们可以通过这些回答去找到他们想要的答案。

我觉得这也算是现在与未来的对话，从而引导孩子们对为什么要学习、怎样与人更好地相处、怎样去选择自己的爱好以及是否应该去发展它等成长中遇到的问题进行思考。

所以说夏山对于孩子成长的关注是始终如一的。

2023 年我们发布了 “预见自己”系列产品。

我也参与到了预见系列产品中的英国营，暑假带了 30 个孩子去英国。在英国，我们“遇见”了从威廉一世到今年大概 1000 年的时间中那些影响英国甚至世界历史进程的人，比如说影响自然科学进程的达尔文、物理学的奠基者牛顿和成就了日不落帝国的维多利亚女王等，孩子们在很多地方“遇见”这些人。在他们被埋葬的威斯敏斯特大教堂里，在塑造了雕像的博物馆里，在他们所就读的剑桥大学里，总之就是不断地“遇见”这些曾改变世界的人。

孩子们会看到这些人求学、工作、创作的样子，以及他们经历起伏之后对世界的改变，从而激发孩子们去说：“其实我也可以在某种程度上去改变这个世界。”

同时还会在剑桥“遇见”杰出的校友，也会邀请学长学姐在圣约翰学院里面与孩子们分享他们是怎么一步一步通过努力走入剑桥的，以及剑桥那独特的学院制、导师制、自由的学习风气是多么美好的一种学习体验。

从而让孩子们认识到在这样一个大学读书是一件非常美好的事，而他们通过努力也可以做到。可能孩子来之前觉得考大学都是家长逼我的，通过这样的一个营让他们认识到世界的多元和美好，学习可以是一件美好的事情，从而产生想要努力学习、进入到一个好的大学的想法。也有可能原先没想过考很好的学校，而之后就想去冲击名校了。

李：我可以将前面几年的活动理解为这个产品前期的铺垫吗？

许：其实不是为这个产品铺垫，而是夏山本来就一直在做的事，夏山的使命就是“让每一种成长精彩”。

我们定义的精彩不只是学业的成功，而是让孩子成长为一个独立、自由、快乐的人。要达成这个目标可能需要具备理解这个世界的能力、独立生活的能力、独立思考的能力、与他人协作沟通的能力以及遇到挫折能够去应对的能力等，而这些能力就会变成我们在产品中不断构建的东西，户外的项目其实也是在构建这些。

比如让孩子们能够去面对挑战、能够让自己的身体在自然中更充分地感知，从而让自己能够在团队协作中去获得自我认同与自我赏识。所以应该说“预见自己”是一个水到渠成的结果。

第十一章
上海·行动者集团：
中国体验教育产业专业整合平台

上海行动者企业管理股份有限公司是一家专业的上海团队建设公司，提供上海户外拓展培训、海外夏令营、儿童拓展、户外观光、户外探索、青少年营地教育服务、户外培训等丰富多彩的营地活动。

行动者自成立之日起一直专注于通过专业的体验式培训方法来促进个体的认知发展和人格完善，进而影响或改善组织内部的人际关系，建设性地引导组织和个人发展成长。公司以帮助企业锻造高绩效团队为核心发展方向，从态度和方法、意愿和能力等多角度出发，以体验式培训为载体，以团队活动为引导，帮助企业、组织和个人在能力发展、应对变革、文化建设、绩效提升等方面激发活力、创造力、战斗力和凝聚力，全面帮助企业提升效能，引入并深化发展体验式培训方法在培训中的应用。

近年行动者致力于打造“体验式培训服务平台”，针对一直很难量化评估的青少年素质教育，行动者在“爱丁堡公爵奖”的青少年成长积分模型基础上，整合与青少年素质教育相关的机构，运用体验式教育的培训方式帮助青少年全面发展，同时家长在孩子的成长过程中可以及时比对、监控。该平台的建立基本解决了常年以来对于我国应试教育体制内急需补充的“素质教育”部分的不足，“素质教育”常年以来难量化、难评估、难追踪，国内各大小机构参差不齐、混战一团，参与到这个平台上的机构将有对青少年更加直观的、量化的、可衡量的指标。

家长亦可发现孩子“看得见、摸得着”的成长变化。

2015年8月成功在新三板挂牌，成为体验教育这个行业第一个独立挂牌的公众公司，通过二十多年的发展，其已成为一家专注于体验式教育项目投资、体验式教育项目开发、体验式教育基地建设、体验式职业化教育、体验式安全教育的全线专业机构。

访谈时间：2024年2月23日

访谈对象：杨林 「行动者集团」创始人

李文翰（以下简称“李”）：我看行动者集团是2002年成立的，二十二年前，您是在什么背景下创办了行动者呢？

杨林（以下简称“杨”）：2002年以前，我也是在户外行业，当时我在上海佘山国家旅游度假区工作，主要参与开发建设佘山国家旅游度假区的项目，也是中国的第12个国家级旅游度假区，为了推广佘山，我们做了很多营销推广的活动，有演出演艺、户外运动之类的活动，最典型的就是定向运动。

北欧有个组织叫PWT（世界公园定向运动组织），他们要做世界公园定向运动巡回赛，就到中国来寻求协办方，当时就是我们佘山国家旅游度假区来负责接待，因为上海的九峰十二山资源都在佘山国家旅游度假区范围内，虽然最高的山只有98.8米，但是这也是上海仅存的山林资源。所以他们来上海开展定向运动，顺理成章就对接到了我们这里。

所以我们就和这些来自北欧的外国专家们一起做了很多工作，花了差不多半年的时间，把包括佘山国家旅游度假区以及上海周边很多公园类的定向图全部画了出来，因为这个机缘，我就进入了定向运动这个项目。

2000 年的时候，我们向老外采购了定向运动专业的无线电子计时系统，当时在国内也是为数不多拥有正式的无线电子计时系统的单位，所以我们除了可以定期举办上海市的定向运动赛事，也给企业及中小学生办定向运动赛。相当于我从定向运动逐步介入到了户外营地领域。

在 2000 年到 2002 年之间，依托佘山国家旅游度假区我们做了个霞客行定向运动俱乐部，一年就要接待几十万个孩子。

我们开始在上海的各个城市公园、农场开展定向运动，但是仅仅只有定向运动又比较单薄，就逐渐加一些户外活动，从最简单的制作风筝、放风筝，到挖红薯、浑水摸鱼、大棚摘菜，还会做一些户外游戏，这其实是我们做的户外活动的雏形。

2002 年，我和业内的几个合伙人一起创办了行动者这个品牌。创立行动者后，我们把业务重点转向了成人的拓展训练，除了定向运动，还有高低空训练、团建游戏、篝火露营等，这时候我们就开始建造自己的营地，行动者的第一个营地在苏州太湖西山。这个营地的原始物业原来叫上海总工会西山疗养院，我们是和上海市总工会合作，因为原来这个疗养院效益不好，属于闲置资产，我们进去以后带来大量的流量，盘活了客房、餐饮和会议区。

李：这么说您最早是在体制内，什么契机促使您出来创业呢？

杨：我是 1997 年到 2000 年这四年在体制内，原先在体制内的工作就是开发佘山国家旅游度假区，等于是做文旅片区的创建，这个过程中，我做的大量工作都和营销活动有关，例如在 1998 年的时候，我们策划了当时很有名的“狮子座流星雨”的主题活动，我们联合了上海天文台，发布了很多软文，来告诉大家这次流星雨是百年难得一遇的，在中国可以观测到。导致当时的佘山漫山遍野都是人，特别是大学生情侣，还有喜欢户外、热衷天文的人，都来佘山看流星雨了，这个事件就做得很成功。

此外，我们还做了“松江孩子看佘山”的活动，意味着松江区每个孩子都要到佘山来一趟，这就是几十万的接待量。不仅如此，我们为了增加度假区的流量，还和上海中小企业协会合作，组织中小企业主来游佘山。

在体制内我积累了活动组织和事件营销的能力，到后来看到定向运动发展的前景，就顺理成章地出来创业了。

李：从2002年到2024年，行动者集团发展了二十二年，也在2015年挂牌了新三板，成为中国体验教育产业领域第一家独立挂牌的公众公司，您能和我分享一下这个阶段的故事吗？

杨：行动者在2002年创办的时候，我们一共有7个合伙人，刚开始创业，股权很分散，每个人也都觉得自己能力很强，我们的项目启动了不到半年时间，大家就陆陆续续出去创办自己的公司了。

因为当时拓展训练行业处于蓬勃发展时期，收费也高，那时的企业团建每人每天可以收到800—2000元的培训费，业务需求推动行业发展，所以大家能接到订单，就开始自己创业了。

2004年的时候有个契机，前程无忧51JoB在美国上市了，他们希望延伸体验培训的业务，就收购了行动者的团建业务，我们两个很重要的合伙人后来去了前程无忧，创办了无忧体验培训，我带着另外几个合伙人还是坚持自己往前走，没有去前程无忧，但是我们的经营主体是重新注册的。

后来历经多轮谈判，直到2010年，我们才将行动者的商标赎回，因为资本市场主要是收购业务和团队，创办自己的新品牌，原来的品牌就被束之高阁了，但是行动者这个品牌是我一手注册的，很喜欢这个名字，对品牌也有相当深的感情，就想了各种办法把它拿回来。

李：从2004年到2012年，整个拓展训练行业是怎样的状态？

杨：那个阶段只要从事拓展训练行业，大家都有自己的一片天地，企业的拓展训练需求是快速增长的阶段，机构之间的竞争没有那么强，可以说2004年到2012年属于拓展训练行业发展的高峰期。

只不过随着经济的发展，不同时间段，我们服务的主要行业客户会有变化，比如说IT行业发展得比较好的那几年，IT公司的拓展训练需求就很旺盛，因为企业赚钱，都有预算做团队建设。后面有几年医药行业、食品行业、金融行业发展得比较好，也相继成为拓展训练的主要客群。

拓展训练有点像经济发展的晴雨表，我们能够很清晰地感受到不同产业的兴起和衰弱，企业只要效益好了，才会想着拿出一部分预算来做团建，这不是必需品。拓展训练的核心就是“挑战自我，熔炼团队”，挑战自我是让员工寻求突破，实现更高的目标；熔炼团队就是让团队的氛围更融洽，企业的向心力更强。那时候有些企业每年做一次全员拓展训练，有些企业甚至一年做好几次拓展训练，员工也很乐意。

李：那时候的拓展训练业务是不是利润高、营收体量也大？

杨：是的，那时候一个全国范围内的大订单有的营收都高达上千万元，一般会由行业内一家公司来挑头，全国的拓展公司配合它在各个城市进行交付。基本上每周都能接到订单，团建也很挣钱，一个项目经理就能带着一批专职和兼职培训师，去全国各地执行项目。

比如说我们之前服务一家食品企业，他们需要做全国的销售培训，我们在上海、北京、昆明三个基地分别开展活动，服务各个片区的分公司。除此之外，我们也服务过全国性的医药公司和国有银行，都是去投标争取来的业务。

我的想法是要干就干大项目，包括后来我做营地，始终是这个思维，更愿意做 toG 的业务，我觉得做小项目同样需要花费那么多精力，不如做更有挑战性的大项目。

行动者在业内的课程创新度比较高，因为我们会做很多好玩的课程，用客户的话来说，行动者很善于变化，只要客户有需求，行动者能够给出对应的解决方案。

举个例子，我们曾经有个大客户进行招标，投标的第一天，我到现场就和他们团队的 HR 讲了一句很“狂妄”的话：“不管这次你们怎么选，这个订单我们做定了！”可能当时那个 HR 也没见过我这么“超级自信（自负）”的供应商。当时第一轮有 9 家公司参与竞标，到了第二轮还剩 4 家公司，到终选的时候，HR 选了另外一家公司。

当时我觉得是不是这次吹牛吹过了，但是后来我仔细一想，这个项目的挑战性很大，能具备这种执行能力、同时拥有那么多拓展装备的公司，非行动者莫属，其他供应商是否真的能把这个项目接下来？

果然，当天晚上有个戏剧性变化，那家中标的公司老板给我打电话，表示还是希望将这个项目交给行动者执行，因为他也认为在业内，只有行动者能接待这种体量的项目。后来，我和那位HR也成了很好的朋友，接待了他们集团很多业务部门的拓展训练项目。

李：那时候的拓展训练师一年真的能挣上百万元？

杨：可不是嘛，当时项目经理不仅自己能带拓展训练，带培训的时候有培训费，接到项目也能拿提成，而且我们当时是现金激励，很有意思的是，当时有位项目经理一个月光提成就拿了8万多块，那时我受成功学大师的影响，提议要现金激励，我直接把一摞一摞的现金摞到办公桌上，后来发现现金激励也可能是反向激励，他拿着这8万现金出去自己开了一家公司。

李：中小微企业的团建业务特别容易单干，那您在行动者早期做了哪些积累，使得后边的大型企业团建只有行动者能够接下来呢？这个定位切得很有战略眼光。

杨：我认为有3个必要条件，第一是项目创新度比较高。如果你用行业里都在用的方案，去竞争全国性的大项目，是不太可能的。比如说我们最早做的“帝国时代”大型团建课程，就是把大型的网游线下化了，这种主题团建的体验感就会强很多。当时多米诺骨牌很流行，我们为了营造不一样的场景，和国家体育总局多米诺骨牌中心合作，创造了单天时间最多人一起推倒骨牌的吉尼斯世界纪录。包括我们很早就开始做非洲鼓，做1000人、2000人甚至3000人同奏非洲鼓，也是在早期具有创新性的产品。

第二个必要条件是标准化。接待大型项目的时候，一般会分成几十个、甚至上百个活动队伍，这时候更要求所有的拓展培训师都能严格按照标准化手册来执行，什么时间在什么地方，做什么活动，要求是非常明确的。我们也不要求所有拓展训练师都做到100分，但希望大家都做到90～95分，这样才能完成整体项目的交付，完整、有序地交付是大型活动成功的必要条件。

第三个必要条件是安全。安全包含意识和硬件两个方面，首先你得有安全意识，要能判断项目的风险，同时有敬畏之心；其次，你的安全装备要够用，比如说带队爬山，在65～75度的陡坡，就需要建立路绳，需要配备上升器，每个人穿安全衣，绝对是不能让学员徒手上去的。如果有一个人出现安全事件，这个项目就废了。

我们一直不遗余力地送培训师去参加各类相关的安全培训，在安全上我们很乐意花钱，早期国内安全培训比较薄弱的时候，我们也是花钱请老外来中国给我们的培训师做安全培训。我们所有的培训师必须学会心脏复苏，那时候AED使用还不普遍，主要是学习心脏复苏和野外急救包扎技术。也是源于这个积累，后来衍生出了行动者的安全培训业务板块——凯普斯（KPS）（中国）紧急救援训练中心，是专门提供系统化安全培训的公司。

直到今天，我们在业内去拿大项目，安全依然是最能够打动我们的客户的，拓展训练最后的竞争就是比安全性。我可以很自豪地讲，行动者集团从成立到今天，没有出现过一例安全事故。

李：在早期钱赚得很容易的时候，您是基于什么做出要在安全培训上大量投入的决策呢？

杨：这和我过往的经历有关，我读书的时候兼职做过保险营销员，我可能算是平安寿险最早的营销员之一了，所以安全意识是刻在我骨子里的东西，我们二十多年前做拓展训练的时候，只有友邦这样的外籍保险愿意承保，而且当时是12元/人/天的保险费用，比现在的保费贵多了，那时候我们所有活动都要给学员买保险，为安全风险兜底。

这段经历让我对风险识别非常敏锐，很多人都会觉得营地中的高空项目很危险，但如果你具备专业的技能，你的培训师受过专业训练，反而是很安全的。

记得我曾经给一个国内很知名的青少年公益组织做活动指导，他们需要做一个高空下降的活动，我到现场就提出，不建议活动组织者使用一款名为“STOP”的装备，因为这个装备对孩子而言没有防慌乱的设置，一旦孩子紧张的时候，双手抱紧安全装备，就会产生自由落体的结果，如果下面的工作人员有任何失职，那孩子就会直接摔下去。

组织方和我说：“杨老师，您这个意见提得太晚了，我们之前采购的都是这个装备，现在也来不及换了。”这个项目我只服务了一段时间，果然在我走之后不久，就出事了。

对我而言，如果发现了存在不可控的安全风险，宁可不做这个项目，都不愿意去冒险。如果没有把安全隐患消除，出事只是时间的问题。

李：在安全装备上的投入、安全培训上的投入以及保险的投入，对您而言是不可逾越的红线？

杨：对，这是我的底线，是任何人都不能突破的东西。我经常和甲方讲，项目需要严格按照我的SOP流程去执行，绝对不能随意更改。如果更改后出问题，这不是我的问题。我会保证我的SOP标准化流程和操作手册没问题。

这和我师父对我的影响也有关系，他对我的要求是极其严格的，直到今天也是，因此我对活动安全的把握会更谨慎。还有一次，有个国内的厂商仿制了一款国外的安全训练设备，说可以给我的营地免费捐赠一套，当时那个设备价格也不菲，但是我的师父不同意，他认为我们不可以使用仿制的东西，无论对方给出多么诱惑的条件。

其实安全意识和生活习惯也有关系，像我们受过训练的培训师，开车的时候一定会下意识地系安全带，在训练场地中绝不抽烟，训练期间绝不喝酒，这些要求是大家长期恪守的。如果哪个培训师在训练期间外出喝酒，回来后就直接可以开掉了。要知道那时候的培训师大多是专职的兼职培训师，也就是说他虽然是机构的兼职员工，但是专门服务一家机构，按天计算薪资，有些机构也会给长期合作的兼职培训师保底薪资，也就是说机构会确保他一年最少能带多少场拓展训练活动，培训师的薪资是非常可观的，日薪从几百到几千甚至几万都有可能。

李：那时候的用工模式相当于买断优秀培训师的时间？

杨：对，不仅是培训师，在生意好的时候，我们还会买断一些酒店周四、周五、周六的时间段，让酒店给个打包价，我们把这几天全买了。

但是我们有个原则，叫“不从学员嘴里刨食”，也就是不在学员的吃住上挣钱，我们能拿到什么价格的酒店，就会给学员什么价格，我觉得如果在这方面挣钱，不能心安理得。我们只在培训上挣钱，甚至我们会让甲方直接向酒店支付食宿和场地费用，单独给我们支付培训费用。

在业内大家就算觉得行动者收费比同行贵一些，也会认为是行动者的培训更好。甚至我们还开创了靠评分收费的模式，因为有客户和我们博弈说，你们收了那么高的培训费，如果培训评估效果不理想怎么办？当时我就提出，培训结束后，如果学员满意度是80%，你就支付80%的费用；如果学员满意度是90%，你就支付90%的费用，我们对自身的培训品质是有把握的，当然也还真没因为培训效果被客户扣过款。

李：行动者是在什么时候开始从成人的拓展训练业务，延伸到了青少年营地板块呢？

杨：其实从2002年到2010年那段时间，虽然我们以成人拓展训练业务为主，但一直都会接待上海国际学校的青少年拓展业务，只不过之前的比例很小。比如我从做定向运动的时候就开始服务上海中学国际部，后面还给他们做48小时生存赛和安全培训，现在已经成为上海中学国际部的标准化课程模块。

随着行动者的发展，我也在思考什么样的业务结构能够留住团队，让团队有更好的发展。很自然地就推导出我们需要将服务的群体进行延展，增加青少年板块，我们服务的客群就增大了。

另一方面，我也意识到拓展训练对孩子的效果要远强于成人，做成人拓展训练的时候，当成年人回到原始的生活环境后，一切都回去了。但是我们给孩子做的项目，可能对孩子的影响是一生的。我们会把“高效能人士的7个习惯”拆解成体验式课程，对孩子产生了非常积极的影响。因此，我觉得对孩子的价值会更大。

基于以上两点，一是从生意规模考量，二是从体验培训的未来，我认为要逐步把业务重心转到青少年板块。

2013年是中国青少年体验式学习的元年，我们也是从2013年开始重点布局青少年的体验培训，2016年教育部11部委出台了《关于推进中小学研学旅行的意见》，整个青少年体验教育市场开始蓬勃发展，真正推动这个行业发展的还是国家力量。

李：您这些年自己投资布局了很多营地，在营地布局上有什么建议吗？

杨：我们营地的迭代经历过3个阶段，第一阶段是我们在苏州太湖西山布局的营地，与上海总工会西山疗养院合作，属于轻资产运营，我们上海青浦日月岛营地也是这种模式。一般都是和国企、央企合作，在成熟硬件的基础上，配套我们的课程和执行，使其变成很好用的营地。

第二阶段是我们帮助地方文投、旅投、教投这种平台公司去构建它们的营地，业内常用的是O-EPC的合作模式，O是指营地运营，EPC是指设计施工一体化。

第三阶段是营地产业集群的模式，把不同主题的营地集中在某个片区，来引领整个片区的发展。这个阶段对资金和投资能力要求非常严苛，不仅要有钱，还要有意识、有能力，能整合政府资源，我们现在重点在这条路上探索。

李：目前行动者集团有哪些业务板块？组织架构是怎样的？

杨：上海行动者企业管理股份有限公司成立于2004年9月16日，刚才我提到的营地运营、拓展训练业务都在这个主体公司板块下，今年已经是第二十年了。后面我们成立了集团公司，陆续把除了营地运营和拓展训练的业务都剥离出来了。比如说安全培训板块，叫凯普斯（中国）紧急救援训练中心，也全资收购了上海世界音乐季的母公司上海蕙鸣文化，还投资了一些酒店和地产类项目。

这个布局有点像一个大齿轮带着几个小齿轮，行动者股份就是那个大齿轮，做着这二十年来的主营业务，主营业务发展的同时，也在带动一些延伸业务，彼此之间是相互助力的关系。

最早也是因为营地这个空间，需要有更多的内容，就做了个体育项目，叫Action Game，休闲体育项目都在这个板块；营地里需要有音乐节的内容，我们也是用自有资金收购了上海世界音乐季，也就是Action Music板块。行动者股份是以营地运营为核心，带动了整体资产的盘活，这是我们发展的主要逻辑。

现在我们主要在上海闵行黄浦江畔建设浦江国际营地产业集群，未来会用这个模式在全国各地建设不同的营地产业集群，在每个领域，比如冰雪、体育、音乐，我们都会选择头部的优秀团队一起来合作，有点类似合伙人模式。

行动者集团目前有7个板块，包括Action Camp、Action Game、Action Training、Action Safety、Action Music、Action Adventure、Action Learning，每个板块都有合伙人负责运营，我几乎不干涉他们的日常运营。

热播的电视剧《繁花》又把我带回了初到上海的情景，我是1997年来到上海，2015年上海行动者企业管理股份有限公司挂牌了新三板，我希望到2027年，我来上海奋斗的第三十年，能把行动者再带上一个台阶。

李：您如何看待营地运营和营会活动公司的资本化发展道路？

杨：我认为营会活动机构大多是轻资产运营模式，这种模式在资本市场估值不错，但算是资本市场受限的一类，因为本质上是一群人创造了一个模式，迅速在全国范围内发展很多子公司、分公司，把业务体量做上去了，但是对于国家来说不可控，很有可能创始团队在资本市场上拿了很多钱后，一旦股票解禁，就套现走人了，这对股民不利，当然这也不是绝对，也有很多我熟悉的营会机构创始人还是非常有情怀的。

这也是我们为什么要植入重资产的板块，轻重结合，意味着你不会轻易放弃这家公司，因为公司中有很多的资产，可能你在轻资产业务中赚了钱，又投入到了重资产业务中，是持续在为社会创造价值的、滚动发展。

资本化的本质是企业借助资本的力量，让业务发展得更快、更好，而不是把资本市场上的钱，装到自己的口袋，这是国家不允许的。另外，要想进入资本市场，企业需要支付很多规范性成本，这也是我不看好轻资产的营会活动公司资本化道路的原因。即使走向资本化，也会面临更加严苛的监管。不像营地机构，有固定资产，企业的负担更重，不容易轻易撤退，相比较来说对政府来讲安全边界要高一些。

其实小规模的营会公司走私有化道路也是很好的选择，老板每年能赚个几十万元甚至一两百万元，当你一年能赚五百万元的时候，你可能是世界上最幸福的群体，因为你想要的东西几乎都能拥有，但是如果你继续发展，往上看就会发现，在年收入五百万元以上的群体中，你是个穷人，和身边的人比较会很难受，这时候幸福感就没有了。

目前的营地教育公司，就这两种选择，一是私有化，让资本合理退出，自由自在地发展；二是走上资本化道路，要么未来被并购，或者并购其他重资产业务，冲击上市。选择哪条道路，和创始人的梦想和心气也有关系。

李：当下的环境是不是即使上市，可能也很难再融到现金了？

杨：对，过去你想上市，是有很多人帮你抬轿子，他们会努力把你捧上去，因为抬轿子的人都有钱赚，现在这部分抬轿子的人基本没有了。再者，疫情过后，大家太明白现金流的重要性了，有钱人更愿意把现金放在银行，拿一份稳定的利息，不愿意冒着失去本金的风险去搏一个可能性了。

李：您是经历了整个拓展训练到营地教育行业的完整周期，以及资本的发展周期，再往后看未来十年，您认为营地产业链中还有哪些发展机会呢？

杨：我认为未来大部分人会成为快乐的营地主，每个人都有属于自己的一片小天地，有稳定的生源，自己也能赚到一些钱。营会机构的主理人也是一样的，会有大量小而美的营会机构的生存空间。另外，也有一部分的头部机构，有一定的规模。但是整个市场还是比较分散，大家都能赚到钱，但是想像其他行业一样赚到大钱的可能性是比较低的。

未来营地产业链上肯定还是有很多细分的机会，比如说做活动道具供应链的机构、营地建设器材供应商等，但是这部分机会也许属于拥有跨行业能力的人，比如擅长做供应链的人，大概率不是现在的营地教育从业者，但是他们懂得如何对营地产业链中琐碎的、多样的产品进行管理。

同时，技术发展会给营地行业带来新的机会，营地活动是现实体验，但是随着虚拟现实技术的发展，未来在模拟体验和虚拟体验上，技术能推动营地给消费者提供更丰富的体验。

再比如，现在AI技术的发展，是不是有可能解决拓展训练师写活动方案的难题，如果AI根据关键词就能写出方案，那能节省我们大量的时间和精力。

李：您为什么会选择重仓浦江国际营地产业集群呢？

杨：营地产业集群这个模式，也是搭上了乡村振兴的东风，乡村振兴将海量闲置的集体建设用地给释放出来了，这些土地一般在城郊或者城乡接合部，这个区位的土地刚好适合发展营地产业。如果没有集体建设用地入市支付，按传统的国有建设用地出让制度，营地公司是没办法算明白账的。

现在的模式相当于“营地+文旅地产”的投资组合，投资没有像以前那么重，再做一些资源交换，通过运营来盘活闲置资产。如果说有多个这种运营模式的营地，营收体量就上去了，就有可能和资本市场博弈了。

第十二章
上海·OEC 中拓研究院：
立足中国、面向全球的国际非营利课程机构

OEC（Our Education in China），沪上发展最早、体系最完善的国际素质&营地教育机构之一。机构汇聚了中外人文、社科、自然科学等 8 大方向专家的力量，基于真实场景开展自然科学、社会研究、领导力、社会公益服务等 4 大系列共 50+的主题课程，为 5—18 岁的孩子提供高质量的素质教育产品。

10000+课时的经验积累，让 OEC 有信心帮助中国青少年成长为拥有优质习惯、独立性、理性、高度社会自觉和强大内心力量的自由公民，OEC 已经见证了近万孩子的个性化成长。

OEC 是一家立足中国、面向全球的国际教育机构。公司聚焦于推动中国教育的变革，以真实的场景推动个性化教育的发展，帮助中国孩子“在公共生活空间建立寻找自由的能力”。OEC 立志重建一个学习场景，开展社会自然教育。

公司秉承“教育即生长”的理念，帮助中国青少年建立基于常识的习惯、独立性、理性和面向未来能做出适合判断的品格和技能。立足中国，面向世界，OEC 坚持中国文化下的国际视野是适合中国孩子的最佳路径，Our Education in China 成为公司的目标和追求。

访谈时间：2022 年 9 月 15 日

访谈对象：徐鹏「OEC中拓研究院」院长

李文翰（以下简称“李”）：我听说您在创业之前一直在国企工作？

徐鹏（以下简称“徐”）：是的，我原来在国企工作，工作的机会让我去了很多国家，了解了不同国家的社会风貌。这个经历让我在年轻时开阔了视野，对外国市场、风土人情和需求有了更直接的认识。

后来我到上海工作，机缘巧合，我对EMBA有了更多的兴趣，就申请参加了中欧的EMBA课程学习。

商学院的学习对我影响很大，尤其是吴敬琏、许小年等老师的经济学课。经济学不仅是一门社会科学，更是一种思维和认知方式。那两年的学习极大地冲击了我的观念和认知，影响了我今后的选择和对社会的看法。其实商学院除了积累人脉资源，我认为对我的认知和观念的改变是更大的收获。

经济学思维需要建立一个闭环的逻辑。我在中欧读书的经历对我的价值观和判断有很大影响，让我跳出传统的眼光看待问题，拓宽视野，提高判断力。

如果没有中欧的经历和在上海的生活工作经验，我不可能有勇气离开国企并独立创业。我的家乡是北方的一个小城市，现在回过头看，离开国企是个重大的决定，我的心理铺垫还算是水到渠成，所以在上海独立创业虽然艰难，但很坚定。这两段经历，是我人生的重要收获。

我离开家乡、离开原来的企业，以及后来进入中欧读书，又有了一个新的平台，为我的人脉关系扩大提供了机会。中欧校友遍布全球，这是我没有料到但十分重要的收获。我的微信号和微博号后面经常挂着中欧身份，说明我对中欧的归属感非常强烈。（中欧的缩写是CEIBS，很多校友会在名字后面加上CEIBS，这是为了方便认出彼此是否是中欧校友。在中欧校友中，熟人社会和圈层社交非常重要，违约的成本非常高，虽然也有一些丑闻，但是大多数人都会在被动或不自觉的约束下遵守规则。如果我们原本不认识，但都是中欧校友，我们很容易就可以接洽。）

昨天我见了一位中欧校友，他之前在欧洲企业做客户管理，现在基于中国的AI和互联网技术，实行精准营销。他做得非常出色，管理10万级别的客户都很轻松。和他相比，我对前沿技术就不是很熟悉，因此持续学习特别重要。平时我也会跟年轻的工作志愿者一起学习AI和数据处理，我认为知识流动应该无等级限制。这也是破除社会阶层的必要条件，我们应该支持知识平等地流动。

记得有一次，我和一个中欧校友讨论教育、公益。他很关注我在做公益和教育方面的工作，我希望他可以帮助我建立公益者社群。因为我们都是中欧校友，他立刻表示愿意加入我们团队，帮我们团队实现这个目标。也是因为我们的工作是纯公益性质的，他了解后可以很容易地与我们进行沟通。如果两个陌生人突然谈起合作，很难建立起信任，中欧校友之间的信任和合作更容易建立。

中欧圈子中的约束非常严格，任何违反契约精神、不道德的行为都会被圈子中的人知道，这样的人也不会在圈子中长久存在。因此，圈子中的人都非常注重诚信。我在中欧和国企的经历中，也遇到了很多值得感激的人和平台。但这些经历的共同点是要不断学习和成长，这是非常重要的。因为没有学习和成长，就无法不断进步和发展，无法达到更高更远的目标。

我的第三个经历是独立创业，我在2012年创办了OEC，这是一家课程机构，后来我们设立了中拓研究院。2016年，我又发起创办了「親基金」等组织。现在我正在推动一个新的基金会「小雏菊」爱心基金，旨在推动农村儿童友好社区的建设。这也是我未来的使命，从幼儿阶段儿童友好社区到小学阶段的「親基金」，促进优质学校的建设和教师优质化，我希望为中国的教育做更多更有益的事儿。

OEC 为学校和孩子们设计的课程非常专业和系统。我们的教育理念是提供最好的课程和教学，有人看了我们的课程说，这个东西拿到城里也一点不落后，我说不对，这不叫不落后，无论是城市的头部学校还是农村的偏远学校，都应该得到同样的教育资源。现在农村学校也能接受最先进的课程，这是非常有意义的。教育资源不应该被地域所限制，每个孩子都应该能够接受平等的教育。

知识的流动和传播若受到等级限制，这是一种傲慢和不义，是人类不应有的。如果能够让知识平等地流动于各个社会阶层，才能够打破阶层限制。知识流动被等级限制是等级的恶。中国曾经有科举制度打破阶层，但现在有些农村还不能接触到高质量的知识，这是不可思议的。一个在城市里做高质量课程的机构，应当能够在农村推广，这在体制内也是应有的。

再过若干年，当我从这些机构退出之后，我想成为一个社会工作者，服务于社会。我希望给学生和老师上课，带领年轻人做更好的课程和学校。这是我的第四个计划。现在我的身体和思维状况都不错，年龄也不大，所以在六七十岁或者七八十岁的时候，我希望坐下来，安定下来，好好做一名支持他人的社会公众。

李：去中欧学习是您何时做出的决定？在学习期间，您是否仍然在国企工作？

徐：我在 2005 年入读中欧国际工商学院，那时候我还在国企工作。2007 年从中欧毕业，我离开了国企。当时选择去中欧学习是我独立的选择，那时其他的很多大型国企还没有开始将中高层管理人员送到商学院学习。当我毕业的时候，我们那家国企开始选派人员到上海交大安泰商学院学习，领导问我去不去，我觉得再折腾两年就没有必要了，那时候，我内心开始思考自己下一步的选择。

我开始读中欧时并没有创业的想法。最初是想成为一个真正懂管理和经营的管理者，以便更好地帮助企业发展。在中欧学习的过程中，尤其在吴敬琏老师的课堂上，我学到了许多有关中国经济改革和资源配置效率等内容。我开始认真思考国有企业的一些关键问题，我也因此做出了一个关于国有企业的变革的本质思考的作业，虽然我现在仍然认为这个问题值得探讨，但是那时的经历让我对国有企业的发展有了更深入的了解。我们从资源配置、制度困境、超越自然配置和治理结构等角度来探讨这个问题，使我认识到国企的一些本源的悖论。

中欧毕业后，我选择离开国有企业，并创立了OEC，致力于提供高水平、高质量的学习服务，帮助中国农村学校和学生发展。多年来，我们一直坚持着做好课程和教学服务的目标。我坚信，更好的教育造就更好的社会。每一个个体在成长的过程中，需要寻找到自己的使命和自由。它也推动我们一直致力于打造让学生有尊严、有信念的产品和课程系统。这个目标到现在仍然没有变，这是源自我对这个社会的信念。

李：您从中欧EMBA毕业后，是什么契机促使您创办了OEC中拓研究院呢？

徐：我最初从中欧毕业、离开国企时，产生了一个更加乌托邦的、不切实际的想法：就是中国社会如果要变得更好一点，应该有好的教育和学校。或许是家庭背景的影响，我决定创办一家教育机构，提供优质的课程和教学。就是这样一个简单的执念，我走上了这条“不归路”……

初创OEC时，合伙人讨论了很多关于课程和教学的理念，但我也一直说自己对商业逻辑一无所知。尽管我毕业于商学院，但在实际操作中还是摸不到头绪。多年来我也一直在逐步学习了解客户需求、产品开发、渠道营销和财务等方面的知识。

初创一家机构并不完美，好在我们坚持下来了。回想过去，渠道、市场营销我也不会，做得也不好。所以这时候我才意识到人的能力是有限的，成为一个成功的企业家并非易事。优秀的企业家需要擅长人力资源管理、财务管理、战略投资、产品开发和服务客户等多方面。他们具有强大的管理和整合能力，能找到并组织一流的团队成员共同为企业创造价值。这种战略管理能力使他们令人敬佩。

在这个过程中，关键在于思考人生方向，勇于选择并走一条独立的道路。这件事成为一个契机，激发了我的勇气并渴望自由地寻找自己的使命和价值。在自我成长和学习的过程中，从初始的努力工作逐渐转向思考人生目标。这种转变成为核心课题，引导着我们探索自己一生的真正意义。

近几年，我决定投身课程领域和教育公益，创立优质课程中心并帮助更多学校。从最初的那些年摸索不定，直至近年来逐渐聚焦于课程和教学，我们向后整合，积聚了OEC的竞争优势。每个人在学习之外，还需要寻找人生方向。那段时间，我开始思考我的人生目标。所以除了前面的三个阶段，我还为自己留下一个阶段，即寻找人生道路。

李：实际上，OEC的优势在于课程和教学，这与您的家庭背景和教育经历息息相关。不论在国企还是商学院，您始终关注课程和教学。OEC和「親基金」，以及你最近发起创立的「小雏菊」，聚焦关注了两个极端人群：城市精英国际学校的孩子们和乡村偏远地区的学生。选择这两个人群作为教学对象，是基于什么

样的考量呢？

徐：我的课程和学术专业取向并非直接来自我的经历，但确实可能与之相关。我在企业里从事市场销售时，关注市场、销售的技术和工具，这在那时的国企营销系统中并不常见。到中欧时，很多人都在交朋友，拓展人脉，我却思考着如何把课堂的教学内容应用于国企的运营，学习定价战略，我试着设计定价模型用于产品调价，学习战略管理，我给企业管理层开课谈公司发展等，这些经历，可能都是我后来创办OEC的一些铺垫。或许这也是我们在做OEC时，不经意地关注课程和教研的原因。这可能也反映了我的个性，愿意专注钻研细节，在体制内时，我作为主管销售的一名管理者，专注于销售和市场技术而非社交关系。记得当时我们开设了几门课，我可能是班里获得A等级成绩最多的学生，后来因此被评为应届的优秀毕业生。

那么我为什么选择精英学校和乡村学校作为关注对象？我从中国学校和学生的需求出发，同时我认为中国社会变革最容易发生在这两个极端。中间层次的学校很难改变，因为其惯性太大。

中国社会由精英主导，但底层却占据了大多数。县域以下（含县）的学生占中国儿童青少年的2/3。关注这两部分人群，就是关注了帮助中国社会发展的基本面，因为这些人的状态几乎决定了国家的命运。尽管大城市可能越来越发达，但你看到云贵川陕甘宁那些偏僻山区的孩子，你就快乐不起来。

因此，我发起的教育基金会致力于关注中国最贫困地区的学校和教育问题。我们希望通过对这两个极端人群的关注和努力，推动整个国家的进步。

在选择精英学校和乡村学校时，我更关心教育的本质，即基于人的发展。在中国，人的发展要为国家服务，或者说教育是为国家服务，那么人如果不为国家服务，人的成长有意义吗？或者说，接受教育有意义吗？如果教育为国家服务，国家是谁？国家与个体发展间是否存在冲突或交集？

这些思考，使得我们觉得除了关注很高层面的国家主义的、民族主义的服务目标之外，或往上、或往下都可能有一个更加具象的目标，就是我们个体的发展，我们孩子的发展，或者说人接受教育，它应该是完整的，包括能够寻找自我和建立幸福感的手段和路径。当我们把这样的手段和路径作为教育的使命的时候，就看出我们今天的教育还存在着很多不足。这些不足无论在精英学校，还是我们的乡村学校，都有巨大的偏差。

再具象一些，如果从学校和学生学习的实际来看，城市顶级公立学校和双语学校（国际化学校）需提供多元、优质的课程以吸引家长。我们可以为这些学校提供一些补充。这是因为，虽然这类学校专注、优质，但每个学校的资源相对有限。例如，一所学校有一位德国博士教科学课，但他有且只有这一位博士，而我们能找到20位博士设计课程。1个人的专注难以匹敌20人的专注，这就是我看到的需求差距。新东方、好未来创造了优质课程，造成了无限的“内卷”，其实这是理性的结果，因而，形成了商业闭环。

当我们具备一定的课程能力后，我们想乡村学校的孩子也应该有享受优质课程的机会。但近距离观察乡村学校，我们才意识到，农村学校困难重重。这些孩子需要学这些课程，但当地教师实际上是做不了的，没动力、没精力、没能力，我说这叫“三无教师”。没有动力是因为觉得没用，不考试也不竞争。没精力是因为教师少，教学任务重，甚至教学以外的行政工作更加繁重，占用了大量教学实践时间。没能力，是即使真有动力，真有精力时他也得去学习，否则他发现科学课他讲不了，道德与法治课也讲不明白，自己也不懂生命安全与健康、劳动教育等课程。

我们决定采用社会组织的方式解决上述问题。解决农村三无教师问题，以课程为抓手来推动。有了优质课程，能促使老师持续改变观念和学习技能。初衷来自情怀，但逐渐转向研究需求和实际目标。经过研究，我们意识到需认真规划和设计，不断优化课程。

李：作为企业家，如何在商业需求和人文精神之间找到平衡？理想状态是什么？教育领域最大需求产生在培训和考试方面，双减政策直接影响了这个市场。若完全关注人文精神，面向的可能是小众人群，商业需求较小。这涉及企业家是追求规模还是高质量产品的问题。企业家如何取舍？

徐：这个问题困扰了无数人。我们经常讨论情怀和企业的关系。首先，不同企业有不同的规模和利润率。卖毒品确实赚钱且利润率高，但并不意味着你就可以从事这个行业。卖矿泉水的利润率可能不高，但总利润也可能很高，甚至能成为首富。商业面临两个问题：一是选择做什么，满足了哪些人的什么需求，二是如何提高效率和利润。这就是商业使命。具体来说，选择了教育行业，你需要了解，你的客户是谁，他需要什么，你的利润是如何创造的。你的使命和价值在于创造一个产品或服务，满足你的客户的需求，赚取到你的利润。这就是商业，你必须清楚地理解这一点。

第二点，需要努力创造极致和规模。新东方和好未来的突破已经非常了不起，市值上千亿令人惊叹，很多人无法达到这个水平。在我们营地教育行业，到今天，即使是做得很大的营地企业，基本也就是几千万的水平，达到几个亿的寥寥无几。这意味着在营地行业，有他的利润和规模边界。每个人的能力不同，有的人能做到一个亿，有的几个亿，有的只有几百万。你的利润能力和你的商业能力有关。能力强的多做点，能力弱的少做点。

第三，我和所有的年轻人在谈情怀和具体的商业行动时，经常用两个词：工具理性和价值理性。世俗的勤勉和努力创造辉煌的成就，都是为了荣耀上帝，这是马克斯·韦伯当年谈的，他说我们勤勉地工作创造出的成就，应该为你的价值理性或者你的情怀和梦想服务。如果情怀梦想是服务目标，我们应专注于提升理性执行。

卖矿泉水同样有伟大价值（你说的情怀和梦想）：为人类提供干净、清洁、便捷的水。他们研究如何将纯净的水送到人们身边，提升服务。教育同理，关键在于实际行动。所以我们树立了一个情怀和使命，我们为它努力。在这个过程中，前面有一道沟，有一堵墙，有的地方能跳过去，有的地方跳不过去，还得转弯。这就是你技术上的东西，你的工具是理性的，并勤勉不懈地努力，进而创造出辉煌成就，以辉煌成就来荣耀上帝，来让你的情怀和使命发光，这个才是闭环。

谈情怀需要通过实际行动来证明。假设新东方使命是帮助孩子提高英语学习的成绩，方法是找到最好的培训老师、教材和方法。通过实际成果展现情怀，证明孩子们的英语水平提高、出国留学、增长见识以及家庭和个人状况的改善与其有关。我认为这十分了不起。

在商业领域，每个创业者都有他们的使命和情怀，但并不是每个人都需要天天谈论这些。事实上，很多成功的企业家更注重付诸实际行动，而不是过度谈论情怀。反之，那些不太成功的企业家往往过于沉湎于情怀讨论，忽略了实际行动的重要性。

谈情怀与实际行动应相辅相成。清楚哪些是行动，哪些是内心目标，不能只谈目标而不行动。情怀与现实行动并无矛盾。企业需有情怀，但同时也需要为实际目标如改善生活质量而努力。朴实的情怀，如改变生活、帮助家乡，同样值得尊重。比如千百年来进山这条破破烂烂的路从来没有人修过，有人把这条路给修了，3.5公里花了1000万元，这不伟大吗？这不是情怀吗？但你天天谈，我就要改变这条路，却从来没改变，或者从来不能改变，那没有意义。情怀与行动间应相互支持，教育企业在追求情怀的同时也需致力于实际成果。

李：您公司的名称OEC，理念是Our Education in China，看到这个名字的时候，我觉得很有趣。我很好奇当时取这个名字时有什么特别的考虑或灵感。

徐：其实很多战略并不是设计出来的战略，很多战略都是总结出来的。我听人讲过一个故事：20世纪本田汽车刚刚进入美国市场时，在美国市场上并没有成功。当时的美国汽车市场主要是大型汽车的市场，而本田汽车都比较小，因为它们更注重燃油经济性。因此，美国人对本田汽车的反应并不积极。

但是，本田摩托车却在美国市场上大获成功。这是因为本田公司的摩托车产品与当时美国人的文化和消费习惯相符合。美国人喜欢独立自主和个性化，本田的摩托车正是符合这种文化的代表。本田摩托车的外观设计和性能也符合美国人的口味，因此本田摩托车在美国市场上受到了广泛的欢迎。而后来本田公司对外都会宣称，自己正是在调研美国的市场时，考虑到美国人的个性化需求、独立自主，后来推出了本田摩托获得重大成功。

我们曾在商学院学习战略学，课上讲到战略是从A点到B点的一系列行动方案，就像上班方式的选择，有多种可选，例如打车、骑摩托、坐地铁或者自己开车，每种方案都有不同的成本和时间。OEC这三个字母先有，后来才赋予了Our

Education in China 的意义。这是我们对中国教育思考的一个结果。

我们核心想法是“保守自己”的教育，它不是美国、英国的，也不是大宋、大明的。我认为自己是教育的保守主义者，但这个词可能不太适合，因为“保守主义”是个大词，更多的是基于基督教信仰建构的保守自由的那些原则。

我谈的教育的保守主义，意味着可能要保守我们这个国家的传统，并在此基础上与现代接轨。我思考过无数条教育之路，但我也感慨，我们可能最终还是会选择保守自己的文化传统，而不是完全模仿欧美。教育保守主义是推动中国教育现代化的一种途径。推动乡村学校变革时应该考虑学校的传统和所在地的信仰，了解后再进行改革。例如，推动农村小学的课程变革。

李：您创办的「親基金」未来教室项目是如何解决农村学校的困境呢？

徐：因为农村教师能力有限，为帮助他们提高专业素养，我们需要建立提升动力、省心、省力的机制。开设更多的课外课程可能并不是解决方案。因此，我认为农村学校的变革可能需要理解那里的传统和习惯，并在此基础上进行适当的改革。激进的变革方式并不能解决问题，因为这样的做法往往没有成功的案例。对于那些专门从事农村教育的公益组织，直接把全部精力花在开设课外活动上是不够的，我们应该注重课内教学，提高学生的学习效率。我知道现实情况可能会很艰难，但我们一味地开展社团活动等课外课程，这对当地校长、老师来说并不完全是一个好消息。

我们认为中国的教育应该有自己的路，包括自研和发展具有中国特色的现代教育。昨天晚上我还和一位英国朋友在线讨论了英国和美国的教育系统。我认为英国的基础教育在小学和初中阶段比美国更好，而美国的高中和大学教育更出色。

我们还讨论了一个拥有五百多年历史的学校，在伦敦郊区，目前还在招生。我希望中国未来的教育能够有自己的特色，例如中式资源教育、自然教育等。这是我推动农村教育改革的一部分。

李：您认为中国的自然教育和营地教育未来会发展成什么样的形态？现在市面上主流的自然教育包括日本的自然学校、英国的森林教育、芬兰的现象式学习法等，很多营地教育都会强调是英式、美式的夏令营。您认为什么样的形态比较接近中国的自然教育，或者您理想中的中国自然教育和营地教育会是什么样子？

徐：我讲下自己的个人判断，不知道准不准确。一个是现代战争的组织，一个是AI的发展，今天ChatGPT已经出现了。这给我一个感受，或许教育到了真正变革的时代了：学习者不再是工具人，他们开始成为真正的人。

现代战争的决策和行动更多地依赖于信息和数据的收集、分析和利用，而不是传统的军事斗争经验和组织经验。传统的战斗经验、组织能力可能已经失去了效果，武器和数据、算法、资讯成为现代战争的关键。那些不理解现代技术的人已经无法参与现代战争了。GPT的出现更加可能颠覆我们对教育的思考，近现代建立起来的现代教育如何面对未来的学习，我们那些“勤学苦练”还能适应未来的世界吗？

要探讨自然教育和营地教育未来的发展，就需要关注教育目标和路径，以及生活方式。教育目标应该与自由和开放有关，而教育路径和生活方式需要大面积地推广和提高质量。2014年我在公司内部的分享会上提出，没有安定的生活，就没有自然教育。背后更核心的逻辑是，没有自由就没有好的教育，也就没有自然教育和营地教育。当营地教育要被迫迎合升学考试的时候，它是没有路的。营地教育是围绕着人的发展、自由状态的表达。如果要是延续语文数学的学习，我为什么上营地去？

中国的意识形态和经济发展是两个最大的问题。政治和经济环境对自然教育和营地教育都会产生影响。若经济无法支撑这样的教育，人们的精力和资金就无法用在关键事情上。因此，未来的发展需要同时考虑国家走向和经济状况。外部条件对于营地教育和自然教育的发展有着重要影响。在政治和经济环境稳定的情况下，这两个行业更容易蓬勃发展。露营热的爆发也反映了人们追求生活方式的变化。营地教育和自然教育不仅是教育方式，也是生活方式，它们围绕着自由来建构。

针对营地和自然教育，我个人不看好能有大公司，因为人的需求是多样性的，太复杂了，大公司线下组织运营成本高是一个很大的困难，这是一个逻辑上的缺陷。庞大的公司无法提供满足所有需求的服务，这不太现实。即便是像迪士尼这种上市公司，建立了许多游乐场景，但财务报表并不一定好看。相反，其背后的文化和文明方式所建构的产品，可能才是持续竞争的根本，营地可能也是这样。

从文化和集约化入手，可以将人集中到一起，以形成一种不同于学校的劳动日体验，通过在一个大公园中布置 20 个点，每个班级依次参观，每个人交 60 块钱的方式实现。这样的模式可以进行精细化的改进，就像迪士尼里的 20 个游戏一样，但是这种模式仍然是有限的，正像人们不可能每天都去迪士尼，因此需要做增量。全球主题公园如迪士尼是分布式建设的，中国大陆市场也只有一个。教育机构若考虑规模化，可能会遇到需求多样性和政策限制的困难，因此产业化令人担忧。由于政策管制和资本限制，未来几年这两个行业的大公司出现的可能性较低。

满足多样性造成的高成本，使得行业的利润率受限。迪士尼可能是一种思考方式，通过在多个地区建立大型教育基地来实现边际贡献。然而，这种做法需要理念、价值观和自由的支持，否则只会导致无序的娱乐。此外，行业竞争激烈，包括其他游乐场和商场的活动。这个行业的逻辑和发展并不清晰，日本、北欧和欧洲的夏令营机构没有大公司，中国想产业化这个行业但是困难重重，预计未来三五年内只有少数公司能做到一个亿以上的规模，外部环境苛刻，经济情况不确定，如果没有持续的经济增长和开放的教育政策，这个行业将面临困境。

我对未来三到五年的前景表示担忧。我们需要稳定、不要折腾，尽管我们希望实现稳定，但现实不允许。疫情防控对这个行业的打击是毁灭性的，更严重的问题应该是这之后：资本撤出、政策闭塞、经济衰退等因素都不是好的发展条件。大家对此应该有共识，可能会对未来持谨慎态度吧。

李：我们回顾了您的职业生涯和对行业的思考，最后我想回到您小时候家庭的成长背景，听听是否能为我们现在的思考和方向提供一些参考。

徐：许多人在讨论两个点：原生家庭和生活经历，对今天的决策和行动的影响。心理学上已经做了很多研究，探讨了这些因素对个人的影响。我个人也思考了这个问题，并据此做了一些判断。

第一个因素是稳定，所谓的稳定是什么意思？就是原生家庭对一个人的稳定发展有影响，比如我的原生家庭很稳定，父母都是教师，我和妹妹是人们口中的教师子弟，成长过程中没有太多变故。这种稳定的生活让我性格里缺少冒险精神，少了大胆创新的动力。我离开国企前，下了好几年决心，我遭到家人的各种反对，老爸还特意给我写一封信，他这一辈子就给我写过一次信，意思是国企这么好的位置人家想争都争不上。对于我的选择，我认为国企工作虽然稳定，但可能没有大的创新和发展动力。这是因为我在原生家庭的稳定环境下成长，习惯了平稳的生活。所谓的稳定，表达了一种状态，少了大起大落的冒险性。

父母和家庭常常是个人的镜子和参照系，往往会成为个人反叛的对象。这种反叛可能是个人内在动力的潜在因素，但往往被人们忽略。人们通常只看重父母和家庭的正面影响，却忽略了反叛的影响。所以，父母和家庭的影响是复杂的，既有正面影响也有反叛的影响。我自己的变革是受到了父亲一辈子都谨小慎微的性格影响，我不想一辈子都处于这种状态，于是我做出了改变。当然了，性格的塑造是另一个影响个人变革的因素，即使性格固有，也有可能在一定程度上得到改变。

我认为，对原生家庭的背叛，就是你成长的开始。如果孩子只是像父母一样，那么这个成长过程可能就会很无趣。

第二个大的方面就是儿童的经历会有长远的影响。这些影响是潜意识或无意识的。我们做了很多决定或者很多判断，并非是因为有那样的经历，所以才那么决定的。你的一些动作可能是不经意的，比如我选择教育行业，和我从小在农村生活有关系，我和农民打交道没有距离感。一个在农村长大的人可能会更关注乡村教育和公益事业，而一个在城市长大的高干子弟可能会缺乏对农村的真实感受和了解。这些影响是无意识的，源于个人的生活经验和感受。

第十三章
苏州·畅悦文旅：
打造国内文旅产业落地运营领先品牌

苏州畅悦文旅发展有限公司是一家面向文旅行业全产业链，提供专业解决方案与运营管理输出的综合性“智&力”服务供应商。致力于为文化旅游项目、复合休闲产业、主题特色小镇、乡村振兴运营，以及大型旅游区域的综合开发。

近年来，苏州畅悦文旅发展有限公司经一系列成熟案例的沉淀，积累了丰富的文旅行业经验，并探索出了一套基于前端策划、规划设计、品牌培育，到后期的业态招商、专业运营、流量导入，文旅项目全时一站式服务模式。通过融入研学、体育、文创、民宿、人才培养等多渠道行业资源，形成了“文旅+”项目发展理念，为传统文旅项目运营提升、为乡村文旅产业振兴提供全新的多元产业融合的发展方向。

访谈时间：2024年2月24日

访谈对象：萧去疾 「畅悦文旅」总裁

李文翰（以下简称“李”）：您在文旅行业深耕了二十七年，回到起点，您是如何进入到文旅行业呢？

萧去疾（以下简称“萧”）：我是在杭州大学读的酒店旅游管理专业，在实习阶段就进入了杭州宋城集团，在宋城集团的经历为我在文旅行业的发展奠定了非常好的基础。后来我希望去看看外面的世界，所以毕业后我就离开宋城集团，去了杭州国旅，那时候我主要做的是入境游的团队接待，我能把华东地区美好的景色带给国外的游客，看到他们对我的认可，是一件非常开心的事情。

我记得很清楚，从1999年到2003年，SARS事件来临之前，入境游是个非常好的市场，常规的入境团大概游玩6天的时间，收费标准是每人6000多元人民币。我们的任务就是让外国游客爱上中国，整个入境旅游市场都是良性运转、蓬勃发展的状态。但是SARS过后，虽然入境旅游依然处于井喷发展的阶段，但是市场环境已经转变了，无论是组团社还是地接社，都进入到低团费、零团费，甚至负团费阶段。也就是说，到了2006年的时候，国外游客到华东地区游玩，不仅不用支付团费，甚至组团社在国外接收客户的时候，还需要支付100美金到400美金不等的费用，在旅游行业中被称为“人头费”。

在这种境况下，导游已经丧失了民间文化大使的身份，更多地需要为旅行社、为车队、为领队去赚钱，因为是零团费甚至负团费，因此消费回扣成为导游以及旅行社盈利的唯一途径。那时候我非常反感这种状态，我觉得我们从业者已经到了没有尊严的地步，而我没有办法改变大环境，但是我可以改变我自己。

所以我开始与一群志同道合的朋友做定制旅游，当时我们先做了个行天下户外网站，让我看到了定制旅游的魅力，可以说，从2008年到2010年之间，我们应该是中国户外运动旅游的开创者。我记得接待量最大的一年，国庆黄金周的时候，每天能发出去100多辆大巴车，而且我们走的都是定制线路，从来不去需要门票的景点，让人们领略自然风光的同时，感受远足户外的魅力。

在做定制旅游的过程中，我希望给游客营造旅途中不一样的感受，给游客留下更深刻的印象。但是我发现无论是酒店还是农家乐都不足以满足我们的需求，那个时候我就开始关注民宿板块。同时，我也是在2014年的时候，开始下场自己做民宿。

李：其实现在也有很多人，对开民宿是有向往的，您怎么看目前的民宿市场？

萧：我的观点是“单体民宿”尽量不要去挑战，第一，单体民宿不盈利的比例高达80%，因为单体民宿房间一般不超过14间，但是需要包含住宿、餐饮和活动服务，业态繁琐，成本居高不下。

第二，一定要关注民宿的合法性。我们曾经在318国道做过一家民宿，但是只存活了3个月，并不是因为我们没有客户，那个民宿建得很美，也很受市场欢迎，当时已经完成了2016年80%的订单，但是在2016年4月份，我们那个民宿被挖掉了。最主要的原因就是土地性质不合规，属于违建。当时花了500万元，为自己错误的决策买单。所以，如果大家要布局民宿，一定要慎重。

李：后来您是怎么从民宿发展成为综合性文旅营地呢？

萧：我其实从2006年的时候就开始接触游学，当时我们把中国的学生带到马来西亚、新加坡去，同时也把那边的学生带到中国来，这是早期的青少年国际游学。

2016年的时候开始接触真正的研学营地，我接触的第一个营地是在江苏泰兴的小南湖景区，景区因为只有传统水果采摘的业务，很难让其实现盈利。我们去现场看过以后，发现它有丰富的农业资源，做青少年社会实践营地几乎是唯一解，别的板块都很难实现盈利。所以在2016年的下半年，我们就和村里一起成立了研学公司，开始做课程搭建、场地建设，同时完成团队磨合。

2017年，我们的研学院成为泰兴市教育局的青少年社会实践基地，之后泰兴的学生就开始到我们这个基地来了。2017年一年赚的钱，就让村里建了一个800人的住宿单元，所以从2018年开始，我们就有能力接待两天一晚或者三天两晚的活动，也能够接待冬、夏令营的团队。同时在这一年也做了全省老师的培训，也向上级部门争取了很多的资金，建设了有关消防的八防教育馆。那么到我们这里来的就不再只是学生了，包括民政局等事业单位，他们的职工培训，也会到我们这里来，所以我们就把这个研学营地从青少年业务拓展到成人培训、国防培训、军事培训等多个业务板块，2018年我们的接待量就达到了15万人次。

我们从前期的策划、运营到完成整体市场搭建后，就慢慢地从这个营地中退出了。

后来，我们在宁波奉化也做了一个爱国主义教育基地，当时选择这个场地对我们很有挑战，因为奉化是蒋介石的老家，所以奉化有很多国民党的将军村，它的红色印记比其他地方要少很多。我们的解决方案是在黄贤村的山坡上做了一条长达5.6公里的“重走长征路”的线路，后来依托这条线路，我们开发了爱国主义教育课程、军事研学课程，不仅能做青少年研学活动，还承接宁波市的党员培训，做到了全龄研学。

后来我们在浙江新昌，也做了和乡村振兴有关的一些基地，这些基地相对来说要小一些，还不具备庞大的研学团队食宿接待能力。

再后来，就是疫情期间，我们拿下了苏州的大龙荡营地，这个营地的谈判、签约、建设、开业，都是在疫情这3年内完成的，也是我们目前的标杆营地。

李：疫情那几年，整个市场都处于沉寂状态，为什么您会选择在这个阶段投资建设营地呢？

萧：首先在疫情期间，我能更容易地谈到我想要的条件，不管是和政府还是甲方，客观地讲，有些条件在疫情过后是不可能再谈到的，因为大部分同行都选择蛰伏，反而对我是有利的。

其次，我是经历过 2003 年的 SARS 全过程，所以很清楚地知道疫情一定会过去，当然这次疫情其实比 SARS 要更久一些，足足有 3 年的时间。我们在疫情期间做好了一切准备，一旦疫情放开，我们就有个完整的、经过磨合的团队来应对打开的市场。因此，我们这个营地 2022 年下半年开业，2023 年就可以实现自负盈亏了，不用我再往这个项目中去贴钱了。

我觉得这也是源于我们在疫情期间没有放弃每一天，而且在这 3 年的时间中，我没有主动解雇团队中的任何一个人。可以说，我养了这个团队整整 3 年，工资和五险一金没有打一分钱的折扣，即使我们的财务告诉我，国家允许企业在疫情期间给工资打七折或八折，但是后来我仔细想了想，还是希望我们这个团队是牢固的、具有忠诚度和专业度的，所以还是决定不打任何折扣，全额、按时给大家发放薪资。

我记得 2023 年 3 月份的时候，疫情已经完全结束了，我的员工和我说：“萧姐，你守护了我们 3 年，现在换我们来守护你”，当我听到这话时非常感动，我也意识到，这个时候，我们是一支能打仗的团队了，市场打开了，他们会不顾一切地向前冲，不用我在后面用鞭子抽着他们才会往前走。

那个时候，我们市场部每天早晨 7 点开始接电话，直到凌晨 2 点钟，团队没有丝毫怨言，而且大家都非常开心，因为我们用了 3 年时间做准备，现在是市场给我们回馈的时候。通过3年疫情，以前是我带着团队在打仗，现在是团队带着我去打仗，我站在后面，帮他们把控方向。

李：大龙荡算是综合文旅营地，目前这个营地的市场布局是怎样的？

萧：大龙荡营地和我们之前的一些营地布局有所不同，以前，我们运营一个营地，首先是解决大研学市场，大研学市场的特点是以教育局为主导，学校来执行，学校需要先向教育局安全科进行报备，学生才能出校门，但是不可能以班级为单位进行报备，一次报备至少是一个年级的学生，像江苏、浙江、上海这边，一个年级少则200人，多则1200人，所以如果要做这块市场，一方面需要解决营地的食宿接待体量，至少得先满足500个，甚至1000个床位配置的问题；另一方面，需要向教育局申请授牌，比如拿到教育局的青少年社会实践基地，或者是青少年劳动教育基地、素质教育基地，这样学校才会把学生带到你的营地中来。

我也会帮其他营地做咨询和策划，我认为每个营地运营都应该想清楚自己的目标，如果你要建设一个国家级的研学营地，那么你从一开始就要考虑1000人的食宿、1000人的接待、1000人的课程，我说的这1000人是同时到你的营地，你能一次性接待的人数。

未来研学营地的竞争中，接待量是一个非常重要的门槛，如果你有条件争取国家级的研学营地，那肯定要尽量争取。未来中小型的研学基地极有可能进入极其残酷的内卷行列，我认为大家都应该更谨慎地思考营地的核心竞争力，不是说你有几块田地，就可以做劳动教育了，劳动教育没有那么简单，只要你做简单了，未来极有可能被淘汰。

第二，就是定制研学，或者说深度研学。这部分客户一般会通过家委会和培训机构过来，这部分业务不像大研学那样，一次性过来几百人、甚至上千人，一般来说，定制研学团队不超过50人，但是对课程深度、孩子的体验感以及教育收获有更高的要求。

那么对于营地导师而言，需要根据实际情况来设计营地课程。比如大研学团，可能上午8点半到营地，下午3点就得返程，那么在这么短的时间中，如果非要把课程做深，我认为是不切实际的。针对定制研学团，我们需要设计幼儿园、小学1—3年级、小学4—6年级以及初一初二的课程，这要求我们根据客户的需求做有深度、有文化内核的研学课程。

在营地运营的过程中，我发现幼儿园活动也是之前被我们忽视的市场，很多幼儿园希望一次性把全校孩子带到营地中做1天活动，我们在2023年就给幼儿园的孩子做了个“速棍面包”的活动，孩子们在老师的帮助下可以烤出一块小面包带回家，孩子们的体验感和成就感很强，而且这类活动可以300人，甚至500人同时做，人数限制比较少。

但是我们接待幼儿园孩子遇到最大的问题是如何解决小朋友上厕所的问题，因为低年龄段的孩子，从他告诉老师想上厕所，到他憋不住的时间段是非常短的，这也是我们营地课程设计中需要考虑到的。

我觉得无论做任何课程、任何产品，不是说一味做深度就可以，因为我们不是学术研究机构，毕竟是开门做生意，市场愿意买单是非常重要的信号，我们千万不要回避说不谈物质的东西。我们大龙荡之前做的树屋营，是可以真的让孩子们动手建造树屋，并且在里面过夜的，造船营是真的可以把小朋友造的船放到水里去乘风破浪的，这些产品很受孩子和家长的青睐。

很有意思的是，我们去年发现从抖音上报名营地活动的散客，也是不可忽视的市场。大部分营地之前都只做B端业务，我们有个挖藕、做藕夹、做桂花糖藕的亲子活动在抖音上花了800元的广告投放，通过直播和视频，前前后后给我们带来了30多万元的销售额。后来我们复盘，发现藕夹作为苏州美食，挖藕活动很受家长欢迎，抖音给的自然流量本身很多，我们的活动成交量大了以后，平台会给我们推更多的流量进来。

另外，我们每周都会在小红书上接到团队拓展的业务，这也是我们之前没有预料到的销售渠道。总之，除了传统的toB销售渠道以外，我们经营一家营地需要更多地布局线上新媒体营销渠道，针对不同的客群，开发多元化的产品，让不同人群到营地中都有适合的活动内容。

李：梳理过来，您其实是从入境旅游转向了民宿、营地这个赛道，为什么会选择从轻资产的业务向重资产业务切换呢？

萧：说得直白一点，旅行社其实是中间商，一边是地接社、一边是组团销售，主要盈利是靠中间差价。因为我最早是做入境旅游，很清晰地看到入境旅游这个市场就像是冰山融化般地塌陷，旅行社正式的导游，从最早除了有工资、社保以外，每天出去带团还有补贴，发展到后来，导游不仅没有工资，还需要自己交社保，甚至每天得给旅行社交400—600元，这让人觉得这个行业看不到未来。

旅行社也从早期的有团可收，到后面需要到国外去“买人头”，车队也和旅行社一起降价，一起去组团拉人头。但是我发现有两个地方，无论如何都不会跟随旅行社无底线地降价，一是酒店，二是景区。

那时候，我就在想我们什么时候能成为甲方，拥有话语权。因为我有这么多年做旅游的经验，对酒店的痛点非常了解，也懂得如何在不同场景更好地给客人提供服务，但是我认为民宿是比酒店更理想的产品形态，所以我开始去关注民宿市场。

目前我也是这一届中国民宿协会的副秘书长，在从事民宿行业过程中，我又看到了民宿的痛点，所以我开始做民宿集群，也就是目前大龙荡营地的住宿形态，我们把酒店和民宿的优点结合在一起，民宿集群在房型布局上更丰富，同时也能根据不同的需求，做房间布局的转换，这样既可以接待散客，也可以接待团队，满足不同客户的需求。

当你从简单的采购方转变为有话语权的资源方的时候，你会发现原来天地是不一样的。因为我是做旅游出身，我会从旅游的层面去考虑一个产品推向市场的时候，是否有人买单，后来运营营地也是因为之前从事旅游的经验，让我在需求洞察和产品打造上更加敏锐。

李：最近这几年，无论是教育出身，还是文旅出身、营地出身的从业者，似乎都发现自己进入了大文旅的赛道中来，您怎么看旅行社、营地教育、研学旅行这些机构的业务边界呢？未来市场是个怎样的走向？

萧：以前我们营地教育的从业者更希望把自己归为做教育的，感觉总有一张遮羞布，可能觉得做教育的，没有那么物质。但实际上大家做的都是文旅方面的事情，只要接触到了吃、住、行中两个以上的项目，按照旅游法来说都属于旅游，而旅游就是让人身心愉悦，其实营地教育也一样，只是在让孩子身心愉悦的同时，有所收获。

其实之前我们做户外运动俱乐部，也有过一段争议，就是户外运动属于旅游局管理还是体育局管理，后面我们的共识还是属于旅游局管理，我觉得大家需要有一个明确的认知。

目前来看，传统旅行社想要向拓展、研学转变，还是蛮难的，包括传统导游向研学导师的转变，也有一定的难度。但是反过来，原来做拓展、团建、研学和营地的机构，近几年都陆续设置了自己的旅行社部门，也在向旅行社靠拢。

我们营地去年夏令营接待量和利润值最高的客户，是培训机构，包括篮球、美术、英语、吉他这些机构，他们有生源，需要把流量进行二次变现，也开始像八爪鱼一样向其他领域进行扩张。也许再过几年，我们今天谈论的这些行业不再有真正的边界感，形成你中有我、我中有你的状态。

李：其实无论是做入境线路还是国内线路的旅行社，似乎近些年来主流还是做低价团甚至0元团，通过购物来盈利，您作为国内早期的文旅人，怎么看这个商业怪圈呢？

萧：第一，我们国家从有了第一家旅行社到现在，已经有四十多年了，这个怪圈在于，目前大多数旅行社认为自己服务的是四十多年前的游客，还沿用着四十多年前的思维和盈利模式在面对现在的市场。

第二，目前整个文旅行业，只有一张导游证是全国认可的证书，但却有大量细分的赛道，从业者学习的是过去制定的行业规则和服务标准，甚至现在学习旅游管理专业的学生，学到的都是几十年前的课本、几十年前的知识。我现在也非常不理解，我这个70后学习的旅游课本，00后还在学。整个旅行社面对的客群完全不一样了，90后、95后、00后有更发达的资讯，靠低价、靠哄骗去服务现在的客户，已经行不通了。

不说旅行社行业，你看这四十多年，中国都已经发生了翻天覆地的变化，如果传统旅行社不做出改变，那么一定有各行各业的从业者入场，用新的方式来服务现在的客户，占领传统旅行社的生存空间。

李：从营地运营的角度来看，既需要服务大研学团队，也要服务定制研学团队，既有C端业务，又有B端业务，您是如何构建一个能服务不同人群、不同业务需求的全职团队呢？

萧：这可能和我这么多年的积累有关，我们现在的管理团队，跟我时间最长的管理者已经有十一年了，最短的也有六年时间，他们跟着我接待了不同的客群，在这个过程中，他们的综合能力不断完善。

现在的管理团队，本身就有丰富的从业经验，同时，也会按照我当年培养他们的方式，去培养新人，这样我们整个团队的能力是有传承的。

李：我了解到畅悦文旅除了运营自有营地以外，也做了很多文旅营地的策划和咨询服务，在您看来，要运营好一家营地，有哪些必备的商业步骤呢？

萧：其实是因为我们以前一直做运营，就有很多营地建设好后找到我们，希望我们去运营，但我们到现场一看，就发现很多问题，从运营角度来看，需要的东西可能没有建设，不需要的东西反而建设了一大堆，而且还影响营地的游线。

所以后来再有新的项目找到我，如果需要我来运营，那么我会要求这个项目前期的策划一定要交给我们来做，规划设计可以去找规划设计院。很多地方政府想建设国家级营地，第一步往往是找个规划设计院，其实第一步就错了。

在规划之前，更重要的是策划，策划是想明白你未来怎么赚钱，是明确你未来的客群画像，而规划、设计、建设都需要匹配这个客群画像，规划是想明白怎么花钱。如果不做策划，还没想明白未来怎么赚钱，建设完成之后，钱已经花掉了，这时候再厉害的运营团队也于事无补。

所以说正确的顺序是策划、规划、设计、建设、运营，在做新项目的时候，一定要先把策划做明白，再启动后面的步骤。

我们现在运营的大龙荡营地就是典型的案例，这个项目是当地政府在2018年到2020年期间建设的，最初的打算是建一个体育公园，但是建设了两年多时间，已经花费了一个多亿，但是政府突然发现，如果按照当初的设想，政府每年需要往这个项目中投入两三千万的资金做维护，比如绿化、环卫、安保等。

所以当时政府觉得不能这样下去了，得找个运营方，这个项目后面的建设听运营方的。所以他们在2020年的时候找了6家运营方，最后选择的是我们。当时我和他们讲，如果彼此有诚意，你就必须购买我的策划案，我们一起想明白未来怎么做；如果你购买了我的策划案，接下来的建设是根据策划案来做的，那我就可以接手这个项目后期的运营。

后面就是按照策划案一步步完成了营地的建设，我们其实比监理还上心，因为后期运营是我们来做，营地的建设过程就和我们息息相关。因此，运营方一定要提前介入，才能保证这个项目在未来是能够成功的。

李：“运营前置”的思路是不是在地产、酒店、民宿项目也是通用的？

萧： 首先，地产几乎没有运营思维，它们最多会考虑项目建设完成后把物业板块做了，建设前期配置销售团队，建设后期配置物业团队。

第二，我们看到很多五星级酒店，是有运营前置思维的。比如有人要投资一家W酒店，在建设前期，W酒店就会告诉他们自己的标准，比如需要建设多少间房间？需要有哪些配套？这就是运营前置。如果说建设方按照自己的想法去建设，建设好后再去找运营方或者品牌方，那时候就会比较受限。

第三，民宿也很少提起找运营方。因为很多民宿都是老板自己的情怀，他在建设的时候肯定没想过找运营方，只有说自己先运营一段时间，运营不下去的时候，他才会考虑找运营方。而且，单体民宿一般不超过 15 个房间，所以很多民宿就建 14 间房，这个体量根本没办法让运营方和投资方同时赚到钱。

李：其实现在能真正实现盈利的营地很少，你们是怎么能在开业第二年就跨过盈亏平衡点呢？

萧：我认为第一是选址，这个项目在未来成功与否，选址决定了 50%。

第二是体量，现在很多营地都建设在乡村，需要重点看建设用地的面积，如果没有足够的建设用地，想要接待 300 人、500 人这种体量的项目，基本上是不可能的。千万不要想着通过临建、违建等方式解决住宿问题，在土地性质不明确的情况下，很可能你所有的投资都会付之东流。

建设用地越大，能承载的业态越丰富，营地的可能性就越多。人的需求很简单，比如说你们去一个营地玩，在营地停留 2～3 小时，肚子饿了就想去吃饭，如果营地中有餐厅，你能直接在营地用餐，那么下午的 3 小时时间，还可能继续在营地中消费。如果营地没有餐厅，你需要到外面去吃饭，那么吃完饭回营地的可能性就不大了。

同样的道理，如果营地有住宿，就可以承接多日的活动，散客也能在营地停留更长的时间，白天玩累了可能就直接住下了，第二天还能玩一玩再返程。

营地中的吃、住、游、购这 4 个功能板块，都是建立在营地自身的体量上的。

李：过去民宿火了一段时间，后来热度下降，很多民宿同质化，也失去了核心竞争力。您觉得营地应该如何建立自己的护城河，才不会在未来卷入同质化的行列呢？

萧：我们分别来分析，先说民宿，现在很多人一谈到民宿，会觉得这是个亏钱的项目，原因其实很简单，因为民宿体量小，但是又要有住宿、又要有餐饮，还需要有体验，它就像是一个小小的身躯，扛了个大大的脑袋，本身就不平衡。

民宿对运营者的要求很高，他需要具备接待能力，还要能打扫卫生、和客人聊天，甚至还会各种才艺，这种人本身就很稀缺。所以说，只要主人的热情没有了，民宿进入到店长管理阶段，它的品质和调性就会开始往下降。

另一方面，有些民宿因为环境比较好，有稀缺性，导致收费不合理。以前莫干山随便一家民宿都在两三千元一晚，但是热度一旦下来，这个价格就是虚高的。因为客观来说，民宿从硬件上是没办法和酒店去媲美的，但很多民宿是五星级酒店好几倍的价格。

我们可以看到，2024 年进入到消费降级的阶段，以前那些动辄几千上万的民宿，它的受众会越来越少。

那未来什么样的单体民宿能存活？只有家是自己的，不需要房租，两夫妻一起经营，几乎不用再雇用全职人员，往往这样的小而美的民宿能盈利。其次就是介于单体民宿和酒店之间的民宿集群，可能有未来。

那营地如何建立自己的护城河呢？我认为还是需要有稀缺资源或者稀缺场景，比如我们现在运营的大龙荡营地，它的特色就是拥有 3500 亩的水域，因为在华东地区，很难找到像这样 3500 亩独立的湖面，而且不设航道、不养殖、不是水源地，能够进行文旅项目开发，这就是我们的核心竞争力。

选择稀缺场景就是选址，选址是第一位的。除了选择风景以外，还需要关注营地距离千万级人口城市的距离，最好是自驾 1.5 小时范围内，千万级人口的城市越多越好。如果你的营地 1.5 小时车程的范围内，有千万级人口的城市，那么未来再差也差不到哪里去。

除了选址以外，才是营地的住宿好、用餐好、课程好、服务好这些运营层面的问题，当然，资金雄厚也非常重要。

李：您觉得再往后发展个五年、十年，营地业态会往哪方面发展呢？对从业者有什么建议吗？

萧：我认为现在做营地，一定不要认为 B 端市场就是你的终极目标，未来的市场在 C 端，最终还是要考虑 C 端的客人会不会在你的营地停留，可以有吃有住有消费。因此，未来小营地会越来越内卷，因为客群很窄，只能在夹缝中求生存，而大营地只要能承接足够多的项目，就能让人有更长时间的停留，对营地而言，客户停留时间越长，盈利的机会就越多。

李：您希望在未来五到十年里，将畅悦文旅做到什么状态？

萧：我们的目标是冲击上市，如果说未来我们做到 5 个类似大龙荡这样的综合营地项目，无论是从营收还是盈利的角度，就符合了上市的要求。

目前我们主要是两块业务，一是综合性文旅营地的运营，苏州大龙荡营地是这块业务的标杆；二是为其他项目做策划或者顾问，分别占我们整体利润的 50%左右。

第十四章
东莞·冠军营地：
致力成为孩子的终身学习陪伴者

冠军营地，国内首批营地教育机构。成立于2014年，建有自主运营的营地、拥有成熟的营地课程研发及执行团队、标准化的营地工作体系以及前沿的营地运营理念，成立至今，已为近10万中国青少年提供专业的营地教育服务。

冠军营地通过营地教育课程体系的构建与个性化营地教育课程的研发，专注6—14岁青少年的冬夏令营、研学旅行、营会定制、周末营、亲子营、营地师资培训等营地教育业务。同时为景区、农场、旅游用地等不同类型的场地提供营地的规划、营地运营以及资源整合等服务。

冠军营地以探索教育为核心，在“独立、自由、平等、快乐”的学习环境中，通过“科学创新、人文艺术、户外探险、自然探索、国际视野和公民意识”六大学习领域，培养孩子的“审辨、创新、文化、合作和沟通”五大能力素养。

访谈时间：2024年1月12日

访谈对象：黄伟茹「冠军营地」创始人

李文翰（以下简称“李”）：冠军营地是国内第一批从事营地教育的机构，您能和我分享一下是在什么样的机缘巧合下成立了这家公司吗？

黄伟茹（以下简称“黄”）：我们最早叫“今日户外”，并且我们当时也一直在做一个以户外为主题的青少年成长项目，冠军营地是2016年的时候申请注册品牌的。那时候为什么想去做青少年的营地教育呢？其实2014年国内还没有营地教育，更多的是冬、夏令营。

其实我自己是一个性格比较内向的人，但通过参加一些基本的户外活动，像登山、徒步等，发现这些和大自然接触的户外运动特别治愈，无论是对成年人还是青少年都特别有利于身心健康的发展，于是自己也慢慢爱上了户外运动。所以那时候就和另外两个合伙人一起做了“今日户外”，同时也是在做冬、夏令营的过程中发现到了小朋友真的很需要户外运动以及与营地教育相关的一些内容来作为青少年成长中学校教育和家庭教育的补充。当时自己去过一些比较发达的国家进行营地教育相关内容的交流与学习，也正值中国登山协会在国内大力推动户外营地教育的发展，在这种社会所需的形势下加上自己的初心，于是公司在2016年就慢慢地转型，侧重做了青少年的营地教育板块。

李：在十年前国内还没有营地教育相关概念的时候，大家对于青少年的这种活动是一种怎样的认识呢？以及您觉得那个时候的中国孩子最缺乏的东西是什么呢？

黄：十年前基本没有“营地教育”这个概念，那时候市场上有的青少年户外活动基本上以军事冬、夏令营为主题的居多，以及一些主题性比较强的冬、夏令营活动，比如传统的球类运动的冬、夏令营训练营及艺术培训类的冬、夏令营等，都是专项知识习得性比较强的主题营，像户外或者综合型的营地很少。

到了2016年的时候，整个国内的营地教育业开始井喷式发展，包括中国登山协会、ICF 国际营地大会、CCEA、ICE 等平台都在推动，所以一部分原先做户外俱乐部、青少年活动等板块的从业者或机构开始布局或转型做营地教育的相关工作，那时候的我对于营地教育能给孩子带来怎样的变化，或者市场会是怎样的走向也很迷茫和未知，但总觉得营地教育会是孩子在成长过程中很需要的一个板块，也很认同营地教育是学校教育和家庭教育很好的补充。

我们 2014 年、2015 年的时候，寒假暑假一般就是做 1～2 期冬、夏令营，当时做的人不多，而且是纯户外主题的营会，一期 6 天的夏令营，如果结合上小主持人或青少年发展心理学的内容，人均零售价一期大概 6000 元，市场反馈很好。

也许因为做的人不多，或许因为本来招募的人数和期数也不多，所以相对比较容易招募。到了 2016 年，当我们专门来做营地教育，把青少年营地教育内容作为主营业务的时候，营期也大大增多了，除了有更多期的冬、夏令营，同时还有节假日营、周末营等。内容也更丰富了，除了户外主题，还会有自然教育主题、人文素养、科技创造等不同的主题。虽然大面积地推广营地教育，并且市场上做的人也越来越多了，但发现学校和家长的接受度并没有很好，大家很容易会把营地教育的活动和传统的旅游或春、秋游以及军事主题的冬、夏令营做比较，尤其在价格上做对比，会觉得营地教育的收费比春、秋游和军事主题的冬、夏令营收费高。但其实营地教育带给孩子们的体验感和传统春、秋游和军事主题的冬、夏令营是不一样的，还有导师配比及运营成本也是不一样的。在营地教育板块我们以孩子为中心，强调孩子综合能力、社会能力的培养，我们更希望孩子们在营地构建更好的人与社会，人与自然，人与人之间的关系，以及自我成长的关系。

在不断地拓客和公益推广的营地活动中，慢慢地让一些家长越来越认可和接受营地教育带给孩子不一样的体验和成长。家长们也感受到了营地教育和传统旅游及军事主题冬、夏令营的不一样。同时营地教育尊重孩子的理念，以孩子为中心的思想也得到大家的认可，营地教育里丰富且趣味性高的营地活动深受孩子们的喜爱，营地成了孩子们家以外的家，是孩子们来过一次还想再来的地方。我们希望孩子们在营地里，在营会中有更多的顿悟时刻，有更多的批判性思维的碰撞，希望营地对于孩子们来说是一个灵魂升华的地方。

在营会活动中经常会有一股很强的力量，那是用生命影响生命的力量。我真正地见证过很多的青少年在营地里的顿悟时刻和成长。在 2015 年我们还不是以青少年活动为主营业务的时候，记得当时的户外夏令营里有一个从广州来的孩子，孩子的父母因为工作繁忙很少陪伴孩子，孩子显得特别叛逆，和家长的关系也非常不好，但是在一周夏令营活动结束的结营仪式上，孩子读出了给自己爸爸妈妈的信，里面多了感恩和对父母的理解，并且现场说出来“爸爸妈妈我爱你”，现场的父母当即感动而落泪，和孩子紧紧地拥抱在一起。父母说从来都没有听孩子说过“我爱你”三个字。

我们营地的运营者，营会的执行者，其实很多时候有意或无意地激发了孩子的成长，这也是营地教育的魅力所在。孩子的每一次成长，家长的每一次认可都是我们作为营地教育工作者前进的动力和坚持的底气。

李：在您看来在 2015 年前后，每个国家的营地教育行业发展的状态分别是什么样子呢？

黄：我是从 2016 年开始在国外及香港考察、交流、学习营地教育这个行业的相关内容和知识。美国算是营地教育发展比较早甚至最早的国家，很多成功人士都参加过营地活动。哪怕在营地教育如此发达的一个国家，并且还有很多营地都是公益性质的，但可以享受到营地教育的青少年也不足51%。

而俄罗斯作为拥有世界上最多营地的一个国家，并且有多个大型的国有营地，哪怕如此，也不是每个孩子都有机会参与到营地活动中。比如俄罗斯第二大的国有营地小鹰营地，其营会部分是作为对优秀青少年学生的奖励。

无论在美国还是俄罗斯，很多营地的存在都有国家或政府的支持，或教会及公益机构的支持。并且用地的选址大部分选在风景秀丽、环境优美，有足够大的空间的地方，特别有利于营会的开展和青少年的身心健康发展。

而当时在国内孕育而生的很多做营地活动的机构都不一定有营地，更多的是作为一个营会运营机构而存在。并且除了教育系统的一些军训基地或德育基地，基本的营地或营会机构都是私人企业，是市场引导的产物，没有得到太多社会力量或政府力量的支持。尤其在建设营地上，由于土地性质的原因，作为一个营地机构想去建设一个营地是一件比较不容易的事情。能寻找到足够的环境和相对适合建设营地的地方往往是农业用地或林业用地，在投资建设上存在着非常大的风险和不合规性。

李：您觉得对于中国的营地教育行业来说，未来的发展会更偏向市场化，还是会被纳入政府的教育体系里面呢？

黄：我个人认为未来会有一部分营地被纳入政府的教育体系之中，同时还会存在一部分以市场为导向的营地。

因为现在国内已经有营地与政府达成了某种链接，但更多的是研学类营地与研学基地。比如广东省此前评选教育基地时并没有营地的概念，但在近年出现了营地的标准，形式上可能会纳入教育体系的某个直属德育基地之中，或许政府或教育体系在相关领域也在接纳、认可和推广营地教育。

李：您认为目前在行业中存在着哪些发展阻力？以及您目前所探索的模式是怎样的呢？

黄：第一，如果不是本身做大文旅行业或者和地产行业去结合，只是投建营地的话，属于重资产运营，投资回本周期较长甚至有亏损的风险。

第二，是场地问题，能满足住宿、餐饮、生活、室内空间、户外运动场地等需求的综合性营地的占地面积会达到50、100亩以上，甚至是200、300亩以上，但是能满足这种需求的场地往往会受限于土地性质从而无法使用，同时土地政策的变化也会导致投资风险加大和面临不合规性。此外，在选址方面，能满足地段稍好、交通方便、临近市区和周边城市整合等需求的场地更是少之又少。

第三，目前营地机构和营会运营机构还没有相关的行业标准，导致行业的发展参差不齐，也没有很有体系的规范性的主管部门。

李：您认为对于营地教育的全职创业者来说，为了确保组织健康良性地运转，应该如何在教育和商业中找到平衡点？

黄：第一，需要有教育的情怀，和为当代青少年健康发展做一份贡献的初心。

第二，同时需要良性发展，因为没有社会力量或政府力量的支持，如果不实现企业的造血功能，企业很难生存发展下去，就更难谈教育情怀了。

教育情怀和商业发展本不冲突，我们可以带着教育情怀去做商业运营的事情，同时也可以利用商业发展更好地反哺教育情怀。

李：您觉得目前冠军营地的定位是营地运营还是机构运营？

黄：目前来说，冠军营地的定位是两个方面，我们既有机构运营，又有营地运营。

第一，从机构运营方面来说，冠军营地从2014年到2016年更像是一个户外运动俱乐部，那时候我们做得多的是成人板块，青少年主要是做冬、夏令营。

当时我们拥有的自营营地和合作营地都是为自己的营会服务的，并不是作为场地营运而存在。除了一些我们需要在营地开展的营会，同时也有走出去的营会。

2015年我们建设了广州户外营地，2016年建设了东莞攀岩主题的城市营地，这些营地基本上是为了满足我们机构本身的营会配套需求而建设。2017年成立了冠军营地深圳总部，并且在深圳、惠州、潮州有合作营地，当时的营地依然是为了满足机构内部的营会需求。2019年我们开始规划建设综合性的营地，多年的机构运营的经验和经历，使我们运营的综合营地，依然保持了机构运营的一个板块，并且在2018年成立了旅行社，更好地助力机构运营的发展。

第二，在营地运营方面，哪怕是从创业初期就拥有自主建设的小型营地，但是一直没有做营地的运营。直到2019年规划建设了花茶湾冠军营地这个综合性的营地才开始做营地的运营。首先由于花茶湾冠军营地在选址上的优势，营地在珠三角的中间，毗邻广州、深圳两个特大城市，离高速路口只需几分钟时间、离东莞市区只需要十来分钟的车程。其次，这个营地坐落在一个风景优美的乡村建设项目里，有很好的配套资源。除了有可以满足800多个学员住宿的床位，还有室内课堂的空间，有户外运动的空间，有水上活动的水域，有劳动教育的农田，有几万平方米的公共大草地，所以在当时众多想邀请我们去投建营地的地方中，义无反顾地选择投建了这个我们认为比较适合作为场地运营的一个营地。也从此摸索着从机构运营向营地运营发展。2019 年开始规划建设，在疫情期间完成了营地 1.0 版本的建设，并在 2021 年 5 月正式对外发布，开启了营地运营之路。

第三，综上我们具备营地餐厅，营地场地服务、营地住宿服务的相关场地管理服务的工作人员。同时又具备课程开发、课程执行的导师团队，成为市场上比较有竞争力的一个营地运营团队。

在做营地运营的摸索中我们发现机构运营和营地运营完全是两码事。机构运营，更多的是开发课程和产品及执行课程服务，更多地面对 C 端客户，也就是我们说的直客。营地运营跟做平台的概念很像，如果思维只停留在做了多少课程，找了多少 C 端（面向个体消费者的服务）客户，那么想做 B 端（面向企事业单位、学校、旅行社等渠道的服务）的时候，就会很受限。平台的思维是需要打造一种营地生态圈，拥有资源整合的能力，为 G 端、B 端、C 端不同的客户群体提供更综合及多样性的服务，包括资源的共享、场地租赁、课程开发服务、课程执行服务、餐饮服务、培训服务、场地建设服务等。

第四，我非常庆幸在那个浮躁的时期，选择了沉下心来磨内功，没有在 2017、2018 年大家都觉得“没有地，就没营”的时期，选择为了拥有一个可以运营的营地而去建设营地。那时候有些做营地的人并没有“营地”的概念，就觉得做营地教育的就该要有营地。很多人包括广东省内偏远的地方甚至是外省的人，都在找我们去投资建设营地或者投资建设好后想引入我们去运营营地，当时我自己心里也有动摇，纠结要不要也找块土地，去拥有一个可以运营的营地。做过很多的思想斗争，权衡放弃过很多的合作，但从来都没有后悔过，一切都是最好的安排，放弃是为了去遇到更好、更合适的。

李：目前冠军营地整体的员工规模和营收规模，方便分享一下吗？

黄：场地运营板块加导师团队总人员规模，全职人数在35到40人之间。

营收方面，营地是在疫情期间投资建设的，疫情期间受到的影响比较大，基本处于亏损状态，总的营收每年都在1000万元以下。2023年也受到研学政策的影响及疫情后营地活动选择结构的改变，预计营收依然在1000万元以下。但作为现行场地的实际情况来说，场地运营营收能够超过1000万元的话，基本上是能保证收支平衡。而场地的现行的规划情况和场地的规模是可以满足年营收2000万元及以上的，主要取决于有足够的客源。

李：您认为对于运营营地的从业者来说，是不是该跳出青少年板块的局限？

黄：是的。作为营地运营方的话应该跳出青少年板块的局限，做综合客群的营地。只有把营地空间的闲置时间尽可能地缩短，才能更好地降低场地的成本，场地的使用价值才可能最大化，所以应该有更综合的适合不同人群的项目、场景、课程或服务。同时缩短人力的闲置时间，也降低了人力成本，从而整体上降低运营成本。只有企业的价值可以更大化，我们才更有能力给同事们更好的工作福利，才能为青少年提供更好的营地服务。

一方面青少年活动的人力成本比较高，对导师的要求也高，虽然可以招兼职岗，但是主要人员包括营长这一级别的，找兼职的话很难保证输出质量的稳定性，而且市场上这类人才目前也是比较缺失的。

另一方面，在场地运营方面只做青少年板块的闲置成本太高。如果是周一到周五做研学，那么周末会闲置，并且研学不可能五天都排满。如果是精品类营会，面对C端的一些营地，周一到周五都是闲置的，只有冬、夏令营和节假日才能有活动。

实际上我们现在对接的客户群体也是综合性的，周一到周五，春季和秋季都会接大批量研学类的活动，同时我们依然有周末营、节假日营、冬夏令营，成人团建、定制类营会、亲子类营会等，以及一些用作引流的公开课。此外因为同步有运营营会机构，所以我们不仅仅会在自己的营地里有营会，也有外出的营会，会到其他营地，到其他地区，包括去东北滑雪、青岛骑行、腾格里沙漠徒步等不同主题的外出营会，甚至是到国外的营会，不仅限于运营这一个营地。

李：目前冠军营地整体的客户人群是以企业客户为主还是以消费端散客为主？

黄：第一，机构运营板块以C端散客为主，一般是我们的老客户，以及一些老客户介绍的新客户，还有一些是我们公众号线上媒体的直客，以及一些通过引流活动转化而来的直客。

第二，营地运营板块，就花茶湾营地来讲，还是以B端客户为主，平时基本上不对散客开放，一般必须是定制类，比如这周五有多少个人，定制了什么活动，有什么需求，我们会根据客户的需求去定制方案。但是今年开始我们也在做一个转变，就是从以前的纯B端类、定制类的营地去做更加综合性的改变，也是在探索更多营地运营的可能性。

李：您之前有分享过2019年的时候，冠军营地想要做一家百年营地，为什么会有这么一个愿景呢？这对于你们整个团队日后的运营风格和节奏有什么样的影响吗？

黄：其实在国内的实际情况中，想要做一个百年营地是很困难的，但为什么依然还会有一个“百年营地”的梦想？因为看到国外很多营地都是很多代人祖祖辈辈传承下来的，几十年甚至是一百多年。有人在营地里面还能看到祖辈的相片，我觉得这是一个营地文化的传承，营地不仅仅是一个活动，在这里可以看到营地文化传承的印记，它是有历史的，而且是能看得见的、发展着的历史。我认为营地文化是营地的魂，只有有魂的营地才是一个有生命力的营地，才可以发展并且持续下去。而营地作为营地文化的一个载体应该被看见，应该得以传承。

李：在中国的国情和政策之下，您认为想要做成百年营地所需要的文化载体是什么？

黄：基于现在的国情，营地如果想传承下来成为百年营地的话，可能对于机构来讲会比较容易实现，冠军营地在广东做了十个年头，这样有十年经历的机构，可以传承下来一些东西，可以做到机构文化的保存或输出。

但是对于营地文化的展示，我还是更倾向于在营地里面，而不是在机构里面。我心目中真正想要的营地是从规划建设开始，营地里面的每一块砖、每一棵树都是我们跟孩子和家长共创出来的，营地是一个成长的营地，一直都在发展中。这个营地里面承载着很多故事与情感，共创了很多美好的回忆。因为人跟营地的这种情感链接也是营地文化的一种输出。它不一定很大，可能是一个小而美的营地，但是它能承载这些文化，慢慢积累、发展、变化、成长，这是我未来可能想要去做的事情。

李：您觉得营地教育给孩子、成年人甚至未来的中老年群体提供了什么样的

服务和价值？

黄：营地教育板块给孩子和成年人的价值是不一样的，对于孩子来说，更多的是教育和成长属性，是对学校教育和家庭教育的一种补充，践行的是一种社会教育的属性。真正的营地教育并不一定是指在营地里面培养了某个专项运动的高手或者某方面的专家，而是通过丰富多彩的营地活动让孩子们接触新的小伙伴，有独处的空间，接受一些学校和家里没有的事物与人，即使当下可能觉得没有什么变化，但我们在孩子的心中种下一颗种子，也许会在多年以后，对他产生影响，真正达到潜移默化的教育。包括在团队活动当中，为什么说课程的设计、导师的引导、场景的打造十分重要，因为这些可以引导孩子去思考，去成长，去发现不一样的自己。或者从别人的一些行为当中影响到自己的一些行为。让孩子在营地里或在营地活动中提高身体素质、处理问题的能力、与人相处的能力、批判性思维、创造性思维。为孩子们拥有一颗温暖的心、智慧的脑、健康的体魄而助力。

对于成年人来说他们会带着不同的目标来参加到不同内容的团建活动当中，通过教练的输出来达到团建的一个基本目标，比如这个团队凝聚力不够高，想通过一些项目活动激发他们的凝聚力或者沟通性。

国内目前应该还没有一个适合银发群体的营地，但是会有一些营地在思考银发群体营地的相关内容，对于银发群体来讲，他们退休之后会有社会价值感的缺失，可能会觉得老了就不被社会需要了，也创造不了价值了，儿女可能也会嫌弃他们，那么在我看来营地教育带给银发群体的价值和意义更多的是帮助银发群体创造新的社会价值。同时也是激活银发经济的一种方式。

所以曾经我有一个梦想，就是我做的营地是类似于老年人活动中心跟青少年活动中心相结合的形式，不是单纯的营地，应该既有服务银发群体的，又有服务青少年群体的，同时这两个板块又可以相互融合，可以给小孩子做一些感恩类的课程活动，去为银发群体做一些社会服务。反过来银发群体也可以为青少年做一些事情，他们可能擅长手工，或者某一领域的知识，把它融合成和谐的社会状态，这是我一直希望实现的事情。我很深刻地记得2023年的12月在花茶湾冠军营地做了一场DS的自然探索挑战赛。因为营地是坐落在乡村里，部分区域是开放性区域且路段有部分是公共路段，我们在做赛事的时候需要对乡村的道路做大面积的封闭，我一直认为这是一件不容易的事情，特别是村子里居住的大部分都是本地的银发人员。但是基本在两日赛事的封闭期间很少遇到不支持的村民。而在赛道周边围观的很多银发人群甚至有一些坐在轮椅上观看比赛，我看到他们脸上从开始的平静观看，到后来手舞足蹈地拍掌，为孩子们呐喊加油，我看到他们眼里的光，感受到他们面部肌肉的舒展，在那一刻我突然觉得这个宁静的村庄沸腾了，不是因为人多吵闹而沸腾，而是青少年他们这些如太阳般有活力的生命体，激活了银发者们心中沉静已久的活力。我想青少年和银发的结合这是一件多么有意义的事情啊。

李：您认为在您的理想中冠军营地未来在服务人群或者营地建设等方面可能会发展为什么样子呢？

黄：目前我们的花茶湾冠军营地，我心里给它的定位是1.0版本的营地，我希望三至五年之后，可以有一个“民宿+营地”的这种小而美的概念，能满足成长型营地的需求，也同时实现营地生活其实是一种美好的生活方式。刚才说到的“青少年活动中心+老年人活动中心”板块可以去整合，但是“青少年活动中心+老年人活动中心”的模式比较难实现或者说目前靠我自己的能量比较难实现，所以目前只是有了一个很基础的想法。其实这个想法是我分别在日本和美国看到纯老年人的康养中心和纯青少年的活动场景之后所萌发的。我希望未来有这么一个营地，他的前院是为青少年服务的，后院是为银发人群服务的，更好地去做一个综合性的全民营地。

李：一直以来您对行业的发展提供了比较多的支持，但是您个人在行业里面的发声很少，这是您的个人经营理念吗？还是说您更希望默默去推动这个行业的发展？

黄：一方面是基于我自己的性格，我是一个比较内敛的人。另一方面是我觉得这个行业还太过新颖，虽然我自己已经做了近十年，但我依然很不自信，我不觉得自己懂得很多，我依然在不停地摸索、不停地学习，我没有很好的成功经验告诉别人这个事情怎么做更好。所以我拒绝了大部分活动中经验分享的环节。

但是这两年也在慢慢改变和突破，无论从自己的性格，还是对于这个行业发展的理解，我觉得虽然我可能不一定有成功的经验跟别人分享，但是我的经历或许能让别人借鉴，无论是否能让他成功，或者是让他做得更好，至少他看到我走过的路之后可能会产生一些有意义的启发。

第十五章
合肥·西游少年：
陪伴每一个孩子和父母的共同成长

西游少年创立于2010年9月，专为6—12岁青少年提供多元化、体验式、高品质营地教育活动课程，目前拥有完善的国内外游学、春夏秋冬四季营、周末营、亲子营等丰富的产品体系和健全的安全管控、营地管理及客户服务体系。

设计打造了八大系列60余个课程，包括自然教育、童军教育、生命教育、人文研学、科技探索、社会服务、城市生存等系列。课程体系涵盖独立自理、团队协作、纪律品行、自律自强、体能训练、素质拓展等各类内容。

通过营地教育（Camp School）的方式，为青少年提供形式多样、丰富多彩的主题活动，务必让每个孩子既保持个体独立，又能协作共赢；认识自我、建立自我、超越自我、培养具有更开阔的视野、更健全的人格和更全面的有素质的青少年，培养孩子终身受用的生存技能、价值观、品格和好习惯，真正让孩子们成长为面向世界的未来领袖。

访谈时间：2023年8月29日

访谈对象：伍军辉 「西游少年营地教育」创始人

李文翰（以下简称"李"）：您是在什么契机下，进入了教培行业？

伍军辉（以下简称"伍"）：我夫人当时在安徽师范大学读研，她利用暑期时间给孩子们上课，赚点生活费。因为我和我夫人都学的是英语专业，一开始是帮她给孩子们上课，后面发现我也挺喜欢教书这个工作，觉得这个事情也值得做，就正式进入了教培行业，做语数外全学科培训。按现在的话来说（"双减"过后），就是"违法行当"。

李：2016年，教培行业正是如日中天的时候，为什么您在那年选择了转行做营地教育呢？

伍：当时我们已经有六个常设校区了，加上暑期的临时校区，有十几个校区。那个时候，我已经把校区都交给合伙人打理了。因为我自己是个比较爱玩的人，前面几年的时间都疲于校区管理，一年四季忙着招生和上课，没有周末和节假日，我就不再想困在校区里，想试试别的东西。

后来我是受到早教中心的启发，早教中心每周末都会组织户外亲子活动，我觉得挺有意思的，孩子们也很喜欢。那个时候我并不了解研学&营地行业，只是受早教中心启发，想着户外活动这块能不能单独拎出来，改造成适合小学生的活动，可能有搞头。然后我开始试着召集一批家长来参加我组织的活动。

后来西游少年慢慢做起来后，原来的教培业务就没有做了。

李：其实回过头来看，2016年算是非常成功的转型，在"双减"之前几年做了新业务的布局。

伍：对，在我们当年做教培的兄弟们之间，他们都是这样讲，其实我算是误打误撞地转型了。我们在2010年刚开始做的时候，还一起成立了“安徽教育培训高峰论坛”，这个论坛到目前为止一直在，聚集了省内外几千家教培机构，是我们一手创办的行业组织。

目前来看，当时的教培同行们，现在十有八九都还在做教培，虽然方式不一样。似乎身边的人只有我一个转行到了营地和研学方向。我也发现我们这个行业的创始人，有做拓展出身的，有做教练出身的，也有做旅游出身的，但唯独做教培出身的并不多。

李：很多教培行业的从业者会觉得做儿童周末活动以及夏令营需要操心的事情非常多，孩子吃喝拉撒都得管，但是做教培只需要把课程上好就行了，所以就算教培机构推出周末活动或者夏令营产品，大家都不愿意自己执行，会选择找第三方地接团队。在您看来，这会不会是教培从业者转型营地教育比较少的原因呢？

伍：我对此有不同的观点。虽然说教培转型营地教育不容易，但不仅仅是出于经济的考量。其实做教培的时候，每位孩子一学期收费3000—5000元，你的交付周期是3个月甚至是1年时间，需要为孩子的学习成绩负责。而且当孩子学习成绩上涨时，家长会觉得很正常，因为为此付费了；一旦学习成绩下降了，家长就会找我们。所以做教培也是很操心的，交付周期也长。

但是做营地教育，一个项目就1天、3天或者7天，交付周期很短，短平快，很简单。只要你持续把口碑做好，就不存在这个问题。而且教培还受地域限制，一个校区最多辐射周边3公里，但是做营地教育，我能够辐射全城。还有，从受众面来看，有的孩子喜欢书法、喜欢美术、喜欢音乐，各有各的选择，但是几乎所有孩子都喜欢出去玩，所以我们的覆盖群体也更加广泛。

李：所以您的第一批客户是来自早期培训班的孩子吗？

伍：不是。我们当时做教培主要在芜湖、铜陵、巢湖做，并不在合肥。我当时判断，在地级市做营地教育做不起来，即便是现在去做，也有一定的难度。所以，我启动营地教育这块业务的时候，就选择来到省会城市合肥做，我到合肥的时候客户群体是0，完全就是从0开始做起来的。

李：您当时到合肥后是怎么做的冷启动？

伍：我们一开始也是把原来做教培的那套打法拿来用——发宣传单页、发短信、打广告，这些常规的手段全部用上，试了半个月时间，发现根本招不上人。后来我自己总结：如果你去发单页，你告诉我，你是做语文培训也好，数学培训也好，人家一目了然。但是如果你告诉我，你是做什么活动的，消费者不了解，不明白到底是做什么的。以前大家都不知道周末营、夏令营是什么。

后来我就不再用这套方法招生了。我在合肥找朋友、亲戚、朋友的朋友、亲戚的朋友……的孩子来参加我们的活动，我清晰地记得，我第一次活动大概是20多个人，做的是“城市1元生存挑战”活动，半天时间，参加完之后，好评如潮。当时我是拉了个QQ群，20多个人参加完之后，群里就有接近60个人了。

后来就给了我启发，我也在团队里定了条规矩：以后招生绝对不通过任何营销广告。那招生怎么来？就是不停地做活动，通过让客户深度参与我们的活动，才能转变为我们的粉丝。

2016年以来，我们后面的所有客户都是通过一场又一场的活动了解我们，从那20多个人一点点做起来的，我们没有采用过任何营销手段，甚至公众号都没发过，招生就是在微信群和朋友圈完成。

李：在您看来，西游少年的产品在合肥市场属于什么样的价格水平？

伍：我们的定价基本上属于中等以及中等偏上水平。像我们的6天5晚的军事营基本在3000—4000元左右，游学类的产品在6000—7000元左右。

李：您在招生量和营会品质上是如何平衡的呢？

伍：我的观点是量力而行，一般我们通过朋友圈和微信群招生招满了，就不招了。具体的容量还需要看营会的性质，我们军事营容量比较大，最高同期发过261人，是分成6个小营来执行的；像北京游学营和西安游学营，我们每期容量最高是36个人。差不多30多位孩子就会配备1位营长，以及6位营地导师。每位营长一定是我们的全职人员，相当于项目经理的角色，他需要去统筹整个营会的执行。

李：那这么说，您对全职人员的能力要求是不是比较全面？

伍：我肯定是希望大家的能力越强越好，但也不是每位全职人员上来就那么强，需要给足他们成长的空间。我在团队中经常讲，我们就是一群平凡的人，在做一些平凡的事情。我们都是普通人，没有谁有高学历、强背景，也是刚毕业不久的年轻人。但是我们有一个共同的特点，能吃苦、踏实、很努力，我认为这样就够了。

很多公司会关注中台搭建，我们没有这么高大上，我认为把营会的流程都捋顺了，大家按照既定的流程去做，就没问题。

基本上我们每个营做下来，评价都是很高的。因为我们对品控要求比较严，我宁愿这个团不挣钱，品质都一定得做好，我们就是靠品质来吃饭的，每次活动我们做得都是比较扎实的。

李：您是如何把控每一次营会的品质呢？

伍：首先，在产品上，我们产品本身的质量一定要过关。我们给出的产品一般都很“实在”，就是把最好的东西给到你，不会“偷工减料”。所以我们的产品看起来很丰富、很好玩，比如说我们做个 2 日营，有些机构可能安排 2 个或者 3 个目的地，我们可能安排 4 个目的地，或者把内容做得更丰富，这样产品本身就很扎实。可能其他机构上午到一个地方，就直接吃饭，办理入住。我们到一个地方，只要还有时间，就会先加入一个体验环节，再去吃饭。这样我们的产品饱满度会更高，时间颗粒度也更细，这样给到客户的体验就会更加扎实，再加上我们的执行会很到位，整体体验就不一样了。

另一方面就是在执行上。如果说其他机构能够学习我们的产品力，那执行力还是比较难学习的，因为每个团队的执行力和团队文化、员工责任心、工作习惯，甚至福利待遇都息息相关。

比如说我们在营会期间安排午餐。如果说 12 点吃午饭，那 11 点半的时候，我们的老师就会提前去餐厅，和餐厅对接，这里会对接得特别细，首先要确定哪几桌是我们的桌子，桌子上有没有放好桌号，每张桌子上的菜是否都上齐了，每张桌子安排的人数和餐具数量是否一一对应，椅子和饮料数量是否准确。桌子上的菜有没有变凉，如果凉了的话需要提前加热。同时，我们会检查桌子上是不是都放好了餐巾纸。

所有准备和检查工作做完后，孩子们上桌吃饭后，我们工作人员会到旁边的桌子上吃饭，同时，也会关注用餐过程中孩子们的需求。我们内部有个标准，叫“不要让客户来找你”，当客户来找我们了，就说明我们的工作没有做到位，没有把客户的需求想在前面，应主动为客户提供服务。

由此延伸到我们所有的活动执行过程中，也是一样的。比如，我们带孩子们去漂流，漂流到终点上岸后，我们会为孩子提供一个专门装湿衣服的袋子，孩子们可以换上干衣服后直接上大巴，大巴上我们会告诉孩子们一会儿去哪吃饭，吃完饭后去参加篝火晚会。

借用我们客户讲过的一句话：“你们整个流程安排得很丝滑，完美衔接，不用‘我们’去过多操心”。

所以，我们西游少年把控活动品质，首先是把产品做好、内容做丰富。另外，在服务上一定要抠细节。当我们把产品做扎实，把服务做好，自然而然会得到客户的认可。

李：您说“不要让客户来找你”真的触动到我了，可以说西游少年是营地教育行业“海底捞式服务”，很多时候，细节往往能够俘获客户的心，相信体验过你们服务的客户对西游少年的认同感和忠诚度是非常高的。

伍：嗯，我们会把客户当自己家人一样用心做好服务，虽然我们不能保证每次活动服务100%没问题，但我们团队都会朝着这个方向去努力，结果就不会太差。我们内部还有一条共识：在活动执行阶段，不用在乎花了多少钱，只要客户满意了，什么都好办！

李：据我所知，大多数营地教育机构会给营长或者项目经理设置利润率的考核指标，在这种考核制度下，营长一定会考虑如何在控制成本的背景下，按公司的要求完成活动交付。那您是如何在不控制预算的背景下，做到服务和利润的平衡呢？

伍：我们确实和其他机构不太一样，对成本的管控谈不上多严格，只要活动外出标准执行好了，我们团队的营长是不用考虑成本的，一切以客户满意为准。比如说客户晚上吃饭、喝酒，菜不够随便加、饮料/酒水随便喝（只要不浪费就行），我们的营长有绝对的权利服务好客人。预算1000元，花到2000元，也没有关系，出团后一切以客户满意为准。

我们团队基本都是保持一个松散的状态，团队成员也不会怕我，有时候我提意见，甚至他们都不听，不听就不听吧，只要别突破“努力把活动做好、把服务做好”的底线就行。

我也常常和团队成员说：“工作是服务于生活的”。我们团队之间相处得和家人一样，大家也都是凭着良心做事情。当然每个人都有一些缺陷，看到问题我会指出来，该调整就调整。我们每个人都挺尽心尽力的，无论是全职还是兼职，不用我多讲，会自己去做事情。可能也受我的影响，他们会主动把公司的事情当自己的事情来做。有一次，我晚上吃完饭，看到凌晨2点了，公司还有人，兼职也在，我去了后发现大家都没吃饭，说是要把活动物料都捋完再去吃饭，真的没有人要求他们这么做。

我真的不懂管理，到目前为止，我也不知道该如何做绩效考核。当然，我也在不断外出学习、请教，但我认为一定要选择适合自己的管理方式，照搬照抄可能“死”得更快。就我们而言虽然是这种松散的管理状态，但是每个人干起活来还是嗷嗷叫的，我也不希望管得太紧。

李：其实您作为企业负责人，目前是一种很幸福的状态。如果一个十来人的团队，事事要盯、人人要管，会很辛苦。

伍：我目前就是把握一个方向，比如说这个营我交给你来做，那我会告诉你我的要求，1……2……3……4……基本上交付之后能达到我的要求就行。在他们做的过程中，有问题、有困难可以来找我，但我不会抠那么细，我只看你的结果是什么样的，然后他们会想各种办法去做好。

我希望每个人都有自己发挥的空间，不至于被束缚，不至于被不信任。

我最怕的就是不信任，比如说“这个钱是怎么花出去的？”“那个事情为什么没做好？”这样的怀疑会让员工感受到不被信任，我不会去问这样的问题，我认为人与人之间相处最重要的就是信任。

我们公司人还不多，十来个人，我想即便是到了二十人、三十人，引入了现代化企业管理方法，但相信每个人的根是不能变的。喊喊口号是没有用的，人与人之间相处是交心的，要真的把大家当家人一样来对待，信任是相互传递的。

李：那您在充分放权，包括财务的自由度和支配权，同时保持家人般松散的组织状态的过程中，有没有遇到过逾越您底线或者破坏规矩、团队文化的员工呢？

伍：目前我还没有遇到。比如说员工花钱花超了，我不在乎，花超了就花超了，他们会明确告诉我钱是怎么花出去的，我会稍微看一下，知道了就行。哪怕是用餐明明就只用 100 元，但是吃了 200—300 元，他们告诉我说，想改善改善伙食，也没关系，只要花费正常、合理就被允许。

我们虽然看起来很松散，但基本上都有个做事情的框架，在框架内员工可以自由去发挥，规则比较简单。

李：您个人的管理风格，更像是用您的服务意识去感染团队，团队成员长此以往潜移默化被您做事的标准所影响，然后又在客户那里获得正反馈，形成了整个团队的做事风格，不知道我理解的对不对？

伍：确实，我觉得规章制度是框架，而彼此信任是团队的灵魂。我信任我的团队，团队彼此信任，客户也信任我们，这种信任无论我们公司未来发展到多大，我也一定会把它传承下去。

也正因为我们是彼此信任、相互关爱的状态，公司到目前为止，没有主动离职的全职员工，只有今年个别新员工在前面1—2个月的试用期中，我觉得不合适，让他们走的。

李：在核心员工的激励上，您采取了哪些措施，让大家有这么强的参与感呢？

伍：我在2019年的时候，就和员工说，希望你们以后能够1年拿到10万元、15万元，甚至20万元，我们会朝着这个方向努力，我们除了把孩子们的活动带好之外，更重要的是能够挣到钱，让大家能够多分点钱。

但是2020年之后疫情这3年，我暂时没有和他们提过这个事情，那时候提，大家都会觉得老板在画饼。我当时虽然没多少钱，但是每个月依然给员工发4000—5000元左右的工资，哪怕他1个月都不干活，这是我的态度。

今年可以做到在合肥来说，不比别人差，我们除了正常双休以外，五险一金会上齐，薪资待遇最基本能有个8万元—10万元，也有高的到15万元甚至更多，我会想办法不断提高员工的薪资待遇。

我认为对于小公司而言，比起分红、股权激励更有效的是薪资和奖金，直接给到每个人，最实在。

李：西游少年目前是您个人独资企业吗？

伍：对，主要是我个人在管理，中途也有投资人和合伙人想要加入，我都拒绝了。

李：我和很多营地教育行业创始人讨论过这个问题，现在行业里有两个方向，一个是资本化公司，这些年来可以很清晰地看到一轮又一轮的融资注入，一点一点把盘子做大，然后做连锁或者多业态发展，最终追求上市目标。还有一部分属于100%个人独资企业，或者夫妻店，小而美，有生命力，有一群非常有黏性的客户，不接受资本的干预，自己的个人财富和生活品质也很不错。您选择个人独资的方式，是否对这个问题有过思考呢？

伍：这个问题我有一定的发言权。因为我之前是做教培的，教育本质是服务，服务很依赖人的交付，不像生产一个产品，可以标准化去制作，教育服务是很难进行复制的，教育是快不得的，快了是会出问题的。

再者，资本本质是逐利的，我不希望资本干扰我的决策，如果你给我100万元，我也不缺这100万元；如果你给我1000万元，我也不知道该怎么花，迅速开10个校区、招100个员工，就能把产品做扎实吗？这个过程万一出现一个安全问题，可能就全盘皆输了，这是由教育行业属性决定的。

所以我是不需要资本的，我认为教育就是需要慢慢去做。当然不排除我们未来可以做第二个、第三个、第四个城市的业务，只要我有人能管理得过来。我做项目或者做分公司，一定是因为有合适的人才去做，跟钱没有关系。这个行业本身门槛不高、投入也不高，核心一定是人，我会因人去设计一个产品、因人去做一个校区、因人去开拓一个城市的业务，钱永远不是第一位的。

李：今年是疫情后复苏的第1年，您方便分享一下夏令营的营收数据吗？

伍：今年夏令营没有实现我预期的目标，以往我们每年军事营能做500—700人，今年陆军有300多人，海军有150多人，加起来一共才500人左右。另外，我们的北京营卖得特别好，发了15个团，也报了500多人。今年我们第一次做西安团，发了6个团，报了200多人。

陆军营、海军营、北京营、西安营是我们占比最大的4个营种，剩下有一些像本地自然营、沙漠亲子营、青海营等，综合下来差不多有1500人左右。

今年算上下半年和冬令营，完全有可能实现800—1000万元营收。

李：您目前一共有多少位全职员工在做这个盘子？

伍：去年是八个人，今年加上我一共是十个人。

李：您在团队中承担什么角色呢？

伍：前些年我基本都在一线，去每个营做执行。从去年开始，我很少去带活动了，主要是把控全局，每个营都需要操心，执行基本都是团队去做，让他们有更多的成长机会。偶尔忙的时候，团队缺人手，我会参与一下。

李：这10个人都是营长还是有按职能进行分工？

伍：我们每个人都能出去独当一面，单独去执行一个营。我们是师徒制，老带新，目前大家出去带营，我基本上都是放心的。

李：你们公司的休假和工作时间是怎样的？

伍：我们是周一周二双休，平时正常是早上9点上班，晚上6点下班，但是我们没有打卡，也没有迟到制度，来晚一些也没关系，下午干完活就早点走，没干完就耽误一会儿，时间很自由。

我们休假也是这样，比如国庆放8天假，国庆过后我们至少会补8天甚至更多的休假时间，春节也能够放到10天假期。如果说员工家里有事情，我会给他放假，直到把事情处理好再回来，也不会扣钱。包括有员工说自己生病了，想请假，后面补回来，我不会扣钱，也不会要求他们补，谁能保证自家没有大事小事呢？再说，工作真的差那1天2天的时间吗？有事就回家，没什么假期不假期的，处理好再回来，无所谓的。

他们在有事情的时候也能干到凌晨一两点，也没人有什么怨言，那休假也一样自由，大家把活干明白就行。

李：您的休假制度、财务制度以及团队管理风格，方方面面，真是把家文化贯彻到底，有事就去解决，身体不舒服就去休息，把员工当家人一样相处。

伍：哈哈哈，换句话来说，我们是个极其不正规的公司，这不是一个正常公司该有的，但是没办法，我就是这样认为的，即使哪天我们公司壮大到了三十个人，如果有员工和我说："我爸爸妈妈来合肥了，能不能请1天假，陪他们去逛街？"我一定会跟他们说；"我给你3天假，你去玩好后再回来。"然后我可能也会给他爸爸妈妈带个礼物。

我觉得任何一个事情都要将心比心，还是那个出发点，"你是否真心对待每个客户？你是否真心对待每个员工？”你想想看，谁家没有个事情，那别人有事情了你就非要扣人家1天工资，或者说补班、迟到罚钱，有意思吗？真的没必要，即使公司再大又怎么样？你不还是人吗？你不还是你自己吗？那你又何必去纠结某个员工多上1天班少上1天班呢？我觉得越大的公司越应该有担当，更要考虑到员工的切实感受，将心比心嘛。

李：我觉得恰恰是您对管理和人性的理解，所形成的团队文化，其实塑造了非常独特的竞争力。

伍：我们今天正好在出差踩线，在踩线过程中，是没有预算这么一说的，员工爱吃啥吃啥，爱买啥买啥，全部报销，我不会限制他们住什么标准的酒店、吃多少钱的餐标，大差不差、不铺张浪费就行。相反，员工反而会替公司省钱，有时候3个女生出去，为了省钱会住1间房间；有时候我看他们点完菜后，会去多加两道菜，因为我希望他们吃好住好，既然出去玩，吃啥喝啥随便你。

我们报销也不需要填单子，他们会把明细列给我，我基本不怎么看，都是让他们直接告诉我多少钱就行了，因为我相信他们。

全职、兼职都一样，你把活干好就行了，不要猜忌这猜忌那，与其因为这些小事纠结，不如把心思放在怎么带活动上去，把活干明白就可以了，想那么多干吗？

李：您如何理解夏令营的教育价值？我们这个行业是在做教育？还是在做深度旅行服务呢？

伍：我始终坚持认为我们是个彻底的教育行业，研学旅行、营地教育的根一定是教育，充其量说是“教育+旅行”，虽然我们的主体都是旅行社。我们说人有知识、常识和见识，知识通过学习，常识通过积累，那见识一定是通过你走出去增长阅历，去过别人没去过的地方，经历过别人没经历过的事情，没有看世界，何谈世界观呢？经历了才有见识。

我们要求每个孩子参加我们的活动，能够真正学到东西，不管是知识还是技能，旅行有感悟，不虚此行。其次才会关注家长的需求，不会因为家长喜欢看孩子的照片，就把精力花在为了拍照而拍照上面。

我认为我们除了挣点钱以外，希望给每个孩子带去更多的阅历和见识，对孩子成长有正向促进作用。我们也要求每个老师能够静下心来，利用平时的时间去学习，不能说脏话，言传身教，从生活上、行为上以及知识阅历上影响孩子。

我们希望每个小朋友都能通过这场旅行收获一些东西，哪怕是一个习惯，哪怕是一段经历，哪怕是一个技能，都没有白来这一趟。做教育的人，都是想尽办法把最好的东西给到每个小朋友。

李：您在每一次活动中，是否有给团队定过不能逾越的规矩或者一定要保持的习惯呢？

伍：我没有定过什么规矩。但有一点——“做极致的服务”是我经常和团队讲的，希望每个人都能够按照我培训的要求去执行，他们也明白应该怎么做，执行过程中标准只能更高，不能降低。

李：您希望西游少年未来发展成一家怎样的公司？

伍：我好像没有考虑过这个问题，有时候考虑好了，计划也赶不上变化。

我们团队里都是普通人，我们要钱没钱、要资源没资源、要背景没背景，我有时候说我们属于“三无产品”，完全是个草台班子。

目前来说，在两年以内，我还是会把西游少年的主营业务扎实地做好。也许未来会增加一些衍生的产品板块，或者说投资参与某个基地的运营。另外，我们也会尝试以直营的方式开拓新的城市。

但无论如何，我们始终会稳扎稳打、扎实地去做，同时保持一个比较舒服的团队状态，不一定说一定要实现哪些阶段性目标。因为我经常和团队讲，工作是服务于生活的，服务于自己的，不要搞得太累。我的想法可能跟别人不一样，如果说要我做到团队500人，年营收几个亿，那可能会把我累死，我不干，觉得没必要。

总之，我希望力所能及地把西游少年的品牌做好。

第十六章
成都·雪松营：
让孩子成为自己的领航员

雪松营，一个专注5—17岁青少年的陪伴式营地教育机构，始于2008年。致力于在世界范围内，与青少年、家庭、优秀青年群体共建营地生活社区，通过“12年假期可持续成长规划”，支持孩子探索、引领自我成长。

雪松营地，是一个属于青少年的假期生活社区，是培养“人生领航员”的有机土壤，在这里，每一个孩子都将被看见、被尊重、被接纳。

由雪松营开创的“营地社区”概念，起源于美国150多年来的营地教育理念，雪松营在中国历经16年的实践与探索后，以专注于青少年“个性化素养发展”为核心的“营地社区”形式，持续受到关注和认可。

区别于传统学校的“知识学习”，也不同于夏令营营会强调的“活动与行程”，雪松营地聚焦青少年“个性化素养发展”。营地会利用连续的假期时间，为青少年创造一个“自主、多元、开放”的生活学习社区，支持青少年通过持续的生活体验、学习实践、探索思考，不断引领自我成长，最终“成为自己的领航员”。

访谈时间：2024年2月27日

访谈对象：杨琦　「雪松营」创始人

李文翰（以下简称“李”）：我看雪松营的品牌介绍说：始于2008年，起源于北美，根植在中国，该如何理解“起源”和“根植”呢？

杨琦（以下简称“杨”）：雪松营品牌在理念、文化、管理上，受美国营地很深的影响，但同时，我们一直在国内构建属于中国孩子的本土营地。

十几年前，我们有幸来到了一所位于宾夕法尼亚的美国传统营地，这个曾经只在电影中看到的地方，和电影中的场景有那么多相似，也有那么多意想不到。高大的松树和杉树、开阔的草坪、波光粼粼的湖面、简单却毫无违和感的木屋、此起彼伏的欢声笑语、自在友好的社区感……简直就是一个青少年的乌托邦。

当你真的置身于美国营地里的时候，还是会被震撼到。你会看到营地中孩子们和导师们都非常投入，每天乐此不疲地安排着自己的生活，每个人见到陌生来访者，都会笑脸相迎，主动自我介绍，甚至会唱起营地的欢迎歌谣。在营地中，有营员主动放弃了他正在上的营地课程，申请带领我们参观营地。美国营地的餐厅，可以说是展示营地文化、精神、荣誉的名片，餐厅四周会有数不清的木牌，营员会指着其中一块牌子分享，这是他爷爷，是哪一年到这个营地参加了什么活动，因此留下了他的名字，后来他的爸爸是哪一年到这个营地参加了什么活动。

你会意识到一点，美国营地做的一切，并非我们所理解的夏令营活动那么简单，它历经了长时间的沉淀，兼具了传统和包容的教育，能够很深程度地关注到孩子个体和内在，这是其他教育形态很难做到的。

当然，我也会思考一个问题，营地教育到底是美国文化特殊的产物，还是全世界孩子们都需要的一种教育形式，这需要我们去探索和验证。自那往后一直到现在，十五年左右，包括我在内的每一个雪松核心团队成员，从没有停止过与美国营地之间有关实践和学术的交流学习。

一开始我们会以营地导师的身份参与其中，和负责人、导师、营员们充分互动，去了解营地；然后我们开始尝试带中国孩子前往美国营地生活学习；2011年我们将美国营地的课程活动、管理模式移植过来，开始在国内尝试轻量化的营地项目；再后来，我们发现这个事情需要优秀且匹配的人才，所以又成立了人才孵化平台——雪松星河；2015年开始了泰国、日本等境外的营地实践；2020年开始尝试长线营地的运营，逐步开始向美国营地的标准靠齐；2020—2023年，长线营地在国内顺利运营，自主研发的营地体系UMB完成闭环，自此，我们终于有了能与美国营地接轨的本地化营地项目，我们称为：雪松营地。

李：前后经历了十五年左右，为什么会一直坚定地探索营地教育呢？

杨：在探索营地教育的路上，我开始了真正的学习和新的思考，疗愈了自己；我在这里也遇到了现在的妻子——辣椒，我们一起面对问题，不断探索；现在我的儿子5岁了，也开始尝试来到营地生活；我觉得对我来讲，这绝不仅仅是一份事业而已，很大程度上改变了我的认知和人生路径。

从事营地教育工作，是兼具深度和广度的探索。我们不仅要垂直研究探讨成长和教育，系统地学习心理学、教育学相关知识，大量地开展实践工作；还要和各个领域的小伙伴展开探讨，丰富营地的课程和活动载体，探讨多元的人生可能性。所以不知不觉，你会发现随着工作的深入，人的眼界和格局在不断提高，年龄越大，却对学习的渴望不减反增。当你看到整个团队都焕发着光芒，充满活力，就感到特别幸福。

也正是随着学习的深入，才能有机会倒回去重新认识自己。在一次和雪松营员、家长共同参与的心理工作坊中，我们聊到了现在孩子们所遇到的困难和问题，聊到了内驱力，聊到了抑郁情绪。我才猛然意识到，在曾经那个昏暗恍惚的中学时代，我经历了整一年多的抑郁困扰，然而那时的我根本没有办法去理解当时的状态，也无法向身边人寻求帮助。因为当时的学习压力，焦虑、失眠成了常态。

从社会需求的角度上讲，中国青少年花费了特别多时间在知识和技能的层面上，但这远远无法让孩子们胜任未来的生活和学习。焦虑和抑郁情绪、亚健康的身体状态、缺乏内驱力和创新力，已经成了中国学生普遍的特征。所以我非常能与很多孩子共情，他们或多或少，都在面对着自己的困难。而营地教育这件事情，为孩子们打开了一扇大门，提供了一个轻松的、没有评价的、安全、自由自主的生活环境，十几年来，太多孩子因为营地生活，有了改变和收获，这也是我一直想要去坚持做这件事的最大动力。

李：在您的理解里，营地是什么？营地教育是什么？它到底在为市场提供一种怎样的产品或服务呢？

杨：营地，在我看来，不只是一个活动场所，本质上是一种连接真实生命的社区，人与人在这里生活学习，交换价值，了解自己；营地教育回归了孩子本身，持续关注、陪伴、引导个体，在过程中支持孩子引发思考，了解自己，形成属于自己的学习方式、价值观、思维方式、生活理念。从市场角度来讲，与其说报名营地是一种消费，不如说是一种教育投资。在野蛮生长的时代，中国家庭需要的是可见的、可量化的知识和技能成长，但这已经开始成为过去；在快速变化的现在，年轻的中国家庭更多关注“本质”，生活的本质、消费的本质、教育的本质。站在教育的角度，我们真正关注的，应该是人的内在素养和生命状态，而绝非知识和技能。前段时间 OpenAI 推出了 Sora，我相信大家应该能明白这个道理。

但我认为这个行业还处于非常初期的阶段，大家没有一个统一的标准，市场上也还处于百家争鸣的阶段，每个从业者都有自己对营地的理解。

对我而言，对营地和营地教育的定义也是在不断变化中。最初我理解的营地就是一个场所，这个场所能让孩子们更加安全、健康地度过一段假期，孩子们能离开父母独立自主地做一些事情，去体验生活。

后来随着我们不断探索，也开始尝试让孩子们去到不同的地方，就像游学一样，而不是让孩子们待在一个固定场所，不变的是我们能创造营地生活的场域，孩子们能在营地中获得独特的体验和思考，在遇到困难的时候，在导师的引导下，一起去面对它、解决它，那时候的观点是：营地是一种个性化的生活体验方式。

所以在第二个阶段，固定场所的营地项目和游学、研学类的夏令营是并存的。

从 2011 年开始，我们做了非常多的尝试，但是发现游学、研学类的夏令营效果没有固定场所的营地项目那么理想，因为孩子出去的时候更多像是一种释放，从学校和家庭环境中走出来后，他们会非常兴奋，甚至是压力过大后的发泄，在这样的状态下，游学、研学过程中，孩子们能吸收的知识非常有限，而且时间短。我们在营员回访的时候也发现，这段经历更大价值在于带孩子们走出去了，孩子们也很开心，但是教育效果可能要打一个问号。

后来我们更多地回归固定场所的营地项目，我认为孩子们的营地生活还是要有节奏、有空间、有留白的。

再往后，你会看到雪松营的项目时间比较长，而且还是固定在一个地方，其中也有我们探索阶段的思考，我认为营地给孩子提供的载体是以“生活”为核心的，而生活是一个持续的过程，孩子们进入到营地后，对他们来说是个全新的生活环境，他们首先要学会适应环境，包括物理环境和人文环境，物理环境就是这个地方的气候、温度、湿度等，人文环境包括了营地里的营员、导师，和社区以外的当地人。

孩子们适应一个新环境至少需要花费 4～5 天时间，在这个过程中，孩子们还没有完全接受这个环境，没有建立安全感，是不会有像在自己家里一样的自我表达的，往往这个阶段孩子们相处都会很和谐，只有当他们开始展露自己真实的一面的时候，才会将社交冲突以及生活中的问题给暴露出来，当这些问题浮现出来的时候，我们要帮助孩子去面对它、解决它，我认为这对孩子来说，是一个很重要的开始。

但是曾经我们做的很多夏令营，一个营的营期一般是 6 天或者 7 天，孩子们刚要将自己真实的一面释放出来的时候，却要打包行李准备回家了，这也是为什么我们雪松营现在要做 14 天、20 天、42 天夏令营的原因。

从 2020 年开始，我们参考美国营地的模式，将夏令营时间拉长以后，做了 14 天的夏令营，反而孩子们的返营率大大提高，这一年参加夏令营的孩子，几乎 90%的老营员在第二年又回到了我们的营地。

刚才说到孩子们需要一段时间的营地生活才会让“问题”浮现出来，接下来孩子们还需要花费一段时间来面对问题，我们做好陪伴，让孩子们做好准备以后，引导他们去思考如何解决问题，这还需要一个过程。

所以，这是一个完整且宝贵的过程，从暴露问题、产生问题到面对问题、解决问题，我们会让孩子们去复盘这个过程的所思所想，自己针对这个问题做了哪些事情？效果是怎样的？有没有解决这个问题？有没有可能解决得更好？再进一步，接下来应该如何改进自己的做法？这个过程是始终贯穿营地生活的，在营地中需要克服学习的困境和瓶颈，克服独立生活的困难，克服社交的困难……

那么最终孩子们在营地收获的是：“学会了怎样去面对问题，面对问题的心态调整，如何去解决问题，解决问题的逻辑是怎样的，应该如何与他人一起协作解决问题，从而达到更理想的目标。”我认为这些底层素养的训练对孩子非常重要，这对孩子的影响是一生的。

雪松营的Slogan是“成为自己的领航员”，意思是能够领航一生的人不是老师，也不是父母，就是你自己。因为没有任何人比你更了解自己，你应该领导自己去成长，要为自己做决策，包括接下来想去哪个学校？要不要出国留学？选择哪个专业？做什么职业？你为自己做的决策负责，敢于承担自己做出的选择带来的后果。

我们结营后会给每一位营员做家访，发现大部分家长之所以很焦虑，是因为很多时候家长会把孩子未来发展成为什么样想得很具体，家长需要为孩子做很多决定，但是孩子对这些决定可能不满意，这其实是把家长的需求和孩子的需求混为一谈了。实际上，家长最需要做的是跟孩子保持一定的距离，去支持他做决策，把这个主动权还给孩子。

我认为孩子应该具备这样的能力，包括参加营地活动，应该是孩子去跟家长提出：“这是我喜欢的，我想尝试一下，你可不可以支持我？”

现在越来越多7—11年的老营员，不断回到雪松营，参与CIT领导力项目，申请导师。为什么雪松营有这么多老营员会陪伴我们这么长时间，而且活得非常通透？是因为家长真正解放了自己，不是说简单地把孩子托管到了我们这里，而是家长和孩子双方都摆清楚了自己的位置，是孩子自己在生长，我们在激发孩子的潜能，家长是一个为孩子托底的人，为孩子提供支持。我们看到这样的状态，也是很开心的。

实践证明，这样的产品在商业层面也是被市场接受和认可的，因为我们雪松营一直以来很少做市场营销，我们的营员几乎都是家长转介绍而来的，能做到这样的状态我们是很满意的。

李：在业内，从业者的第一反应大多是长线夏令营产品不好卖，孩子需要出去那么长时间，对家长而言决策成本更高，您是如何让家长接受雪松营的理念呢？

杨：相对于说“接受理念”，不如说“匹配理念”。这就是关于产品与市场定位的话题了，和谈恋爱一样，我们不是要让所有人都喜欢我们，而是坚持自己，同时去发现合拍的人。未来年轻家庭的消费理念，会非常个性化，如果行业的产品没有差异性，机构可能很难存活，所以一定得有自己的理念。

不好卖，肯定是有原因的，很多时候就是客户认为你的产品价值与价格不符。所以不仅仅是只有理念，再包装一下就行，在人口下行的未来，市场是有限的，而且营地教育本来应该是高复购的形态，但做得不够好，体验不好，复购就不存在了，这会是一个巨大的风险，所以必须要做到价值和价格相符。

其实，我们很难“让”家长接受理念，在我们的价值观里，没有“流量”的概念，我们服务的，是一个个鲜活的家庭，大家都有自己的理念和想法，所以你会发现雪松没有太多的营销，其实更多还是在“说我们想做的，做我们能做的”，并且让“说”和“做”形成了高度统一，这可能是最好的推广吧。

接受你的服务，需要建立信任感，我认为这是个长期的过程，我不把预期放在一个月或者两个月时间里，因为这个行业本身就是个崭新的行业，家长对这件事情的认可需要一定的时间，我们也有相应的心理准备。

早期认可我们理念的家长，把孩子送到雪松营的营地中来，孩子在营地中感受到了被关注、被看见、被允许，并做了很多尝试，孩子们看见了自己的潜能，在营地中过得很开心，这也是家长做决策的关键信息。因为对于这样价位和这样长周期的项目，家长肯定也不是随意报名的，需要一个理性的决策过程。

我始终认为，价格和价值的平衡很重要，价格高，但是我会输出对应的价值。包括我们花一年时间做准备，苛刻的人才筛选机制，开营前的家庭面谈，去给每一个家庭做回访，就是在不断落实我们的价值，在这个过程中，家长也会感受到我们言行是一致的，从而建立起信任感。而且比起网络上搜寻的信息，家长更愿意相信付过钱、体验过我们产品的家长的推荐，推荐是更具备说服力的。

李：营地教育的价值一直以来都很难量化，您是通过什么方式让营地教育的价值落地和显现呢？

杨：这始终都是一件非常困难的事情，不仅对我们中国的同行是这样，我在美国交流的时候，很多优秀的营地负责人也会提到这个问题，在营销层面，营地教育的价值很难量化。

这和培训行业不同，培训的所有内容都可以量化，你背了多少单词、考了多少分，全部都是量化指标。但是营地教育不一样，我们关注的不是技能，而是素养，人的素养是没办法在短期内得到印证的。

但是，我们要反过来问一个问题：现在的消费者仍然只会追求量化的东西吗？我觉得伴随着年轻家长的成长，包括在疫情之后，更多人开始探讨教育的本质，也能更好地理解营地教育的价值。教育和培训是不一样的，培训是一个训练的过程，有很强的目标导向，是为了获得知识、习得技能。而教育是一种长期投资，短期内你没有办法在教育上获得回报。如果是抱着培训目的而来的家长，至少说明在这个阶段他不是我的准客户。

对雪松营而言，我理解的产品交付是从家长看到我们网站的那一刻就开始了，一直到营会结束后，我们去做家庭回访，这整个过程、发生的一系列行为，都是我们的产品和用户交互的过程，这个过程与家长建立的信任关系，是促使家长持续选择我们的产品，甚至推荐我们的产品的关键点。

另一方面，我们在营员报名前，也会分别与孩子和家长进行深度交流，来判断孩子与家长对营地生活的诉求，如果这个诉求与我们交付的价值是匹配的，我们会欢迎他们入营；如果彼此需求不匹配，我们会很客观地告诉他们，我们可能没有办法满足你这个需求，要不要重新考虑一下是不是要参加我们的项目。

同时，我们也会判断孩子是不是适合参加营地项目，如果合适，我们欢迎孩子入营；如果不合适，我们会明确告诉孩子为什么现在不合适，同时说明，如果孩子达到哪些目标，就可以来参加我们的营地项目。比如说，孩子现在没办法自己洗头洗澡，我的导师没办法帮孩子洗澡，那我会建议家长可以让孩子在家做这样的练习，如果他可以独立照顾自己了，可以让他参加。

这个沟通过程就是在和消费者建立信任关系，让消费者明白你是专业的，不是仅仅想赚他这份钱，而是你要帮助他去判断他想要的东西能不能在你这里实现，我会诚实地告诉你，我是不是能做到。

同时，我们是能支持到家庭养育层面的，家长会明白雪松营的项目是围绕家庭养育去展开的。因为营地不像是学校去教给孩子什么东西，而是让孩子离开家长、离开权威，只有在离开权威的时候，孩子们会进行探索和尝试，在这种状态下，营地导师、营长以及营地管理者们观察到的孩子的状态，家长会认为是客观的。

结营后，我们也会把观察到的情况反馈给家长，家长虽然每天接触自己的孩子，但对于孩子在另一个环境生活的表现非常关心，比如说在回访的过程中，家长会发现，原来自己给孩子报名的钢琴班，孩子不喜欢。这些信息对家长来说是非常宝贵和重要的，家长也会思考孩子究竟喜欢什么？擅长什么？

做对了决策比做了很多决策重要，正是因为雪松营提供了这样的环境，我们的营员愿意年复一年地回到营地来生活一段时间。

与此同时，我们也会带着从家长那里了解的信息，去做营地导师、营长和管理层的培训，我会确保每个孩子来到雪松营的营地，我们团队每一个人都知道这个孩子叫什么、他喜欢什么、不喜欢什么、他对什么过敏、他的爱好是什么、他害怕什么，大家都会非常了解他。

所以当孩子在营地中出现任何问题时，我们做出的反应会非常及时，也明白如何去应对，而不是出现问题后立马给家长打电话寻求帮助，因为在开营前我们把这些信息都掌握了，所以我们可以游刃有余地去开展工作。所以送孩子参加雪松营的家长，在营期过程中没接到电话，就是最好的消息。家长会明白，把孩子交给我们是非常放心的，也会更加支持我们的工作。

李：听起来雪松营的服务做得很重。

杨：我觉得“重”和“轻”是一种主观感受，如果拿我们去和同行比较的话，那我们的服务肯定是重的，我们光做前期信息采集和后期家庭回访的工作，就需要很多时间和人力。

我希望在雪松营发展的初期阶段，在一定规模下做有意义的尝试。按照现在的方式，我们确实没办法服务那么多人，但是未来是能够通过技术发展和组织结构的调整，去提升服务的效率、扩大规模，我不会太担心。

我现在需要让雪松营保持灵活，雪松营迭代速度可以很快，但庞大了以后，我没办法做很多的尝试和改进，目前这个阶段还是在一个可控的风险范围内去做更多有价值的探索。

当我对产品满意了，服务体系完整了，商业闭环也形成了的时候，不担心规模扩大的问题，而且现在也不着急。现在我们已经研发了一整套营地教育的体系——UMB，未来我们会走得更加轻快。

李：做教育是个缓慢的过程，但是商业又强调效率，雪松营创业初期，您是如何平衡教育期待和商业回报的问题呢？

杨：我觉得早期根本没有平衡，那时候就是单纯，不会考虑那么多，我们早期没有经验，不擅长做商业，这就是我们团队的基因。但就是因为早期的单纯，才坚持做下来了。

随着时间的沉淀，我们对这些事情有了更深的理解，也对雪松营的可持续发展有了期待，这时候不得不重视商业，开始思考如何在商业社会中存活下来。

对我而言，其实不着急要把这件事情做得多大，但我一定要把它做强。因为教育行业不会被某一家或者某几家大公司垄断，它是非常分散的市场，市场也需要多元的品牌来提供不同的产品，认可雪松营理念的家长，始终会是我们的客户。

相反，我不认为大就能强，快速的扩张会埋下很多的风险。营地教育的本质是人影响人，和培训不一样，培训效果好不好，市场会给老师非常客观和量化的评估，只要老师教学技术好，就可以复制、扩张；但是营地教育不一样，导师们需要和孩子们24小时相处，导师的人品好不好，生活习惯好不好，都会影响到孩子，营地教育复制的风险在于人，在于新的导师是不是适合陪伴孩子。

围绕人，我们做了很多的工作，还专门成立了一个平台——雪松星河，来做这件事。因为我发现人是营地教育的核心，无论你说你的品牌多么棒，但是还是以孩子的体验和家长的感受为主，过快扩张的情况下，如果人才队伍没有跟上，有可能你的品牌只是昙花一现。

所以我觉得从事营地教育的门槛还是很高的，它就是一个非常依赖人的事情，很难复制。我们看全球范围内的营地教育机构，都很难找出几家连锁机构，但不排除中国市场未来有可能诞生连锁营地教育机构，因为中国的市场足够大，潜力也很大。

李：雪松营目前团队规模是多大？

杨：我们现在的全职团队有8人，但是我们的卫星团队非常庞大，卫星团队有100多人，都是非常优秀的小伙伴们，而且也非常稳定。

这里我展开讲一下，营地教育的产品结构决定了我们一年只有两个季节能盈利，就不太可能去养大量的全职导师或者是技能导师、课程导师，这在商业上是行不通的。但是你需要很多资源长期支持你，所以全职团队就像是个发动机，是一个大脑，需要驱动一群认可你文化的人、能够伴随你一起成长的人一起去做这件事情。

我们目前探索的模式是“全职团队+卫星团队”的模式，一来我们能够很灵活地去尝试、慢慢扩大；二来我们能够抵抗风险。我们的卫星团队有在校大学生，有幼儿园、小学、中学、高中甚至大学里的老师，也有很多自由职业者，当然还有一些家长朋友，这是雪松营很骄傲的一点，这个团队高度认可雪松营的理念，并且会持续、稳定地与我们互动，有高质量的产出。卫星团队和兼职有很大的区别，后者有很强的流动性、风险大；而前者是因为对理念文化的认同而加入，长期协作和磨合，不断实现自我价值和事业增长。

李：雪松营目前营收规模是怎样的？

杨：目前我们每年服务300多组家庭，营业额差不多是800多万元，当然，这个数字每年也有一定的浮动。

除此之外，我们也在给一些想要做营地教育的机构做咨询，比如：学校、农场、营地、培训机构等，希望能够帮助一些机构，让营地教育从自己的品牌里“长出来”，而不是给一些简单的操作手册。

李：雪松营的营地导师团队运营得非常棒，在兼职导师上，你们是如何运营呢？

杨：我认为第一点是机构和品牌方的态度，就是说你怎么定义你的导师。简单来说，我们不要把这些营地导师们当作兼职员工，他们其实是雪松营整个创业团队的一分子。我们很多时候其实把导师放到了和营员一样重要的位置上。

因为导师首先是一个人，我会关心他的未来发展规划是什么？他要来学习什么？他未来想成为什么？其实对他们而言，来参加雪松营的项目，是实现自我价值的过程。

所以我们会非常尊重每一位导师，每位导师进来以后，也会提供一些新的东西，这也是营地教育很好玩的一点，就在于很多东西都可以作为教育载体，导师们也能在这里获得成就感，有更高的热情，而不仅仅是我去管几个孩子那么简单。我们会充分听取营地导师的意见，让他们参与到项目的策划和设计中来，给他们发挥的空间。

其实我们对待导师和对待营员是一样的，我们雪松营是一个社区，人人平等，导师在这个氛围中也会沉淀下来，因为他在这个地方有空间，也得到了尊重，同时能够实现自我价值。

第二点是给导师设计一条比较清晰的成长路径。也就是说，在你的营地，导师未来的可能性是什么，导师能收获什么，能实现什么价值？导师们可以看得很清楚，甚至导师未来跳出这个行业去做其他事情，可能这些价值仍然对他们来说是有用的。

我们会帮助导师去看见和明确他做这些事情的价值，久而久之，导师团队就沉淀下来了。

李：您认为未来中国营地教育行业会朝着什么方向发展？

杨：我们往前看十年，十年前中国营地教育还处于播种期和萌芽期，你找不到一个成熟的商业模式可供参考，你也没办法在市场上找到成熟的人才，这导致我们第一批从业者从不同领域跨界进来，从个人到小团队，再到大型集团公司，都先后进入这个行业，大家都带着自己的理解来做这件事，这里面有无限的机遇和可能。

我认为未来这个行业还有很多细分的机会，没有一个完全统一的标准或做法，大家可以根据自己对教育的理解和认知来做。我觉得对不同人来说，可能侧重点会不一样。对于那些从内容出发、有教育情怀的人来说，还是要补齐商业和市场这一课；对于看好这件事，有资源、有资金、也想入局进来的人，要补齐对营地教育这件事情的深层次理解，对教育的理解是要有敬畏心的。营地教育不像其他行业一样，要求过快、过高的回报在这个行业是不太可能的。

李：您希望雪松营在三年、五年、十年甚至更长时间之后，发展到什么状态？

杨：我不会去非常严格地规划它，因为我觉得很多东西都是自然生长出来的，我不太希望去局限我未来是什么样子。

对于目前而言，雪松营有了自己完善的体系，我们叫UMB体系，这个体系会指导我们去做营地的策划、落地以及人才的培训、运营等整个商业闭环。

未来，我希望像学校一样，逐步落地一些实体营地，但我不会追求多大的规模，我更希望为中国的家庭提供一个平台，在这个平台上有中国不同地方的营地，并且在日本、美国、泰国、欧洲等国家也有雪松营地，是符合UMB体系的雪松营地，它是以长线生活为载体的营地。我们努力让全世界的孩子们通过这样的一个营地网络，互相交流认识。但不管如何，让孩子成为自己的领航员，引领自我生长，将永远是雪松营的使命。

第十七章
阿拉善·沙漠营地：
沙漠腹地的青少年教育营地

沙漠营地建立于2013年，营地位于内蒙古阿拉善腾格里沙漠世界地质公园腹地，公司持有“沙漠营地”商标，营地主要承接全国各夏令营等教育机构来沙漠的研学接待业务，营地提供基础的食宿、安全保障、医疗保障和围绕沙漠所研发的地质科考、自然教育、荒野生存、沙漠毅行等课程；营地距离最近的省府机场银川河东机场140公里，机场航班直飞全国各省，交通便利，独特的西夏文化及贺兰山岩画、西部影视城、水洞沟等人文景点，亦是大家选择沙漠研学的首选配套景区，独特的地域及地质文化，是青少年成长中不可或缺的体验。

访谈时间：2024年2月25日

访谈对象：张建桢（老井） 「沙漠营地」创始人

李文翰（以下简称“李”）：我记得沙漠营地一直是做toB业务，您可以先介绍一下目前的业务板块吗？

张建桢（以下简称“张”）：我们目前有两个营地，一个是内蒙古阿拉善盟左旗的中国第四大沙漠——腾格里沙漠营地，我在这里待了十一年的时间，最早的时候还没有营地教育的概念，但是早期的业务模式是差不多的，只是之前的客群以成人为主。第二个营地是敦煌阳关农场研学营地，这个营地原来是个农场，周边的配套很完善，因为种种原因，这个农场长期处于闲置状态，我们就把这个农场租了下来，围绕敦煌研学课程，有针对性地做了类似壁画修复、艺术类研学等相关硬件配套设施。

目前我们的业务主要围绕这两个营地做全国B端的教育机构市场，我们来做营地运营，推出基础产品，与全国各地的教育机构合作招生，我们做地接或者整体夏令营项目的执行。

李：目前沙漠营地的商业模式是怎样的？

张：我们只做B端服务，包括营地教育机构、自然教育机构、研学旅行机构、教育培训机构、赛事机构、旅行社等都是我们的客户，我们做沙漠这端的接待。

其实对于我们这类toB的营地机构而言，每年运营周期不长，尤其是沙漠营地，每年只有五一、十一以及暑期，冬天沙漠很冷，也做不了。每年接待周期这么短，投入和产出就不成正比，我就开始思考如何更大程度地让价值最大化。因为我们服务的都是B端机构，它们不可能把所有的C端客户都带到一个目的地去，我想有没有可能布局不同类型的营地，来满足客户的不同需求，这样我的销售团队不变的情况下，销售成本是递减的，因为我的销售团队建设了全国各地的B端销售渠道，销售一个营地的产品和销售多个营地的产品本质上是一样的。

目前我们布局的营地主要在西北和西南，因为我们大部分客群还是在华东和华南，对客户而言，长线远征的产品，从收益角度而言会更好一点，同时不同的地貌文化，让孩子在成长过程中，通过实地研学，能更直观地了解这个世界。

我们的商业模式用一句话总结就是，一个品牌多个营地，单营地的业务多元化。

李：您是在什么契机下选择切入沙漠营地这个赛道呢？

张：我是在2000年的时候接触的户外，当时我接触了一群老外，机缘巧合下，他们让我带他们去新疆，算作他们的向导。我带他们在新疆3个多月时间，基本上对户外有个一个初步的认知。

“非典”的时候我在北京，“非典”结束后我去了西安，在西安生活了十年，大概2005年的时候，西安的户外氛围很不错，我每周都会去走秦岭七十二峪。

2008年，我开始正式进入户外行业，早期做得比较杂，成人和孩子的群体都做，而且全国各地哪都做，从高海拔雪山到川西、云贵这些目的地，都在做。

后来我就发现，这样下去始终没有自己的核心竞争力，还是希望深耕一个领域，积累自己核心的东西。

那时候我分析了这个地球上的几种地貌，有雪山（高海拔）、草原、海岛、沙漠、原始森林这五种地貌，我想从这五种地貌中选一种去深耕。

于是我开始大量考察雪山，但是感觉雪山的风险太大，受众群体也少，可能不是一个好的商业项目，所以把雪山排除了。

草原的门槛太低，谁都能自驾去玩，信息很透明，也不是一个好的商业模式。

海岛也做了探索，我们在山东蓬莱旁边一个很小的岛，也叫钓鱼岛，在这个岛上做过一期荒岛求生项目，正好赶上大风，我们下不了岛，等了一天，基本上断水断粮了，后面花了大价钱雇了一艘大船把人从岛上接走，我觉得这个事情也不能干，安全得不到保障。

原始森林也去云南考察过，在原始森林里，我碰到一条剧毒的蛇，叫竹叶青，把我吓着了。我想如果带团队过来，万一有人被蛇咬了，这个风险也太高了。

雪山、草原、海岛、原始森林都排除以后，就只剩下沙漠了，起初我也有点害怕，但后来发现这种害怕是源于未知，所以我就逐步去了解沙漠。当时选择的是库布齐沙漠，就找本地的牧民带我深入沙漠的腹地。

于是我发现沙漠有几个特点：

一是沙漠一年四季的景色没有太大变化，不会因为景色的变化去影响客户的感观。

二是大部分人只敢在沙漠边上玩一玩，但如果往沙漠纵深走，没有专业的团队做保障，可能也不敢去，这无形中形成了一道门槛。

三是沙漠很安全，因为沙子是软的，无论怎么磕怎么摔，都相对安全。

四是沙漠可以全程有越野车保障，不管你走到哪里，越野车都可以到，要知道在户外环境中，只要有越野车随时保障，那么安全系数会大大提升。有任何突发状况，越野车可以随时把人撤出来。

五是我做生意一直有个理念，就是量贩式，我觉得做任何生意都得有量，沙漠满足了这个需求，无论是 10 个人的团队，还是 10000 人的团队，同时到沙漠来，我都能接待，因为沙漠足够大，它的承载量够大。

基于以上几点，我从 2011 年开始做沙漠，从库布齐沙漠开始做，但是 2012 年的时候，库布齐沙漠就陆续修了沿黄公路和一些光伏发电站，大家走一走就能看到人为的痕迹，总感觉不太好，因为大家来沙漠就是想感受无人区，所以 2013 年我们就逐步往中国第四大沙漠腾格里沙漠转。

2013 年的时候，做得非常艰苦，当地配套不成熟，干这个事情的人也很少，我们到一个地方都是现场搭建营地，第二天早上又用六驱卡车把营地物资拉走，一段时间后，就觉得一直这样也不是个办法。2014年的时候，我们就找了一片绿洲，在旁边打井、建营地，有了营地以后就轻松多了，开始接好多青少年以及亲子的夏令营项目，也有一些旅行社和国际学校的团队，从北京过来的居多。2016年开始，我们感觉这个事情一下子发展得很快，就陆续建设了3个营地，到2019年还是浓缩成了1个营地，围绕1个营地深耕，把营地的硬件、软件以及配套设施打磨得更加精细化。

李：目前沙漠营地的组织架构是怎样的？

张：因为有布局整个西北和西南营地的想法，为了便于业务的开展，去年成立了北京母公司，在全国各地建立我们的销售渠道。沙漠营地属于母公司下面的全资子公司，敦煌营地是另一个子公司。

李：您是如何在全国范围内建立起了toB的销售渠道呢？

张：我们在行业内算是比较早做toB业务模式的营地，而且我们还不像其他城市周边的toB业务模式的营地，在北京、杭州周边的很多营地可以接待周末营的业务，沙漠营地就做不了，因为我们距离市区有大概200公里的路程，决定了我们只能做暑期市场，反向要求我们必须把规模做上去。

2017年，我们开始尝试一种最笨的办法，就是去全国各地做推介会，这个销售模式在旅行社行业比较普遍，但是在营地教育行业还少有人做。我们2024年要做50场左右的推介会，除了省会城市以外，筛选了一些城市人口在500万以上有消费能力的城市。虽然这个办法看起来很笨，但是基本功比较扎实，也非常有效，有很多客户看我们年年都在全国各省做推介会，也慢慢和我们建立信任，开始有了合作。

另外，我们会做考察团，就是在淡季的时候，邀请全国各地的机构来营地实地考察，会讲我们的产品和合作模式，让大家对我们提供的线路和接待标准有感知。

同时，文旅和营地行业的相关展会我们也会参加，这也是集中获客的一种方式。

李：您认为 toB 营地的产品打造逻辑是怎样的？

张：toB 业务模式的营地产品打造，一般不太能有自己的教育理念，我们所接待的合作机构，一般都有自己的教育理念，我们提供基础的主题产品和定制课程，由合作机构来根据自己的需求组合即可。

我们的重点在于开发特色的课程，比如今年在敦煌开发了一个人生第一座雪山的课程产品，去往距离敦煌 100 公里的地方，海拔在 4300～4600 米之间，越野车也可以抵达，安全系数很高，适合青少年，在 7～8 月依然可以看到并触摸到雪山冰川，这对我们的客户是很有吸引力的。

我们的客户还是以定制为主，我们提供一个基础的产品，各家机构再根据自己的理念植入更精细化的内容；也有部分小机构，希望我们提供一个拿去就能卖的产品。

以沙漠营地为例，有 4 种主题的线路产品，一是“毅行徒步”；二是“荒野生存”；三是“数星星的孩子”；四是“探索地球的 1/4”，适配不同机构的活动需求。

李：您在营地布局上，有自己的选址逻辑吗？

张：我们内部有个“5 选 3 原则”，特殊的地质地貌、独特的文化背景、闲置的希望小学、闲置的村落、已有成熟营地，我们在选择一个新营地时，这 5 个要素需要至少具备其中 3 个条件才会进入选址合作筹备中来。

这里需要特别说明的是，在中国的西北、西南地区，为了提高教学质量，有很多小学的孩子全部迁移到镇上或者县里读书，所以荒废了大量的小学。我们认为闲置的希望小学也是非常理想的营地，因为它有教室、宿舍、食堂等功能区，我们只需要做修缮就可以重新投入使用。

李：目前沙漠营地每年接待量有多大？多少人在做交付？

张：我们沙漠营地每年暑假接待大几千人，产品毛利在 30%～35%之间，内部规定不能低于 30%，也不能高于 35%，主要还是靠走量。

李：目前沙漠营地青少年业务和成人业务分别占多大的比重？

张：差不多各占一半，我们的成人板块主要做团建，由另外一个品牌“梭梭学院”在做，主要做企业高管的沙漠团建线路。

李：您认为沙漠营地的核心竞争力是什么？

张：我认为核心还是营地，所以我们叫一个品牌多个营地。

你看目前整个市场还没有出现单体营收过亿的机构，如果说营收突破 1 亿元，就能成为一个行业的头部机构，那可想而知这个行业发展空间有多大。

所以，我的思路就是多做营地，把沙漠营地的盈利模式复制到多个营地，这时候我们整体的规模和体量能成倍地增长。

李：沙漠邮局那个项目是怎么孵化出来的呢？

张：沙漠邮局算是无心插柳。2020 年疫情刚来的时候，我还和业内的朋友打电话讨论什么时候能结束，当时我们推断应该半年或者一年左右就结束了，也比较乐观，因为我们主要做跨省业务，就觉得做不了就做不了，再等等，没想到一等就等了一年。到 2021 年的时候，发现疫情还没有结束，不对劲了，如果不发展新业务，可能很快大家生活都成问题，我们团队就开始头脑风暴要做个和沙漠相关的线上项目。

为什么做沙漠邮局呢？其实是 2018 年的时候，东野圭吾的《解忧杂货铺》很火，我们就在沙漠里做了个解忧杂货铺，想作为年轻人的旅行目的地，但是当时没做起来，后面其他的业务发展得也不错，也就不在这个地方投入精力了，相当于荒废状态。

我们想来想去就想出代写明信片这个事，于是直接把解忧杂货铺改成了沙漠邮局，当时对邮政法也不懂，改完后就直接在网上开始宣传了，我们打的概念是世界上最孤独的邮局，就联系一些博主开始在网络上做营销。

但是两个月后就被邮政管理局约谈。因为我们不具备经营邮局的手续，一直到 2021 年年底，办下了全内蒙古第一家企业经营的邮局——沙漠邮局，有了正规的手续、正规的日戳和机构号，我们就开始做代写明信片的业务，大概半年时间发出去了大几万份明信片，让我们团队在那段时间存活下来了。

因为我一直是做 B 端的思路，对营销有一些自己的见解。也有中国邮政做背书，我开始联系一些大企业做跨界联名，比如酷狗音乐、百度地图，小鹏汽车、蔚来汽车、极氪汽车都是我们沙漠邮局联名的客户，很多车企为了展示汽车的性能，把车拉到沙漠来拍摄宣传片，并且在沙漠营地召开新车发布会。

后来我们也开始做周边文创产品，今年预计要做到6个邮局，主要围绕人流量大的景区展开。

现在沙漠邮局也很受来参加夏令营的小朋友的欢迎，他们到这里以后，会来沙漠邮局给爸爸妈妈写一封信，或者写给未来的自己，几年之后，我们会帮他寄出。这也成为我们沙漠营地的一个特色项目，而且这个项目是独一无二的，无形中增强了我们的竞争力，也反向带动了营地业务的发展。

第十八章
普通人如何入局营地教育

前文14家营地教育机构，有依托超级大平台孵化出的营地教育项目，也有没钱没资源没背景的普通人创办的营地教育机构，还有有海归背景、名校毕业或是名企高管出来创办的营地教育机构，他们基于各自的背景和优势，在自己所在的城市洞察需求，打造更适合青少年和家庭出行的营地教育产品，都占领了一块属于自己的市场空间。

那么，普通人如何入局营地教育机构呢？

这里，我先给普通人在这一章的场景下贴个标签：没有多少钱、没有多少资源、没有多少背景，在这种情况下最好的切入方式就是做本地的toC营会机构，经过十年的发展，以及“双减”政策的推动，越来越多家长的教育观念发生了转变，希望孩子走出去，参加旅行、户外、研学等活动。

在营地教育行业发展的第一个十年，绝大部分机构都扎根在北京、上海、广州、深圳、成都、重庆等一二线城市，这些机构的创始人普遍受过非常好的教育，不乏相当一部分创始人毕业于清华、北大等国内知名学府，他们在行业探索阶段拥有更敏锐的商业嗅觉，也通过大量的国际交流、学习，将国际上优秀的营地教育发展经验借鉴回国，把营地教育带给中国孩子。

而中国还有大量的三四五六七八线城市，实际上这些地区的孩子都有参加营地教育活动的需求，家长也有一定的预算，但是缺乏专业的营地教育团队来提供这类产品。我认为，未来每个地级市、甚至区县都有诞生本土营地教育机构的空间。

选择 toC 营会机构的模式切入市场有三个好处：

一、足够轻

1 个或 2 个人的主创团队就可以启动了，最好的配置就是夫妻搭档，其实美国很多私营营地都是家族企业，旺季的时候会雇用一批专职和兼职员工一起打理营地，淡季的时候选择休假。每年 52 个周末，刨除节假日、寒暑假，还有大约 40 个周末可以开展周末营，也就是 80 场一日营，一般而言，2 个受过专业训练的全职人员，加上 4 个兼职营地导师，就可以服务 30 人的营会了，师资配备能达到 1:5（即 5 位营员配 1 位老师），按日营在不同城市的市场均价 200 元～400 元/天计算，取平均值 300 元/天，刨除场地、大巴、餐饮、活动物料、保险等费用后，保守可得 100 元/人/天的毛利，如果全年平均每场周末日营能接待 20 位孩子，全年 80 场日营毛利约 160000 元。

而 toC 营会机构的营收重点在夏令营和冬令营两个季节，如果还是做 20 人/期的精品小营，按市场价 3000 元～5000 元/期的夏令营产品计算，按 1500 元/人的毛利，每期约 30000 元的毛利，整个暑期大约还可以做到 240000 元的毛利。

同理可得，寒假大约可做到 120000 元的毛利。全年大约 52 万元的毛利，这是按最低参数计算的数值，如果你的产品、服务和市场工作做得好，每期接待量能从 20 人增长到 40 人、60 人，甚至 100 人，将员工培养为能独当一面的营长，扩大机构的接待能力，整体营收和毛利都能实现翻倍增长。

二、抗风险能力强

普通人做营地教育机构，不要羡慕中大型机构，虽然中大型机构有更强的市场影响力、有更丰厚的社会资源、有更绚丽的品牌运营，但是，它们的成本更高，抗风险能力更弱。为什么这么说呢？因为营地教育行业是重度服务业，比旅行社的服务更重、频次更低。如果是10人以内的小团队，用不了多大的办公室，租金成本足够低，每年的固定开销就小，而且几乎没有管理成本，老板和员工在同一个空间里办公，有任何事情说一声就能同步给所有人。但对于20～100人的中型公司，甚至100人以上的大型公司而言，保持信息的畅通、决策的有效落实就需要更多的管理动作才能实现，这时候，需要增加周会、周报、谈心会、吹风会等一系列管理动作，让产品和服务落实到位，对企业而言，每增加一个管理动作，管理成本就会上升，企业的净利润就会下降。如果遇到类似疫情这样的危机事件，往往小机构的抗风险能力要比中大型机构更强。

三、做自由的超级个体

普通人入局营地教育，最好的方式是做自由的超级个体，早期不用思考合伙人、资本、品牌这些事情，就是做好产品，从自己所在的小区入手，前期先打磨产品，从身边的孩子、亲朋好友的孩子入手，测试孩子和家长的满意程度，以及愿意为之付费的程度，同时，进一步了解他们愿意为哪些类型的产品持续付费。

我访谈了大量的营地教育机构创始人，从个人财富的积累而言，往往超级个体要优于中大型企业的CEO。我认为营地教育属于旅游服务和教育服务业，本质上还是服务业，对比我们最常见的服务业——餐饮业，就好理解了，餐饮业中，只有两类机构赚钱，一是兢兢业业的夫妻店，大都属于个体工商户的组织形态，他们足够勤恳，菜品有特色，服务有温度，服务周围3公里的家庭，哪怕是一个小小的烧烤店，也有致富的机会；另一类是大型连锁餐饮管理公司，它们通过菜品研发、自建供应链、打造品牌等方式，将连锁店开遍全球各地，在资本市场中取得大成绩。

营地教育行业也是如此，在资本化与个体化的选择上，也存在两个流派，一个流派认为要坚定地走资本化道路，资本能够提升公司运营发展的效率，能够帮助公司吸引更顶尖的人才，能够帮公司获得更具优势的社会资源。另一个流派认为营地教育就是服务业，是快不得，也不能快的教育服务业，因此坚定地走个体化发展道路，股权为创始人单独所有或合伙人共同所有，但不接受单纯的财务投资人。

资本是一把双刃剑，在接受资本带来的种种好处的同时，也意味着需要承担对投资人的回报责任，有很多公司在融资过程中，都或多或少签署过对赌和回购协议，作为创业者，要谨慎思考自己是否需要资本，能不能用好资本。

随着2023年、2024年中国的风险投资市场格局发生结构性改变，母基金由早期财团陆续变更为政府主导，如今的风险投资带有更强的政策导向性，比如新能源、芯片、智能制造等领域依然有风险投资等推动，但是，除此之外的文旅业，未来或许将不存在风险投资的身影。

北京的健飞体育，2023年的年营收3000多万元，在少儿户外体育中做到了头部。在2016年、2018年、2019年分别接受了三轮投资，在2024年春节前完成了投资人全部股权的回购，决定彻底告别资本化路线，做个小而美的少儿户外体育机构，也是自由的超级个体。

我相信随着中国营地教育行业的发展，一定会有越来越多像健飞少儿户外这样小而美、精而强的营地教育机构，聚焦一个细分领域，可以活得非常好，这也是行业走向繁荣的标志。

值得一提的是，在营地教育行业中做超级个体，不意味着注册个体工商户是最好的选择，经过这些年的发展，业内人士形成的共识是注册一个旅行社公司，因为营地教育领域从商业形态上来看，其实属于文旅业的范畴，可以说，营地教育是针对青少年的有教育意义的文化旅行，归根到底还是旅行，注册旅行社公司是最合理的。

当然，也有人认为旅行社公司有质保金的要求，把普通人创业的门槛大大提高了，其实不是这样的，经营境内旅游业务和入境旅游业务的旅行社设立要求是缴纳20万元的质量保证金，但是目前很多城市都支持用“旅游服务质量保证金履约保证保险”来代替20万元的质量保证金，大部分保险费率是质量保证金费率的1%，国内旅行社一般为2000元/年。

同时，再配合购买旅行社责任险以及户外活动意外险，按《中华人民共和国旅游法》合规经营，能够有效做好企业风险防范，对于个体经营者来说，是非常友好的。

第十九章 营地教育下一个十年

2012—2024年这十二年的时间里，中国营地教育市场格局初现端倪，早期探索者做了大量的尝试，才有今天创业者们普遍更成熟的商业认知。在我从业过程中，观察到第一批早期的营地教育创业者，由于市场太新、太小，几乎都选择做全链条的市场，从踩线、产品开发，到人才招聘、培训，再到市场开发、品牌营销、运营等各个环节，都是亲力亲为，这种模式下，能保证机构的产品交付品质，但其运营成本比较高。

随着市场的不断成熟，未来一定会出现越来越多细分的行业服务商，比如，近几年发展成型的针对亲子或儿童的地接旅行社，以及只负责产品选品和销售环节的自媒体人，这些都是行业走向成熟后细分出来的市场机会，即使在同一个城市，同一个区域，未来也一定会出现专注户外运动、专注人文历史、专注亲子旅行等一系列专业且细分的机构，只要能满足特定人群的特定需求，这些机构都有自己的市场空间。

另外，下一个十年也一定会出现更多行业服务商的机会，比如专门做营地教育领域的会展服务公司、专门做人才培养的培训公司、专门做营地等级评定的非营利组织、专门做营地课程开发的咨询公司，这些服务公司的出现，也能大大提升行业的整体运营效率，让更多人能够以更低的门槛投身营地教育行业。

营地教育行业就像是热带雨林，热带雨林最大的特征是生物多样性，是地球上抵抗力、稳定性最高的生态系统，常年气候炎热，雨量充沛，季节差异极不明显，生物群落演替速度极快，是世界上大于一半的动植物物种的栖息地。在营地教育这个生态中，有大型连锁营会机构、大型连锁营地机构的发展空间，也有小而美的夫妻店的发展空间，大家都能在这个大生态中汲取养分。

同时，只要你在某一方面做得专业，营地之间并非是你死我活的竞争关系，而是互为后背的合作关系。比如说云南本地的 toC 营会机构，在暑假时，可能会接待一个来自杭州的夏令营，这时候，对于杭州的机构而言，云南这家营会机构其实是 toB 营会机构，因为它做得专业、同时成本比自己低，当杭州的机构需要带孩子去云南开展夏令营活动时，他就会选择和云南的同行合作。

正是因为营地教育的客户来源几乎都是市场化的，而且只要参加过一次活动，参与者都能对活动以及服务品质有感受、有判断，因此在这个生态环境下，能够更快地接收到市场的反馈，优胜劣汰，适者生存。

未来想要进入营地教育行业的从业者，一定要找一个细分切入点，卷产品、卷服务，卷到极致。

如何卷产品？

1. 稀缺资源：比如你能抢到旺季北京故宫的门票，比如你能带孩子进入美国常青藤名校的课堂做个 PBL 项目，比如参加你的项目能够申请爱丁堡公爵奖，这些都是稀缺资源。

2. 稀缺场景：比如说能够观测卫星发射的地方，能够近距离观察天眼的地方，能够进入清华北大课堂，这些并非完全对外开放的地方，如果你能带孩子进去，你的产品自然也具备稀缺性。

3. 稀缺 IP：比如夏山营地曾与混沌大学联名推出“混沌上海少年商学院”，这样的夏令营产品就是稀缺 IP，好 IP 能有效降低消费者的购买阻力。

如果在你的专业领域内，你卷不动产品，那就卷服务，营地教育本质上是旅游业，是针对儿童和亲子的旅游业，如何让孩子在夏令营旅途中体验更好？家长更放心？如何把麻烦留给自己，把舒适留给用户？如何让孩子在一段旅途中收获知识、收获友谊、收获成长？这些细节需要我们每一位从业者不断地打磨。

服务永无止境，营地教育从业者作为新一代文旅人，通过卷服务，通过实实在在做人、踏踏实实做事，用心与温度一定能打动客户。在互联网时代，只要有1000个认可你、愿意持续为你付费的用户，你就能活得很好，试着从满足你身边人的需求开始吧。

《营地十年》联合发起机构
冠军营地

深圳今日营地教育服务有限公司，是国内首批从事营地教育的专业机构，由拥有国际以及中国营地导师资质的创始人创办于2014年，并创立“冠军营地”教育品牌。

公司建有自主运营的营地——东莞花茶湾冠军营地、拥有成熟的营地课程研发及执行团队、标准化的营地工作体系以及前沿的营地运营理念，成立至今，已为20多万青少年提供专业的营地教育服务。

东莞花茶湾冠军营地坐落于东莞水乡道滘镇大岭丫村，紧邻京港澳高速出入口，交通便利，环境优美。营地占地面积约280亩，拥有840个床位、可同时容纳1000+人同时用餐，亲子乐园草地面积约50000平方米，营地农田区域占地面积约80亩，分为农业科普区、劳动教育实践区、国防教育区和农田体验区等，可提供亲子家庭户外休闲、大型企业会议室、团队培训、拓展训练，组织各类聚会、婚礼、户外竞赛等各种活动。东莞花茶湾冠军营地将致力于打造成为服务大湾区，国内领先的大型、综合性户外教育营地。

公司秉承“让教育回归本真”的理念，以提升青少年核心素养为使命，以打造国内最好的营地教育品牌为愿景，致力于营地教育课程体系的构建与个性化营地教育课程的研发，专注幼儿园与中小学生国内外研学旅行、夏冬令营、校园综合实践活动、定制类活动，以及营地导师培训等业务。

教育宗旨：让教育回归本真，让生命回归自然

教育理念：与孩子一起，创造无限可能

教育目标：让孩子成为综合素质全面发展的人

教育特色：呵护成长，极致执行

健飞体育

健飞体育成立至今已经十二年，“一切以更好地提高孩子为核心”，专注于青少儿运动成长。主要课程板块为夏季水上运动，冬季滑雪，青少儿体能训练，以及世界顶流运动——赛艇。“宇宙中心”北京海淀区赛艇队由健飞组建并且负责全部教学和参赛，队员遍及全国几十个省市和世界多个国家，服务无数精英家庭，是行业内天花板级的青少儿机构！

专业的资质：

- 美国皮划艇协会认证的水上运动学校
- 国际野外医学协会认证的五星级单位
- 美国心脏协会急救培训中心
- 英国爱丁堡公爵国际奖推荐的奖项服务提供方
- 英国 BASI 认证的国际滑雪学校
- 北京幼儿体育协会会员
- 金雪花滑雪产业联盟会员单位

健飞少年赛艇队：

- 北京市冠军赛中获得总分和总金牌数第一
- 在北京市锦标赛中获得 8 枚金牌
- 14 人次获得国家二级运动员
- 1 人获得国家一级运动员

顶尖滑雪训练营：

- 连续十一个雪季开展相关活动，即使疫情三年，仍未停止

- 英国 BASI 认证的国际滑雪学校
- 专业自有的教学团队
- 累计训练上万名队员

真正的少儿户外训练营:

健飞青少年户外训练营以骑行、皮划艇、桨板、攀岩、徒步、滑雪、赛艇等多种户外项目为主，在富有挑战的真实的训练中，挖掘和激发个人的潜力，在户外见自然、见他人、见自己，帮助青少年们塑造强健的体魄、坚强的意志和健全的人格。

国内顶级水上运动学院:

- 中国大陆第一位桨板 IT
- 亚洲四位皮划艇 IT
- 多位 ACA 四级导师
- 几十位 ACA 二级教练
- 国内认证 ACA 青少年技能资质最多的俱乐部
- 国内第一批获得 ACA 四级技能认证的海洋皮划艇少年来自健飞

专业自有的教学团队:

- 专业体育院校本科毕业
- 具备多种国际级、国家级专业资质
- 经过健飞专业培训
- 不抽烟、不酗酒
- 国内仅有的，拥有 40—50 名全职教练的团队，绝不扔给地接

- 这意味着我们的体系化和专业化，并且团队稳定，才能给孩子带来提高和进步

12 年间陪伴、帮助过万名孩子真正提高，每年大概服务 1000 个中国顶级家庭。

希望保

希望保——专注解决文体旅企业风险

希望保是由一群拥有多年保险从业经验的保险专家组成的团队。拥有中国银保监会许可的互联网保险销售资质，同时平台沉淀4w+组织核心业务场景，打造旅游、户外、研学、营地、拓展、体育等多行业、多维度风险解决方案。

希望保基于十年行业事故案例，帮助用户进行全方位的风险分析，包括法律风险，事故赔偿风险，财产损失风险，用工风险等维度，确保为用户提供的方案能使其避免风险。

希望保提供7×365天专家式理赔协助服务。用户出险后由希望保专家团队全程跟进协助理赔，直至理赔结束，希望保专家团队学历高、经验足，彻底解放合作伙伴，无须再为理赔操心。

希望保提供大案协同服务，出现重大案件，希望保安排专家前往，全程进行协同，包括法律咨询、谈判指导、保险理赔、事故流程指导等。

希望保致力于文体旅行业可持续发展，目标是“为企业降低风险”，这是希望保未来十年全力以赴为之奋斗的目标。

游美营地

游美营地教育，全称：游美营地（北京）教育科技有限公司，成立于2010年，总部位于北京，在上海、杭州等地设有分公司，是一家专注青少年成长领域，扎根中国布局全球的国际化营地教育机构。

游美是中国营地教育行业的领先者，是最早加入国际专业组织：美国营地协会(ACA)、国际营地协会(ICF)，国际体验式教育协会（AEE）的中国机构；是中营联营地发展中心(CCEA)的发起机构，积极推动中国的营地教育事业蓬勃发展。

游美以“培养具有国际化视野和竞争力的青少年”为使命，在中国本土及全球范围内打造营地、研学、游学、户外运动、体育赛事、公益活动、升学服务等适合青少年成长发展的场景，以户外营地教育、体验式学习、项目式学习、社会服务式学习等方式，服务青少年、助力家长并赋能学校发展。

成立至今，游美通过自建自营或合作开发的形式，推出了四大业务板块，五大产品系列，在中国本土及全球8个国家，50个以上的目的地，组织超过3000场次的大小营会活动，累计服务超过10万多个青少年和家庭，并得到中外青少年们、家长们以及合作机构的高度认可和一致好评。

四大业务板块：夏冬令营、研游学定制、户外运动、青少年赛事。

五大产品系列：国际营地系列、户外体育系列、主题探究系列、青少年赛事系列、升学服务系列。

国内自营营地：北京、上海、千岛湖、苏州、云南、成都、敦煌、三亚、威海等地。

海外产品布局：在美国、英国、加拿大、澳大利亚、新西兰、新加坡、日本、非洲等国家和地区开展了海外特色营地、名校参访、夏校学习、全真插班、ESL

语言学习、地理人文探索、户外运动等营会活动。

旗下王牌产品：游美——美式夏令营系列、游美——探索营系列、游美——滑雪冬令营系列。

旗下经典赛事：“未来领袖”系列——青少年戈壁/沙漠徒步挑战赛。

旗下高端户外活动：游美青少年登山队——登峰计划。

使命：

培养具有国际化视野和竞争力的青少年

Shape Global & Competitive Minds

愿景：

成为受信赖和尊敬的营地教育机构

Be the camp education organization people respect and trust

价值观：

成就孩子 Kids First

积极创新 Innovate

团队至上 We Before Me

全力以赴 Go All Out

宣传语：

营地一小步　成长一大步

Camp Changes Your Life

游美品牌内涵：

游于艺，美于行；

游于道，美于心；

游于天地，美于自然；

游于世界，美于中国！

致 谢

2022 年 7 月，我发起了《营地十年》新书众筹计划，一共有 99 人参与了本次众筹活动，包含 87 位新书共创官、8 位新书推荐官以及 4 位联合发起人，累计筹款 56700 元，感谢所有参与本次众筹的朋友们，是你们的一砖一瓦，支持了《营地十年》的顺利问世。

作为创业者，写书的过程远比我预想的要耗费更多的时间，也是因为有了你们无条件的支持，才让我坚持完成了这本书的创作。在此，要特别感谢碳 9 资本创始人冯新老师与安徽工程大学体验产业学院院长薛保红教授为本书作序，还要感谢我的合伙人赵晓欣，她帮我反复推敲、梳理书籍内容，并且为这本书设计了封面；感谢我的合伙人谢远涵、高森，他们帮助我做了很多访谈文稿的整理工作。

感谢在本书创作期间每一位受访者的真诚分享。

感谢中国营地教育每一位从业者的辛勤付出。

感谢刚刚读完本书的你，感谢你的信任，希望本书能带给你一些启发。

《营地十年》的创作，前后历经 18 个月，受文笔以及自身视野和经历所限，在中国营地教育行业 2012～2023 年发展历史上，我始终没有找到满意的叙事方式，最终决定保留原汁原味的访谈文稿，我认为无论何种程度的转述，读者都可能会失去“场景感”，并且其中太多细腻的部分，脱离场景便会味同嚼蜡。

营地教育在中国依然是个崭新的行业，第一批创业者正在亲手创造各自理解的营地教育，这本书的写作虽已完成，但我对未来十年营地教育的探索和思考不会停歇，我还会像过去一样，把我对营地教育的思考持续分享在我的微信公众号“李文翰”上，感谢一直关注、阅读公众号文章的每一位读者。

谨以此书献给中国营地教育的发起者、实践者，期待下一个营地十年，我们一同创造更多的可能性。

李文翰

2024 年 3 月 10 日